"十四五"职业教育国家规划教材

物业管理招投标实务

主　编　裴艳慧　伍爱春
副主编　张雪玉　刘　燕　吴晨欣　黄　娟
参　编　李　娜　吕文涛　杨书灵　张钰棠
　　　　黄　茜
主　审　董朝旺

北京理工大学出版社
BEIJING INSTITUTE OF TECHNOLOGY PRESS

内 容 提 要

本书为"十四五"职业教育国家规划教材。全书共分为8个模块，主要内容包括初识物业管理与招投标、物业管理招标实施、物业管理招标文件的编制、物业管理投标实施、物业管理投标文件的编写、物业管理投标报价的编写、物业服务合同、物业管理招投标争议及解决方式等。本书注重物业管理招投标理论的系统性与实践的可操作性，目的是将物业管理招投标领域系统的理论知识、规范的操作程序与标书的编制方法和技巧等介绍给学生。

本书可作为高等职业院校现代物业管理、房地产经营与管理、房地产智能检测与估价、建设工程管理等相关专业，也可作为物业管理从业人员和房地产从业人员的培训用书。

版权专有　侵权必究

图书在版编目（CIP）数据

物业管理招投标实务 / 裴艳慧，伍爱春主编 . -- 北京：北京理工大学出版社，2023.7 重印
ISBN 978-7-5763-0577-7

Ⅰ . ①物… Ⅱ . ①裴… ②伍… Ⅲ . ①物业管理－招标－高等职业教育－教材②物业管理－投标－高等职业教育－教材 Ⅳ . ① F293.33

中国版本图书馆 CIP 数据核字（2021）第 216246 号

出版发行 /	北京理工大学出版社有限责任公司
社　　址 /	北京市丰台区四合庄路6号院3号楼
邮　　编 /	100070
电　　话 /	（010）68914775（总编室）
	（010）82562903（教材售后服务热线）
	（010）68944723（其他图书服务热线）
网　　址 /	http://www.bitpress.com.cn
经　　销 /	全国各地新华书店
印　　刷 /	河北鑫彩博图印刷有限公司
开　　本 /	787毫米×1092毫米　1/16
印　　张 /	14
字　　数 /	336千字
版　　次 /	2023年7月第1版第3次印刷
定　　价 /	49.00元

责任编辑 / 钟　博
文案编辑 / 钟　博
责任校对 / 周瑞红
责任印制 / 边心超

图书出现印装质量问题，请拨打售后服务热线，本社负责调换

出版说明

Publisher's Note

物业管理是我国实施住房制度改革过程中，随着房地产市场不断发展及人们生活水平不断提高而产生的一种住房管理模式。物业管理与小区公共设施保养维护、社区服务、小区建设，以及提升城市住宅的整体管理水平方面都有千丝万缕的关联。物业管理行业作为极具增长潜力的新兴服务产业，被称作"房地产的第二次开发"。同时，物业管理又是一个劳动密集型行业，可以吸纳大量的劳动力就业，而物业管理的优劣关键在于物业管理服务的品质，服务品质提升的关键又在于企业是否拥有先进的管理体制和优秀的人才。

随着我国经济的不断发展，人民生活水平进一步提高，物业管理行业的发展更加规范化、市场化，市场竞争也日趋激烈。高等职业教育以培养生产、建设、管理、服务第一线的高素质技术技能人才为根本任务，加强物业管理专业高等职业教育，对于提高物业管理人员的水平、提升物业管理服务的品质、促进整个物业管理行业的发展都会起到很大的作用。

为此，北京理工大学出版社搭建平台，组织国内多所建设类高职院校，包括甘肃建筑职业技术学院、山东商务职业学院、黑龙江建筑职业技术学院、山东城市建设职业学院、广州番禺职业技术学院、广东建设职业技术学院、四川建筑职业技术学院、内蒙古建筑职业技术学院、重庆建筑科技职业学院等，共同组织编写了本套"高等职业教育房地产类专业精品教材（现代物业管理专业系列）"。该系列教材由参与院校院系领导、专业带头人组织编写团队，参照教育部《高等职业学校专业教学标准》要求，以创新、合作、融合、共赢、整合跨院校优质资源的工作方式，结合高职院校教学实际以及当前物业管理行业形势和发展编写完成。

本系列教材共包括以下分册：
1.《物业管理法规》
2.《物业管理概论（第 3 版）》
3.《物业管理实务（第 3 版）》

4.《物业设备设施管理(第 3 版)》

5.《房屋维修与预算》

6.《物业财务管理》

7.《物业管理统计》

8.《物业环境管理》

9.《智慧社区管理》

10.《物业管理招投标实务》

11.《物业管理应用文写作》

本系列教材的编写,基本打破了传统的学科体系,教材采用案例引入的方式,以工作任务为载体进行项目化设计,教学方法融"教、学、做"于一体,突出以学生自主学习为中心、以问题为导向的理念,教材内容以"必需、够用"为度,专业知识强调针对性与实用性,较好地处理了基础课与专业课,理论教学与实践教学,统一要求与体现特色以及传授知识、培养能力与加强素质教育之间的关系。同时,在本系列教材的编写过程中,我们得到了国内同行专家、学者的指导和知名物业管理企业的大力支持,在此表示诚挚的谢意!

高等职业教育紧密结合经济发展需求,不断向行业输送应用型专业人才,任重道远。随着我国房地产与物业管理相关政策的不断完善、城市信息化的推进、装配式建筑和全装修住宅的推广等,房地产及物业管理专业的人才培养目标、知识结构、能力架构等都需要更新和补充。同时,教材建设是高等职业院校教育改革的一项基础性工程,也是一个不断推陈出新的过程。我们深切希望本系列教材的出版,能够推动我国高等职业院校物业管理专业教学事业的发展,在优化物业管理及相关专业培养方案、完善课程体系、丰富课程内容、传播交流有效教学方法方面尽一份绵薄之力,为培养现代物业管理行业合格人才做出贡献!

北京理工大学出版社

前言

PREFACE

物业管理是房地产开发经营中为完善市场机制而逐步建立起来的一种综合性经营服务方式。党的二十大报告指出：高质量发展是全面建设社会主义现代化国家的首要任务。构建高水平社会主义市场经济体制，"构建全国统一大市场，深化要素市场化改革，建设高标准市场体系。完善产权保护、市场准入、公平竞争、社会信用等市场经济基础制度，优化营商环境"。招投标作为一种重要的市场竞争方式，其最大的优势是充分体现"公开、公正、公平"的市场竞争原则。物业管理招投标作为众多招投标活动中的一种，是我国物业管理行业发展到一定阶段的必然产物，也是行业发展日趋成熟的体现。

物业管理招投标制度必将成为影响物业管理行业规范与健康发展的重要因素。无论是物业服务企业、开发建设单位、业主还是政府行政管理部门，都将面对物业管理招投标的运行规则，推行物业管理招投标制度，培育和规范物业管理市场，加快物业管理市场化的进程，强化物业管理的市场化意识，为物业服务企业创造公平竞争的机会，推动我国物业管理行业的健康发展。因此，熟悉和掌握物业管理招投标基础知识与操作方法，对适应竞争环境、提高自身竞争力都有重大的意义。

本书在编写过程中力求体现高等教育的特色，基础理论以"必需、实用"为度，注重物业管理招投标的基础理论和实际应用。本书根据现阶段高等教育的特点，每个模块前设置"知识目标""能力目标""素养目标"和"案例导入"，每个模块后设置"模块小结""思考与练习"，文中重点内容设置"小提示"和"阅读材料"，便于学生理解所学内容，寓学习于分析、思考之中，对提升学生分析问题、解决问题的能力有一定的启发性、引导性。

本书编写过程中编者参考了大量的相关文献，在此向原著作者表示最诚挚的谢意。同时本书的出版得到了北京理工大学出版社各位编辑的大力支持，在此一并表示感谢！

本书限于编者的专业水平和实践经验，虽经过反复研讨、修改，仍难免存在疏漏与不足之处，恳请各位读者指正，以便后期修订。

编　者

《物业管理招投标实务》综合实操训练

扫描右侧二维码,根据所提供的物业管理招标文件和本课程各模块的相关知识,结合课程的学习进度,分模块完成下列实操训练项目。

×××项目前期物业管理招标文件

序号	实训内容	对应模块	实训成果
实训项目一	收集并解读国家和地区有关物业管理招投标的法律、法规、政策文件、行业标准	模块一 初识物业管理与招投标	电子资料汇编
实训项目二	解读给定物业管理招标文件的投标须知及前附表	模块二 物业管理招标实施	给定招标项目的招标要点描述
实训项目三	解读物业管理招标文件中除投标须知及前附表之外部分	模块三 物业管理招标文件的编制	招标文件要点描述
实训项目四	模拟指定项目的开标、评标、定标流程	模块四 物业管理投标实施	角色扮演的方式模拟项目开标、评标和定标过程,并合理穿插常见问题的解决过程
实训项目五	编写指定项目物业管理投标书技术标和资信标部分	模块五 物业管理投标文件的编写	投标书技术标和资信标部分
实训项目六	编写指定项目物业管理投标书商务标	模块六 物业管理投标报价的编写	投标书商务标部分
实训项目七	模拟签订招标文件中给定的合同文本的过程	模块七 物业服务合同	模拟合同签订的磋商过程、形成谅解备忘录
实训项目八	模拟招投标过程中可能引起的争议纠纷的解决过程	模块八 物业管理招投标争议及解决办法	角色扮演常见争议解决的过程,要求依据充分合理

目录
CONTENTS

模块一 初识物业管理与招投标 1
 单元一　熟悉物业与物业管理 2
 单元二　熟悉招投标 13
 单元三　物业管理招投标制度的发展 18

模块二 物业管理招标实施 22
 单元一　熟悉物业管理招标 23
 单元二　掌握物业管理招标的程序 27

模块三 物业管理招标文件的编制 43
 单元一　熟悉物业管理招标文件 44
 单元二　熟悉物业管理招标文件的内容及编制程序 46
 单元三　招标文件的编制方法 50

模块四 物业管理投标实施 76
 单元一　熟悉物业管理投标 77
 单元二　熟悉物业管理投标程序 81

模块五 物业管理投标文件的编写 91
 单元一　熟悉物业管理投标文件 92
 单元二　物业管理投标书编写的组织 104

目录

模块六　物业管理投标报价的编写 ……………………………………………… 130
    单元一　熟悉物业服务费的测算 ………………………………………………… 131
    单元二　投标报价策略与决策 …………………………………………………… 147

模块七　物业服务合同 ……………………………………………………………… 159
    单元一　认知物业服务合同 ……………………………………………………… 160
    单元二　熟悉物业服务合同的订立、效力与履行 ……………………………… 165
    单元三　熟悉物业服务合同的变更、解除与终止 ……………………………… 171

模块八　物业管理招投标争议及解决方式 ………………………………………… 181
    单元一　认知物业管理招投标常见的争议形式 ………………………………… 182
    单元二　熟悉物业管理招投标争议的处理和防范 ……………………………… 186

附录一　中华人民共和国招标投标法 …………………………………………… 196

附录二　中华人民共和国招标投标法实施条例 ………………………………… 203

参考文献 …………………………………………………………………………… 214

模块一　初识物业管理与招投标

知识目标

1. 了解我国招投标制度的发展过程、我国物业管理招投标制度的产生和发展。
2. 熟悉物业、物业管理的概念，物业的特征及分类，物业管理的特点、类型、分类及原则。
3. 掌握招标、投标、开标、评标的概念，招投标活动应遵循的原则。

能力目标

1. 能够熟练应用物业管理基本概念。
2. 能够熟练应用招投标的基本概念。

素养目标

1. 培养学生突破陈规、大胆探索、锐意进取的改革精神，具有勇于创新、求真务实的时代精神。
2. 引导学生树立行业自信，培育法制观念，增强法律意识。
3. 培养学生以人为本、自强不息、艰苦奋斗的工匠精神，培养廉洁奉公、爱岗敬业、淡泊名利、甘于奉献的职业品格，提高为人民服务的责任感与使命感。

 案例导入

老旧小区"脏乱差"现象何时休

现象一：屋顶成为"露天"垃圾场

屋顶卫生长期属于环境卫生中容易被忽视的一部分。当天下午，记者来到×××街×区22楼，这是一栋2层的老住宅楼。在房屋的屋顶，能看到屋顶的平台上堆放着大量的破陶罐、旧石棉瓦及已枯死的盆景等。放眼望去，在×××街×区18楼到22楼之间，不少屋顶上堆放着各种杂物，包括建筑材料、废旧家具、破旧生活用品，还有一些废弃木板、砖头，尤其是密密麻麻的枯叶严重影响着小区的环境卫生。

现象二：道路成了废旧家具"据点"

在×××街×区，大件旧家具难处理已成为困扰居民的问题。一些旧家具在居民楼旁被随意丢弃，不但对环境造成污染、对资源造成浪费，而且影响了市容市貌。

现象三：占用公共通道私搭乱建

在×××街×区22楼的西侧有一条路，最窄处仅能容1人通过。据附近居民介绍，以前这条路有2 m多宽，后来有居民不自觉占用公共道路，把自己的房屋延伸出将近1 m，导致本来就不宽的路面更加狭窄。

由于该地属于老旧小区没有物业公司，导致不文明现象越来越多。

（资料来源：阳泉日报 2019.04）

讨论：

1. 上述住宅区需要采取什么方法，才能更好地解决这些问题？
2. 从以上案例中可以获得什么启示？

单元一　熟悉物业与物业管理

一、物业

（一）物业的概念

"物业"一词是由英语"Estate"或"Propeny"翻译而来的，含义为"财产、资产、拥有物、房地产"等，这是一个广义的范畴。从物业管理的角度来说，物业是指已建成并投入使用的各类建筑物及其相关的设备、设施和场地。一个建筑群小区是一个物业，一座大厦也可以作为一个物业，同一建筑物还可按权属的不同分割为若干个物业。

物业不同于房地产业。房地产业是专门从事房地产开发与经营的独立产业，包括房地产开发、经营、管理和服务的全过程。本书所称的物业是指房地产进入消费领域的房地产产品，也指企事业单位拥有的办公、生产、生活使用的房屋。

（二）物业的组成

从物业的概念可以看出，物业由以下四个基本要素组成：

（1）已建成并投入使用的各类房屋（或建筑物）。已建成并投入使用的各类房屋（或建筑物）主要包括房屋建筑、码头、住宅楼、商业大厦、综合商住楼、写字楼、公寓、别墅、医院、学校、仓库、工业厂房、体育场馆、构筑物（如桥梁、水塔）等。

（2）与建筑物相配套的设备。与建筑物相配套的设备主要是指配套的专用机械、电气等设备，如常见的电梯、空调、备用电源等。

(3)与建筑物相配套的设施。与建筑物相配套的设施主要是指配套的公用管、线、路,如上下水管、消防、供变电、通信、信号网络、路灯、交通设施及室外配套设施(如幼儿园、医院)等。

(4)相关场地。相关场地是指物业区域里开发待建或露天堆放货物的地方,包括建筑地块、庭院、绿地、道路、停车场等。

【小提示】只要掌握物业的这4个基本要素,就掌握了物业的概念。这4个基本要素构成了一个完整的物业,它们相互制约,缺一不可。同时,这4个要素也成为衡量一个物业整体水平及其功能性的重要因素。其中,建筑物是基础,配套的设备、设施和相关场地是附属性的,如果没有房屋建筑物,设备、设施也就失去了存在的价值。当然,设备、设施和相关场地也非常重要,它们凸显了物业使用价值和业主的居住体验,若没有它们,则房屋建筑物就成了一座废墟,因此,四者的有机结合才能使物业的整体价值得到体现。

(三)物业的特征

1. 固定性

所有的建筑物、构筑物及配套设施必然依附于一定的地块,建成以后,在一般情况下是搬不走、挪不动的。这就是说物业具有不可移动的固定性特点,所以,在建造物业之前,一定要有长远观念,在各级政府规划部门的规划范围内,进行精心策划,在施工中严格管理,保证质量,新建的物业,要和周围协调一致,创造良好的自然环境。

2. 耐久性

物业的建造,一般都需要较长时间,物业的使用时间就更长了,我们经常听到在建筑业中也提到"精心设计,百年大计"这样的口号,说明建筑物一般是要使用数十年甚至更久的时间,特别是具有纪念价值和文物保护价值的建筑物,更应当长久地保留下去。

3. 多样性

物业范围非常广泛,规模各不相同,高矮各不相同,形状各有差异,颜色多种多样,居住用房、商业大厦、写字楼、工业厂房、仓库、寺庙、文化娱乐场所、体育竞赛场馆及其配套设施,水、电、气、暖、庭院、道路、树木、花草等,物业类型多样,而且每一个单体物业都有独到之处,物业的多样性构成了城市乡村的不同风格,更加显示物业区域的风采。

4. 高值性

物业,不仅具有使用价值,更应当具有较高的观赏价值。各种建筑物及其配套设施、设备及场地的综合价值是很高的,特别在人口密集、可用土地较少和人口逐渐增多的大、中城市,物业的价值就更高了,因此,如何为业主的物业保值、增值,自然成了物业服务企业的重要职责。

5. 权益性

《房地产业基本术语标准》(JGJ/T 30—2015)特别强调不动产、房地产、物业都不仅包括相关物质实体,而且包括依托于物质实体上的权益。物业的法律属性集中反映在物权的关系上,我国房地产物权是指物权人在法律规定的范围内享有的房屋使用权及其占有土地的使用权。同时,不同的购买方式也决定了产权人对物业不同的专有方式。

（四）物业的分类

(1)按物业的使用功能划分，物业可划分为居住物业、商业物业、工业物业和其他类型物业等。居住物业包括住宅小区、单体住宅楼、公寓、别墅、度假村等。根据设施、设备条件的不同，又可以将居住物业划分为普通商品住宅、高档商品住宅等。商业物业包括综合楼、写字楼、购物中心、酒店和康乐场所等。工业物业包括工业厂房、仓库等。其他类型物业包括车站、机场、医院、学校、图书馆、影剧院、文化馆等。

(2)按物业的权属关系划分，物业可划分为公共产权物业和私人产权物业等。公共产权物业是产权归国家所有的，向社会提供公共产品和公共服务的物业，如机场、车站、学校、图书馆等；私人产权物业是产权归个人或家庭所有，如属于个人的房产、私营企业的厂房等。

改革开放以来，伴随着住房制度的改革和住房的私有化，就某一具体物业来说，可能同时存在着多个产权主体，我们把这种物业称作异产毗连房屋。所谓异产毗连房屋，是指结构相连或具有共有、共用设备和附属建筑，而为不同产权人所共有的房屋。就异产毗连房屋来说，不同的产权人在行使对房屋的占有、使用、收益和处置等各项权利时，在用水、排水、通行、光照、通风及环境与安全方面需要相互配合、互谅互让。物业服务企业在对异产毗连房屋的管理过程中，应结合其特点，制定相应的制度和规范，协调好各产权人之间的关系，营造一种团结、向上、健康的人居环境。

二、物业管理

（一）物业管理的含义

物业管理有广义和狭义之分。

广义的物业管理是指房地产开发、租赁、销售及售后服务活动的总称；而狭义的物业管理概念为：业主通过选聘物业服务人，由业主和物业服务人按照物业服务合同约定，对房屋及配套设施、设备和相关场地进行维修、养护、管理，并维护相关区域内的环境卫生和秩序的活动。要正确理解物业管理的概念，必须把握以下几点：

(1)实施物业管理，必须是具有法人资格的、具有一定资质等级的、并经政府有关部门注册认可的、专业的管理组织。

(2)物业管理是一种经营型的管理方式。物业管理的对象是物业，其服务的对象是人。物业管理所提供的服务是有偿的服务，要合理收费（即收费和服务水平相适应），实现以业养业。

(3)物业管理所提供的劳务和服务能起到完善物业的使用效能，并使物业具有保值增值的作用。

物业管理是综合性的管理。物业管理的内容多种多样，业务涉及的范围相当广泛，属于多功能全方位的管理。

(4)就法律属性而言，物业管理是具有中介性质的管理，通过一定的契约，规定各方权利和义务。

(5)物业管理是一项有始有终的管理活动，其目标是用有限的资源，通过管理工作的协调、平衡来达到一个较高的质量要求，在发挥其使用功能的前提下尽可能地保值、增值。

(二)物业管理的特点

物业管理行业属于第三产业,因此有其自身独特的特点。

1. 社会化

物业管理的社会化,指的是摆脱了过去那种自建自管的分散管理体制,由多个产权单位、产权人通过业主大会选聘一家物业服务企业。

物业管理社会化有两个基本含义:一是物业的所有权人要到社会上选聘物业服务企业;二是物业服务企业要到社会上寻找可以代管的物业。

物业的所有权、使用权与物业的经营管理权相互分离,是物业管理社会化的必要前提,现代化大生产的社会专业分工,则是实现物业管理社会化的必要条件。

2. 专业化

物业管理的专业化,指的是由物业服务企业通过合同或契约的签订,按照产权人和使用人的意志和要求实施专业化管理。这就要求:有专业的人员配备;有专门的组织机构;有专门的管理工具设备;有科学、规范的管理措施与工作程序;运用现代管理科学和先进的维修养护技术实施专业化的管理。物业管理专业化是现代化大生产专业分工的必然结果。因此,要求物业服务企业必须具备一定的资质等级,要求物业管理从业人员必须具备一定的职业资格。

3. 市场化

物业管理市场化应从以下几点来理解:

(1)把物业管理需求主体,即业主、业主委员会推向市场,让业主、业主委员会在市场上寻找自己满意的、能够提供符合自己要求的物业服务人。而不再像以往,被动地接受物业管理单位的管理和服务。

(2)把物业管理供给主体,即物业服务人推向市场,让物业服务人在市场中通过竞争获得物业管理业务,选择自己满意的物业项目,在市场竞争中求生存和发展。而不再像以往那样,是接受任务式的被动管理物业,不论自己是否愿意。

(3)发展与物业管理相关的技术性或专业性的管理机构,如房屋修缮公司、绿化公司、保安公司、设备维修保养公司、楼宇清洗公司及急修服务中心等单位,通过这些单位提供的专业化服务,来提高物业管理的专业水平和总体服务水平。

(4)建立物业管理的媒介机构或顾问公司,作为业主委员会和物业服务企业的中介代理方,为物业管理服务的生产与消费牵线搭桥。物业管理的市场化不是某一个人主观的产物,也不是人的意志所能决定的,它既有坚实的理论基础,又有迫切的现实必要性。

要实现物业管理市场化的目标,必须具备一些较为成熟的条件,如完善的招投标政策、规则、权属清晰的物业,成熟的招标主体和投标主体,健全的市场信息系统。

【小提示】物业管理是一种和房地产综合开发的现代化生产方式相配套的综合管理,是与随着住房制度改革的推进而形成的产权多元化格局相衔接的统一管理,是与建设社会主义市场经济体制相适应的社会化、专业化、市场化的管理。这种集高度统一的管理、全方位多层次的服务、市场化经营为一体的充满生机和活力的物业管理,越来越显示出其强大的生命力。

(三)物业管理的类型

按照管理机构的不同,物业管理可分为委托服务型和自主经营型。

1. 委托服务型

委托服务型的物业管理，是指物业服务企业受业主的委托，依据物业服务合同对其物业实施专业化的管理服务。这类物业服务企业只拥有物业的管理权，没有产权，仅仅是按合同或契约进行法制化、规范化管理。其职能一是对房屋及其附属设备、设施进行维护修缮；二是对小区绿化、治安、消防、环境卫生等提供管理服务。同时，物业服务企业有权按照政府有关规定标准或管理协议规定收取一定的管理服务费。

2. 自主经营型

自主经营型的物业管理是房地产开发企业建成物业后并不出售或出租，而是交由下属的物业管理部门进行出租或出售及售后管理服务。自主经营型的物业服务企业不仅拥有经营管理权，还拥有产权；不仅具有维护性的管理职能，更主要的是为所管物业的出租经营创造出一个良好的物业使用环境，一般适用于商业物业等经营性物业类型。

（四）物业管理的原则

物业管理工作具有管理和服务两重任务。其目的是要为业主或使用人创造一个安全、舒适、方便、清静、整洁的居住和工作环境，并使物业处于完好正常的状态，延长其使用年限，以发挥最大的社会效益、环境效益、经济效益。为此，物业管理应遵循以下几项主要原则。

1. 权责分明原则

在物业管理区域内，业主、业主大会、业主委员会、物业服务企业的权利与责任应当非常明确，物业服务企业各部门的权利与职责要分明。只有权、责分清了，才能做到人人有事做，事事有人管，也才能避免瞎指挥，并有利于物业管理水平和服务质量的提高，更有利于物业管理目标的实现。

2. 业主主导原则

根据《中华人民共和国民法典》（以下简称《民法典》）《物业管理条例》，业主有权制定、修改管理规约；选举、更换业主委员会委员，监督业主委员会的工作；选聘、解聘物业服务企业；决定专项维修资金的使用、筹集方案，并监督实施；制定、修改物业管理区域内物业共用部位和共用设施、设备的使用、公共秩序和环境卫生的维护等方面的规章制度及法律、法规或业主大会议事规则规定的其他有关物业管理的职责和权利。

3. 服务第一原则

物业管理的每一项工作都是服务，物业管理必须坚持服务第一的原则。

4. 统一管理原则

一个物业管理区域只能成立一个业主大会，一个物业管理区域由一个物业服务企业实施物业管理。

5. 专业高效原则

物业服务企业开展统一管理，并不等于所有的工作都必须由物业服务企业自己来承担，物业服务企业可以将物业管理区域内的专项服务委托给专业性服务企业，但不得将该区域内的全部物业管理一并委托给他人。

6. 收费合理原则

物业管理的经费是搞好物业管理的物质基础。物业服务收费应当遵循合理、公平及费用与服务水平相适应的原则。区别不同物业的性质和特点，由业主和物业服务企业按有关规定开展约定。收缴的费用要让业主和使用人能够接受并感到质价相符,物有所值。物业管理的专项维修资金要依法管理和使用。物业服务企业可以通过实施有偿服务和开展多种经营来增加收入。

7.公平竞争原则

物业管理是社会主义市场经济的产物,在市场经济中应当实施公开、公平、公正的竞争机制,在选聘物业服务企业时,应该坚持招标、投标制度,委托方发标,一般要有3个以上的物业服务企业投标,招标要公开,揭标要公正。

8.依法行事原则

物业管理遇到的问题十分复杂,涉及的法律非常广泛,整个物业管理过程中时时刻刻离不开法律、法规。依法签订的《物业服务协议》,是具有法律效力的规范文书,也是物业管理的基本依据。

阅读材料

物业管理的作用

物业管理是随着房地产业的发展和房地产管理体制改革而产生的一种新型管理模式,是从房地产综合开发经营过程中分化出来的独立的产业部门,具有重要的社会经济功能。

1.促进国民经济的发展

随着我国经济体制改革的推进,房地产管理体制的改革也在不断向纵深发展。住房商品化和货币化分配住房的新体制,不仅打破了传统体制下单一的产权结构格局,而且也使传统房屋管理体制被新的物业管理模式所取代,形成了物业产权多元化和物业管理社会化的新格局。从对公房出售后居民心态的调查可以看出,广大居民最关心的问题是购房后的物业管理和维修问题。这一问题解决好了,就可以有效地解除居民的后顾之忧,激发人们的购房积极性,房地产市场的规模和容量也会因此得到有效扩张,这是房地产业发展的基础。

世界各国经济发展的经验表明,房地产业是国民经济的先导性和基础性产业,无论从开发建设过程所需的上游产品来看,还是从建成后的服务对象和依托关系来看,都是一个产业关联度很高、产业链很长的产业部门,它涉及建筑、建材、能源、交通、冶金、化工、机械、电子、通信等50多个产业部门。据世界银行统计,房地产业的产值每增长4个百分点,可以带动整个经济增长1.5~2个百分点,房地产业是对国民经济贡献率较高的产业部门之一。

2.促进房地产投资效益的提高

就一个房地产项目来说,可以划分为可行性论证、投资开发、经营和管理等几个环节。物业管理是其中非常重要的环节,离开了物业管理,可以说房地产业就是不完整的。通过加强物业管理,采用现代化的管理手段向广大业主和非业主使用人提供全面、高效、优质的物业管理服务,能够有效地刺激房地产市场的消费需求,不断扩大房地产市场规模,促进房地产投资的循环和周转。我国改革开放初期,在房地产业发展战略的安排上,由于没有处理好开发建设与物业管理之间的关系,存在严重的重开发、轻管理的问题,使得大量已建成的房屋严重积压,房地产业一度陷入非常严重的危机,直到现在,这一问题仍然没有得到根本性解决。最近几年,房地产业的高速增长,除政府宏观政策等因素外,也得益于物业管理的不断完善和发展。

3. 促进物业的保值、增值

建筑物在使用过程中由于物质实体方面的损耗会造成其价值的损失。这种损耗一方面是自然因素的作用所引起的,如自然界的物理作用和化学作用导致房屋及其设备的自然老化,使用时间越长,损耗就越大;另一方面是人为的使用和维修不当所引起的。

建筑物寿命有自然寿命(从建成之日起到不堪使用时止)和经济寿命(从建成之日起到预期产生的收入大于营运费用时止)之分。建筑物在使用中的年限又可分为实际使用年限和有效使用年限。

如果建筑物的使用维修保养正常,则实际使用年限等于有效使用年限;如果建筑物的使用维修保养较好,则实际使用年限大于有效使用年限,此时建筑物的剩余经济寿命相应较长;如果建筑物的使用维修保养较差,则实际使用年限小于有效使用年限,此时建筑物的剩余经济寿命相应较短。因此,如果没有物业管理或物业管理较差,房屋设备未能得到及时维修保养,就会缩短房屋及设备的经济寿命,而良好的物业管理,则会延长房屋及设备的经济寿命。

4. 提高城市居民生活质量

随着社会的发展,我国提出了建设小康社会的目标。建设小康社会,必须大力提高人民的生活质量。人民生活质量的提高不仅表现在收入增加,消费增长,衣、食、住、行水准提高等方面,而且表现在工作条件、生活条件、居住条件改善,享受多方面的服务等。而良好的物业管理,是人民群众生活质量提高的重要内容之一。

物业管理通过实施物业的维修保养和治安、保洁、绿化、车辆道路管理等活动,使住宅小区或物业大厦干净整洁、环境优美、赏心悦目、安全舒适,能够为业主和住户创造良好的工作、生活和居住环境。

物业管理还通过推动精神文明建设,组织有益的、丰富多彩的社区活动,协调业主、住户之间的社会人际关系,建立互惠互利、和睦共处的邻里关系,以及互助互谅、团结友爱的社会风气,有利于促进人们的身心健康,有效减少烦恼、焦虑、矛盾、摩擦及某些危害社会的行为。这无疑是构建和谐社会和人民生活素质提高的重要前提与保证。

5. 树立良好的城市形象,促进城市经济的发展

首先,一个社区就是一个城市的缩影。一个规划设计合理、环境优美、功能齐全的住宅小区,不仅是人们居住、休闲的场所,也是一座城市经济建设成就的缩影和进行精神文明建设的重要阵地。对一个城市来说,其功能和形象是与这个城市的物业管理水平密切联系的。

其次,物业管理也已成为现代城市经济发展不可分割的重要组成部分。物业管理作为一个经济产业部门,依靠自身所提供的管理和服务,创造了巨大的经济价值,已经成为新兴的"朝阳产业"。随着物业管理行业的迅速发展,其创造的社会经济价值将会不断增加。

再次,物业管理促进了房地产业的发展,繁荣了城市经济。房地产业的发展,催生了物业管理行业的诞生。而物业管理的发展,又为房地产业的发展提供了条件和保障。在许多城市,良好的物业管理已成为推动房地产销售的亮点,这也印证了房地产与物业管理两者相互促进、相辅相成的密切关系。

最后,物业管理拓宽了城市就业渠道,推动了第三产业的发展。物业管理本身属于第三产业的范畴,也是劳动密集型产业之一,可以吸纳大量的剩余劳动力。随着我国市场经济的发展,城市许多企业职工下岗,大量农村劳动力进城,使城市就业压力不断增加,发展物业管理,利用物业管理行业秩序维护、保洁等对服务人员劳动技能要求较低的特点,无疑是解决城市就业问题的一条有效途径。

三、物业管理实务

(一)物业管理实务的含义

所谓物业管理实务,是指物业管理的实际工作,包括物业管理的工作内容、工作程序、工作方法和工作要求等,它强调的是如何具体地做好物业管理的每一项日常工作。

(二)物业管理实务的内容

物业管理的主要对象是住宅小区、综合办公楼、商业大厦、宾馆、厂房、仓库等。其管理范围相当广泛,服务项目多层次、多元化,涉及的工作内容比较烦琐、复杂。归纳起来,按照服务的性质和方式,物业管理服务可分为常规性的公共服务、针对性的专项服务和委托性的特约服务三类。

1. 常规性的公共服务

常规性的公共服务一般是指物业管理中最基本的管理工作,是物业管理区域中所有住用人都享受的,由物业服务企业提供的最基本的服务。它是为维护物业的使用环境,在合同中事先规定好了的,业主在享用前不需要特别提出申请,也不需要另付费用的服务的总称。

2. 针对性的专项服务

针对性的专项服务特指物业服务企业为改善和提高住用人的工作、生活条件,面向广大住用人,为满足一些用户的需要而提供衣、食、住、行、用、教育、医疗等方面的服务。事先已设立项目、服务标准、收费规定等,住用人可根据需要自行选择。

3. 委托性的特约服务

委托性的特约服务是指物业服务企业为满足房屋所有人或物业使用人的特殊需要而提供的个性化服务,是对常规性服务和专项服务的补充。

有些服务项目,在物业服务合同中未要求,专项服务中也未设立,而客观上物业产权人、物业使用人又存在这方面的需求,如家庭卫生清洁、室内装修、管道疏通、找医送药、看护病人、接送子女上下学等。对此,物业服务企业应该从业主的需求出发,在自身资源条件允许的条件下,为业主排忧解难。

各项工作内容具体见表1-1。

表1-1 物业管理的内容

服务类型	服务特点	服务内容
常规性的公共服务	管理区域内所有住用人都享有的最基本的服务,在物业合同中有明确规定,费用通过物业管理费的形式交纳	1. 房屋建筑主体维修、养护管理
		2. 附属设备、设施维修、养护管理
		3. 保洁服务
		4. 绿化服务
		5. 污染防治
		6. 秩序维护服务
		7. 消防管理
		8. 车辆管理

续表

服务类型	服务特点	服务内容
针对性的专项服务	事先设立服务项目,公布服务内容、质量、收费标准,住用人自行选择,合同中无明确规定,享用时另行付费	1.日常生活类 2.商业服务类 3.文化、教育、卫生、体育类 4.金融服务类 5.经济代理中介服务类 6.社会福利类(多为无偿形式)
委托性的特约服务	合同中没有约定、专项服务中没有设立、个别住用人的某种要求,须另行付费	1.生活类:如家政服务 2.工作类:如代办服务

阅读材料

物业服务企业

物业服务企业是指按合法程序成立,具备独立的企业法人资格,根据合同接受业主和业主委员会的委托,依照有关法律法规的规定,对物业实行专业化管理的经济实体。

目前,我国存在着各种类型的物业服务企业。

1. 按投资主体不同

按投资主体不同,物业服务企业可分为全民、集体、联营、三资、私营等企业。

(1)全民物业服务企业即国有物业服务企业,资产属于全民所有,国家依照所有权和经营权分离的原则授予企业经营管理权;

(2)集体所有制物业服务企业资产属于劳动群众集体所有;

(3)联营是指企业之间或企业、事业单位之间联营,或组成新的经营实体,取得法人资格;或共同经营,不具备法人条件,按合同约定各自独立经营,并承担相应的权利和义务;

(4)三资物业服务企业是指依照我国有关法律在我国境内设置的全部资本由外国投资者投资的企业;外国公司、企业和其他经济组织或个人经我国政府批准在我国境内,同我国的公司企业或其他经济组织共同举办合资经营企业,或举办中外合作经营企业;

(5)私营物业服务企业资产属于私人所有。

2. 按股东出资形式不同

按股东出资形式不同,物业服务企业可分为有限责任公司、股份有限公司、股份合作公司等。

(1)物业服务有限责任公司是由2个以上50个以下股东共同出资,并以其出资额为限对公司承担责任,公司以其全部资产对公司的债务承担责任的企业法人。

(2)物业服务股份有限公司是一般由5个以上发起人成立,全部资本为等额股份,每个股东以其所持股份为限对公司承担责任,公司是以其全部资产对公司的债务承担责任的企业法人。股份有限公司的注册资本必须在1 000万元人民币以上。目前,商业、贸易、工业、房地产等行业中有一批股份有限公司。随着物业管理市场发展,集团化的物业管理股份有限公司将逐步出现。

(3)股份合作型物业服务企业,其原则是自愿组合、自愿合作、自愿参股、民主管理、自负盈亏、按劳分配、入股分红。这种企业股东一般就为职工,股东订立合作经营章程,按其股份或劳动享有权利和义务,企业以其全部资产对其债务承担责任。

3.按经营服务方式不同

按经营服务方式不同,物业服务企业可分为代理租赁服务型、委托管理服务型两种。

我国物业管理的现状与发展趋势

1.市场规模

我国的物业管理行业规模不断扩大,行业集中度逐渐提高,管理水平显著提升,行业由粗放发展阶段逐渐步入相对成熟和规范的新阶段。数据显示,我国业态物业管理及商业运营服务市场收入总额由2015年3 104亿元增加至2019年4 709亿元,年复合增长率为10.7%。2020年和2021年总规模已突破5 000亿元,如图1-1所示。

图1-1 2015—2021年中国物业管理及商业运业的市场规模及预测

数据来源:弗若斯特沙利文、中商产业研究院整理

根据《2018中国物业服务百强企业研究》,2017年度,百强企业住宅物业管理面积占总管理面积的69.85%,为最主要的管理业态,如图1-2所示。

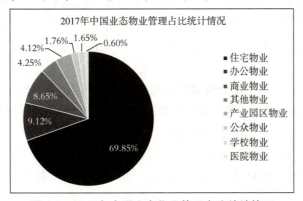

图1-2 2017年中国业态物业管理占比统计情况

数据来源:2018中国物业服务百强企业研究、中商产业研究院整理

2.未来发展趋势

(1)服务业态和服务内容日益多元化且更加注重服务品质。随着市场对于高品质物业管理服务的需求日趋迫切和广泛,物业管理服务的内容和品质需求不断升级。未来,物业管理服务领域的竞争将更多地集中于专业化、个性化服务,相关企业需顺应市场发展趋势,积极投放资源培养人才,不断提升服务品质以保持竞争力。

（2）逐步加大基础业务外包比例并广泛运用科技产品。对物业管理服务企业来说，将基础业务外包是利用专业服务公司提供的优质服务，实现专业化、集约化管理。通过基础服务业务外包，物业管理服务企业能够发掘并培育优质服务供应商，降低自聘员工的数量，在降低人工成本的同时提升专业服务水平。

（3）市场集中度进一步提升。中、小型物业管理公司主要通过降低收费水平获取项目，非标准化管理模式也使得其服务能力、盈利水平参差不齐，市场规模逐步收缩。而大型物业管理公司的标准化管理程度和服务水平较高，通过品牌效应和收购兼并实现业务规模扩张，从而提高市场占有率，推动市场集中度的不断提升。

3. 未来发展前景

（1）产业园区受到大型企业青睐。与传统办公楼相比，产业园区拥有更加灵活的空间设置和更为完善的整体配套，便于功能集成和独立运营，在部分地区还可享有政策扶持。因此，现代产业园区这一物业形态既符合国民经济发展、产业转型升级的需要，也受到电子信息、互联网、生物科技等领域大型企业的青睐。

（2）城镇化的快速发展。非住宅物业是近几年开始新兴发展的物业服务类别，一般来说，单位面积物业服务收费标准高于住宅物业平均收费，尤其是商业、办公及医院类别的物业。高收费标准的非住宅物业的兴起，将促进行业开拓新的增长空间。

（3）移动互联网技术的发展催生多元业务。越来越多的物业服务企业借助互联网技术提供增值服务，如在线水、电、煤缴费，生活信息查询及在线预约下单等。互联网技术的应用不仅能使得物业管理服务效率大幅度提升，同时，还能促使物业管理企业在商业模式上进行创新，促进物业服务的转型升级，拓展服务范围并提高附加值。

（4）资本市场助推企业发展。近年来，已有多家国内物业管理服务企业在境内外资本市场成功挂牌上市，提升品牌影响力并提供必要的资金支持。资本市场的助力将为相关企业后续的健康、快速发展带来资本动能和市场契机。

（资料来源：https://mp.weixin.qq.com/s/uDxX6uETRNHoLE39SC4ctQ）

【应用案例】

物业管理到底是管理还是服务？

某旧小区进行物业管理后，不少居民对物业服务公司的一些工作很不理解，例如，物业服务公司的管理人员不让业主把车停放在楼下门口，把小区原来的四个出口封闭了两个，不让居民把被子拿到小区内的空地上随地晾晒等。对于这些，居民非常疑惑，不是说物业服务公司是我们聘请来为我们服务的吗？可物业服务公司为什么又处处管着我们业主？物业管理到底是管理还是服务？

对于物业管理是管理还是服务，物业服务公司和业主的看法是不一致的。不少物业服务公司认为，物业管理就是管理；而相当多的业主则认为，业主请来物业管理公司，就是要他们提供服务的，因而，物业管理就是服务。我们认为，物业管理的实质是服务，但物业管理在服务中也不可避免地融入了管理。没有管理，谈不上服务。

【分析】

要弄清楚以上问题，必须了解物业管理中的法律关系问题。

物业管理中一个很重要的法律关系是：业主和物业管理公司之间是聘用与被聘用、委托与被委托、服务与被服务的关系,双方是平等的民事主体,法律上没有谁管理谁的问题。从理论上说,物业管理中所包含的法律关系的实体内容是特殊的,既有服务内容,又有管理内容,寓管理于服务之中,或者寓服务于管理之中,管理和服务融合在一起,不能分开。物业管理,虽然叫"物业管理",并不能说明它是类似于政府的管理部门,它不能完全行使管理职能。同时,它所从事的工作,也不可能完全是服务性的。从实际情况看,物业管理工作既包括打扫卫生、房屋与设备维修、绿化清洁等服务工作,也包括住宅小区的道路车辆管理、治安管理、制止破坏绿化的行为等具有管理性质的工作。因此,既不能将物业管理单纯理解为管理,也不能单纯理解为服务。

(资源来源:https://wenku.baidu.com/view/f9e134ca5bf5f61fb7360b4c2e3f5727a5e92448.html)

单元二　熟悉招投标

一、招投标

招投标是一种因招标人的要约,引发投标人的承诺,经过招标人的择优选定,最终形成协议和合同关系的平等主体之间的经济活动过程。一般情况下,招投标作为当事人之间达成协议的一种交易方式,必须包括两方主体,即招标人和投标人。有时,还包括他们的代理人,即招标代理机构,这三者共同构成了招投标活动的参与人和招投标法律关系的基本主体。

(一)招投标制度的特征

1. 平等性

招投标是独立法人之间的经济交易活动,它按照平等、自愿、互利的原则和规范的程序进行。招标人和投标人均享有规定的权利和义务,受法律的保护和约束。同时,招标人提出的条件和要求对所有潜在的投标人都是同等的。因此,投标人之间的竞争也是平等的。

2. 开放性

为了保证招投标的竞争性,招标要求打破地方保护、行业垄断局面,彻底开放市场。因此,公开招标要求在全国性的甚至是国际性的传播媒体上发布招标公告,从而保证最大限度地竞争。

3. 竞争性

招投标交易方式的核心就是竞争。投标人为了中标,相互在价格、品质、进度和服务等方面进行竞争,优胜劣汰。为了生存,企业间的竞争往往达到非常激烈的程度。

(二)招投标活动应遵循的原则

根据《中华人民共和国招标投标法》(以下简称《招标投标法》)规定,招投标活动应遵循的原则包括公开、公平、公正和诚实信用。

1. 公开原则

公开原则是指招投标的程序应透明,招标信息和招标规则应公开,有助于提高投标人参与投标的积极性，防止权钱交易等腐败现象的滋生。

2. 公平原则

公平原则是指参与投标者的法律地位平等，权利与义务相对应，所有投标人的机会平等，不得实行歧视。

3. 公正原则

公正原则是指投标人及评标委员会必须按统一标准进行评审，市场监管机构对各参与方都应依法监督，一视同仁。

在"三公"原则中，公开是基础，只有完全公开才能做到公平和公正。

4. 诚实信用原则

诚实信用原则是指招标人、投标人都应诚实、守信、善意、实事求是，不得欺诈他人，损人利己。"诚实信用原则"在西方常被称为债法中的"帝王原则"，也是《民法典》的基本原则。"诚实信用原则"要求重合同、守信用是对当事人利益之间的平衡。在法律上，"诚实信用原则"属于强制性规范，当事人不得以其协议加以排除和规避。

阅读材料

推行招标投标制度的意义

招投标制度是为合理分配招标、投标双方的权利、义务和责任建立的管理制度。招标投标制度作用主要体现在以下四个方面：

第一，提高经济效益和社会效益。招投标是市场竞争的一种重要方式，能够充分体现"公开、公平、公正"的市场竞争原则。通过招标采购，众多投标人进行公平竞争，可使招标人以较低价格获得最优的货物、工程或服务，从而达到提高经济效益和社会效益、提高招标项目的质量、提高国有资金使用效率、推动投融资管理体制和各行业管理体制改革的目的。

第二，提升企业竞争力。促进企业转变经营机制，提高企业的创新活力，积极引进先进技术和管理，提高企业生产、服务的质量和效率，不断提升企业市场信誉和竞争力。

第三，健全市场经济体系。维护和规范市场竞争秩序，保护当事人合法权益，提高市场交易的公平、满意和可信度，促进社会和企业的法治、信用建设，促进政府转变职能，提高行政效率，建立健全市场经济体系。

第四，打击贪污腐败。有利于保护国家和社会公共利益，保障合理、有效使用国有资金和其他公共资金，防止其浪费和流失，构建从源头预防腐败交易的社会监督制约体系。

（资料来源：https://mp.weixin.qq.com/s/J8x1x1lKD231SFjEbUK5tA

二、招标

招标是指招标人发出招标公告或投标邀请书，说明招标的工程、货物、服务的范围、标段（标包）划分、数量、投标人的资格要求等，邀请特定或不特定的投标人在规定的时间、地点按照一定的程序进行投标的行为。按照《招标投标法》第10条规定,招标分为公开招标和邀请招标。

（1）公开招标。公开招标是指招标人以招标公告的方式邀请不特定的法人或者其他组织投标。即招标人按照法定程序,在指定的报刊、电子网络和其他媒介上发布招标公告,向社会公示其招标项目要求,吸引众多潜在投标人参加投标竞争,招标人按事先规定程序和办法从中择优选择中标人的招标方式。

（2）邀请招标。邀请招标是指招标人以投标邀请书的方式邀请特定的法人或者其他组织投标。即招标人通过市场调查,根据承包商或供应商的资信、业绩等条件,选择一定数量法人或其他组织（不能少于3家）,向其发出投标邀请书,邀请其参加投标竞争,招标人按事先规定的程序和办法从中择优选择中标人的招标方式。

三、投标

投标是与招标相对应的概念,是指投标人应招标人特定或不特定的邀请,按照招标文件的要求,在规定的时间和地点主动向招标人递交投标文件并以中标为目的的行为。

（一）投标的组织

进行项目投标,需要有专门的机构和人员对投标的全部活动过程加以组织和管理。实践证明,建立一个强有力的、专业的投标班子是投标获得成功的根本保证。

对于供应商来说,参加投标就如同参加一场赛事竞争。因为它关系到企业的兴衰存亡。这场赛事不仅比报价,而且比技术、经验、实力和信誉。特别是当前物业服务市场中,越来越多的智能化、集成科技物业项目,势必要给供应商带来两个方面的挑战:一方面是技术上的挑战,要求供应商具有先进的智能化运维管理技术,能够完成高、新、尖、难的物业项目管理;另一方面是管理上的挑战,要求供应商具有现代化先进的组织管理水平,能够以较低价中标,靠管理和多种经营获利。供应商的投标班子应由以下三种类型的人才组成。

1. 经营管理类人才

经营管理类人才是指专门从事物业管理多种经营的管理人员或物业项目经理。经营部人员应具备一定的法律知识,掌握大量的调查和统计资料,具备分析和预测等科学手段,有较强的社会活动与物业公共关系能力,而项目经理应熟悉项目运行的内在规律,具有丰富的实践经验和大量的市场信息。这类人才在投标班子中起核心作用,制定和贯彻物业项目经营方针与规划,负责工作的全面筹划和安排。为此,这类人才应具备以下基本条件:

（1）知识渊博、视野广阔。经营管理类人才必须在经营管理领域有造诣,对其他相关学科也应有相当知识水平。只有这样,才能全面地、系统地观察和分析问题。

（2）具备一定的法律知识和实际工作经验。经营管理类人才应了解我国,乃至国际上的有关的法律和国际惯例,并对开展投标业务所应遵循的各项规章制度有充分的了解。同时,丰富的阅历和实际工作经验可以使投标人员具有较强的预测能力和应变能力,对可能出现的各种问题进行预测并采取相应的措施。

（3）必须勇于开拓,具有较强的思维能力和社会活动能力。渊博的知识和丰富的经验,只有与较强的思维能力结合,才能保证经营管理人员对各种问题进行综合、概括、分析,并作出正确的判断和决策。此外,该类人员还应具备较强的社会活动能力,积极参加有关的社会活动,扩大信息交流,不断地吸收投标业务工作所必需的新知识和情报。

(4)掌握一套科学的研究方法和手段,诸如科学的调查、统计、分析、预测的方法。

2. 专业技术人才

专业技术人才主要是指物业管理的各类专业技术人才,诸如物业管理师、智能化运维工程师、水暖电工程师、专业设备工程师等各类专业人员。他们具有较高的学历和技术职称,掌握本学科最新的专业知识,具备较强的实际操作能力,在投标时能从本公司的实际技术水平出发,确定各项专业实施管理方案。

3. 商务金融类人才

商务金融类人才是指从事金融、贸易、税法、保险、采购、保函、索赔等专业知识方面的人才。财务人员要懂税收、保险、涉外财会、外汇管理和结算等方面的知识,对物业服务费测算和物业项目运营的获利情况进行把关。

投标组织成员不但要做到个体素质良好,更重要的是要做到共同参与、协同作战,发挥群体力量。在参加投标活动时,以上各类人才相互补充,才能形成人才整体优势。另外,由于项目经理是未来项目施工的执行者,为使其更深入地了解该项目的内在规律,把握工作要点,提高项目管理的水平,在可能的情况下,应吸收项目经理人选进的投标班子。在国际工程(含境内涉外工程)投标时,还应配备懂得专业和合同管理的翻译人员。

(二)投标人投标的限制

根据《招标投标法》的规定:

(1)投标人应当具备承担招标项目的能力。国家有关规定对投标人资格条件或者招标文件对投标人资格条件有规定的,投标人应当具备规定的资格条件。

(2)投标人应当按照招标文件的要求编制投标文件。投标文件应当对招标文件提出的实质性要求和条件作出响应。招标项目属于建设施工的,投标文件的内容应当包括拟派出的项目负责人与主要技术人员的简历、业绩和拟用于完成招标项目的机械设备等。

(3)投标人应当在招标文件要求提交投标文件的截止时间前,将投标文件送达投标地点。招标人收到投标文件后,应当签收保存,不得开启。投标人少于3个的,招标人应当依照《招标投标法》重新招标。在招标文件要求提交投标文件的截止时间后送达的投标文件,招标人应当拒收。

(4)投标人在招标文件要求提交投标文件的截止时间前,可以补充、修改或者撤回已提交的投标文件,并书面通知招标人。补充、修改的内容为投标文件的组成部分。

(5)投标人根据招标文件载明的项目实际情况,拟在中标后将中标项目的部分非主体、非关键性工作进行分包的,应当在投标文件中载明。

(6)两个以上法人或者其他组织可以组成一个联合体,以一个投标人的身份共同投标。联合体各方均应当具备承担招标项目的相应能力;国家有关规定或者招标文件对投标人条件有规定的,联合体各方均应当具备规定的相应资格条件。由同一专业的单位组成的联合体,按照资质等级较低的单位确定资质等级。联合体各方应当签订共同投标协议,明确约定各方拟承担的工作和责任,并将共同投标协议连同投标文件一并提交招标人。联合体中标的,联合体各方应当共同与招标人签订合同,就中标项目向招标人承担连带责任。招标人不得强制投标人组成联合体共同投标,不得限制投标人之间的竞争。

(7)投标人不得相互串通投标报价,不得排挤其他投标人的公平竞争,损害招标人或者其他投标人的合法权益。投标人不得与招标人串通投标,损害国家利益、社会公共利益或者他人的合法权益。禁止投标人以向招标人或者评标委员会成员行贿的手段谋取中标。

(8)投标人不得以低于成本的报价竞标,也不得以他人名义投标或者以其他方式弄虚作假,骗取中标。

四、开标

开标是招标单位在规定的时间和地点,在管理部门或招标代理公司的主持下和所有投标单位出席的情况下,当众公开拆封投标资料,宣布投标单位的名称、投标报价及投标文件的其他主要内容的过程。

《招标投标法》第34条规定,开标应当在招标文件确定的提交投标文件截止时间的同一时间公开进行;开标地点应当为招标文件中预先确定的地点。将开标时间规定为提交投标文件截止时间的同一时间,目的是防止招标人或者投标人利用提交投标文件的截止时间以后与开标时间之前的一段时间间隔作手脚,进行暗箱操作。例如,有些投标人可能会利用这段时间与招标人或招标代理机构串通,对投标文件的实质性内容进行更改等。开标地点应当在招标文件中事先确定,这是为了让所有投标人都能事先知道开标地点,并能够按时到达,以便使每一个投标人都能事先为参加开标活动做好充分的准备,如根据情况选择适当的交通工具,并提前做好机票、车票的预订工作等。

五、评标

评标是指评标委员会和招标人依据招标文件规定的评标标准和方法对投标文件进行审查、评审与比较的行为。评标是招标投标活动中十分重要的阶段,评标是否真正做到公开、公平、公正,决定着整个招标投活动是否公平和公正;评标的质量决定着能否从众多投标竞争者中选择出最能满足招标项目各项要求的中标者。

《招标投标法》第37条规定:

(1)评标由招标人依法组建的评标委员会负责;

(2)依法必须进行招标的项目,其评标委员会由招标人的代表和有关技术、经济等方面的专家组成,成员人数为5人以上单数,其中技术、经济等方面的专家不少于成员总数的2/3;

(3)评标专家应当从事相关领域工作满八年并具有高级职称或者具有同等专业水平,由招标人从国务院有关部门或者省、自治区、直辖市人民政府有关部门提供的专家名册或者招标代理机构的专家库内的相关专业的专家名单中确定;一般招标项目可以采取随机抽取方式,特殊招标项目可以由招标人直接确定;

(4)与投标人有利害关系的人不得进入相关项目的评标委员会,已经进入的应当更换;

(5)评标委员会成员的名单在中标结果确定前应当保密。

单元三 物业管理招投标制度的发展

从20世纪80年代初开始,我国逐步实行了招投标制度,先后在利用国外贷款、机电设备进口、建设工程发包、科研课题分配、出口商品配额分配等领域推行。

一、我国招投标制度的发展过程

从我国招投标活动的发展进程与特点来看,大致可分为以下4个发展阶段。

1. 萌芽时期

早在19世纪初期,西方资本主义国家就开始实行招投标制度,但仅限于建筑工程和大型货物采购方面。此时期中国由于外国资本的入侵,商品经济有所发展,工程招投标成为当时工程建设的主要方式,并一直沿用到中华人民共和国成立初期。

2. 停滞时期

从中华人民共和国成立到十一届三中全会召开,逐渐形成了高度集中的计划经济体制。在这一体制下,政府部门、国有企业及其相关的公共部门,基础建设和采购任务都由行政主管部门用指令性计划下达,企业经营活动由主管部门安排,招投标制度一度被中止。

3. 恢复与全面展开时期

随着党的十一届三中全会胜利召开,中心工作开始转移到经济建设上,并实行了改革开放、科教兴国的战略,招投标制度从建筑业中的建设工程开始进行招投标试点,并逐渐推广到其他领域。

4. 法制化新时期

1999年8月30日,《招标投标法》在第九届全国人民代表大会第十一次会议上顺利通过,自2000年1月1日起正式实行,并于2017年进行了修正。这部法律的通过和实施标志着招投标在我国终于走上了法制化道路,招投标活动进入了一个新的发展时期。

《招标投标法》的实行,有利于创造一个公开、公平、公正的竞争环境,改变国有与集体企业及各级政府等的采购方式;有利于在更大范围内推行招投标制度,规范招投标行为,发挥招投标的优化配置资源作用,甚至对我国市场经济的发展及与国际经济接轨起到了积极的推进作用。

二、我国物业管理招投标制度的产生和发展

物业管理招投标制度的产生和发展,是以物业管理的商品化和市场化为基础的。我国社会主义市场经济体制的建立和物业管理市场逐步形成,是物业管理招投标产生的前提,也是市场竞争机制发展到一定程度的必然结果。我国物业管理招投标制度发展过程大致经历了以下3个阶段。

1. 试验阶段

随着招投标制度在我国建筑业成功地全面推广,招投标制度也逐渐地运用到了物业管理中,物业管理权由招投标来确定的这种方法,已经得到了物业管理企业的认可,在广大业主(住户)的大力支持,也得到了各级政府部门的肯定,物业管理的市场在各级政府关心培育下开始形成。

2. 全面推广物业管理招投标制度

1999年5月,原建设部在深圳市召开了全国物业管理工作会议,明确要求各地要尽快引入竞争机制,推行物业管理招投标制度。

全国物业管理工作会议之后,各地都加快了物业管理市场的培育和引进招投标的市场机制,杭州、沈阳、北京、南京等城市先后开展了物业管理招投标试点,物业管理招投标制度已在全国大面积推广实行。

3. 物业管理招投标制度的确立和实施

《招标投标法》正式实施标志着我国招投标制度有了法律依据。《招标投标法》明确规定了大型基础设施、公用事业等关系社会公共利益、公众安全的项目,全部或部分使用国有资金投资或国家融资的项目,使用国际组织或者外国政府贷款、援助资金项目,包括勘察、设计、施工、监理及与工程建设有关的重要设备、材料等的采购,必须进行招标。

随后,国务院颁布《物业管理条例》明确规定:"国家提倡业主通过公开、公平、公正的市场竞争机制选择物业服务企业""国家提倡建设单位按照房地产开发与物业管理相分离的原则,通过招投标的方式选聘物业服务企业"。紧接着原建设部发布《前期物业管理招标投标管理暂行办法》,对前期物业管理招投标活动进行规范,标志着物业管理招投标制度以国家法规和部门规章的形式予以确立。

三、物业管理招投标制度的发展趋势

近20年来,随着以服务业为主的第三产业的发展日益受到国际关注,招投标活动在众多领域也得到了广泛应用并日臻完善,服务性项目招投标现已成为招投标交易方式发展的新趋势。所谓服务性项目招投标,是指招投标的客体并非有形的物体(如一座建筑物、一台设备),而是一项服务,是无形的。物业管理招投标便属于服务性项目招投标。目前,在市场经济发达的国家和地区基本建立了物业管理招标投制度,尽管我国物业管理的市场化起步较晚,但随着社会主义市场经济的不断发展和物业管理市场的逐步完善,物业管理招投标制度也已经步入正轨,并不断朝着日益完善的目标前进。

模块小结

招投标是伴随社会的发展而产生并不断发展的高级的、有组织的、规范的交易运作方式,在国际上已经运用了一二百年,它是一种引入竞争机制、适用范围极为广泛的市场行为,被广泛运用于强调竞争与效率的世界经济活动中。在我国,物业管理领域开展招投标,其目的是在日益快速发展的物业管理领域引入市场竞

前期物业管理招标　中华人民共和国
投标管理暂行办法　政府采购法

模块一 初识物业管理与招投标

争机制,通过加快物业管理市场化的进程,提高物业管理行业的管理服务水平,改善物业管理行业的整体效益和面貌。本模块主要介绍物业与物业管理、招投标基础知识、物业管理招投标制度的产生与发展。

思考与练习

一、填空题

1. 从物业管理的角度来说,物业是指已建成并投入使用的各类建筑物及其相关的_____、_____和_____。
2. _____是对物业开发、租赁、销售和售后服务等活动进行全过程的管理。
3. 按照管理机构的不同,物业管理可分为_____和_____两种。
4. 按照服务的性质和方式,物业管理服务可分为_____、_____和_____三类。
5. 招投标活动应遵循的原则包括_____、_____、_____和_____。
6. 按照《招标投标法》第10条规定,招标分为_____和_____。
7. _____是指招标人通过市场调查,根据承包商或供应商的资信、业绩等条件,选择一定数量法人或其他组织(不能少于3家),向其发出投标邀请书,邀请其参加投标竞争,招标人按事先规定的程序和办法从中择优选择中标人的招标方式。
8. _____是指评标委员会和招标人依据招标文件规定的评标标准和方法对投标文件进行审查、评审与比较的行为。

二、选择题

1. 物业主要包括( )部分。
   A. 已建成并具有使用功能的各类居住用和非居住用的建筑物
   B. 房地产开发、经营、管理和服务
   C. 企事业单位拥有的办公、生产、生活用的房屋
   D. 与建筑物相配套的设施设备
   E. 相关场地
2. 物业的特征包括( )。
   A. 固定性 B. 永久性 C. 多样性
   D. 高值性 E. 权益性
3. 根据使用功能的不同,可以将物业分为( )。
   A. 居住物业 B. 商业物业 C. 工业物业
   D. 高档物业 E. 低档物业

三、简答题

1. 物业由哪几个基本要素组成?
2. 物业管理应遵循哪几项主要原则?
3. 物业管理实务常规性公共服务的内容有哪些?
4. 投标方的投标组织应由哪三种类型的人才组成?

模块一　初识物业管理与招投标

学生学习情况评价表

评价模块：初识物业管理与招投标　　　　　　　　　　　评价日期：

姓名			班级		
评价项目	评价内容	分值	自评	小组互评	教师评价
知识目标	了解我国物业管理招投标制度；熟悉、掌握物业与物业管理的概念、特征及分类；掌握招投标活动应遵循的原则	30			
专业能力	能够熟练应用物业管理及招投标活动的相关概念	30			
方法能力	可快速获取和接受工作所需的知识，利用工具书和专业书籍获取所需信息	20			
社会能力	具备认真学习的态度及具有勇于创新、求真务实的时代精神	20			
	评价汇总	100			
	总评分数				

注：总评成绩＝自评成绩×30％＋小组评价×20％＋指导教师评价×50％

模块二 物业管理招标实施

知识目标

1. 了解物业管理招标及招标人的概念、物业管理招标的时间要求。
2. 熟悉物业管理招标的主体条件、项目条件、招标的类型和范围。
3. 掌握物业管理招标的程序。

能力目标

能够根据物业管理招标的程序组织招标工作。

素养目标

1. 培养学生热爱祖国的灿烂文化，增强民族自豪感，提升学生的民族自豪感和使命感。
2. 培养学生日常生活中诚实守信，遵守与企业、客户等的约定，从而保质保量完成工作。
3. 培养学生爱岗敬业、以人为本的职业精神，使学生树立行业自信，养成甘于奉献的职业品格。

案例导入

"炒"物业服务企业的"鱿鱼"

2018年9月17日，某住宅小区按程序召开了首次业主大会，并成立了业主委员会。在首次业主大会上，业主讨论的最为激烈的问题是是否要更换现有的物业服务企业，如何重新选聘新的物业服务企业。

该住宅小区自入住以来，一直由原开发商选聘的物业服务企业进行管理，而且现有的物业服务企业其实就是开发商所属的子公司。业主们都认为，正是由于它们之间的这种"姻亲"关系，致使现在的物业服务企业代表的也是开发商的利益，因为不是按照全体业主的意愿选聘出来的，所以更不会站在业主的角度考虑问题。而自2016年年初开始入住以来，小区就经常停水，有时甚至会停上一周，业主常常面临着吃水、用水难题。停水期间喝水都是买矿泉水，洗衣服也只能到亲戚家或者拿到洗衣店里洗。而面对业主的投诉，现物业服务企业常常不给予答复,也不积极与相关部门报告处理,而且在处理小区其他事务时,物业服务企业的表现也让业主不满,很多业主为此拒绝交纳物业服务费,双方矛盾日益上升。

讨论:

1. 业主能否"炒"物业服务企业的"鱿鱼"?
2. 业主大会如果要解聘现有的物业服务企业,要满足什么条件才能解聘?
3. 分析开发商选择自己所属的物业服务企业管理小区物业的方式存在什么问题?
4. 该小区业主可以通过什么方式来选聘自己满意的物业服务企业?

单元一 熟悉物业管理招标

一、物业管理招标及招标人

1. 物业管理招标的概念

物业管理招标是指招标人为即将竣工使用或正在使用的物业寻找物业服务企业而制定符合其管理服务要求和标准的招标文件,向社会公开招聘,并采取科学的方法进行分析和判断,最终确定物业服务企业的全过程。

2. 招标项目应具备的条件

为了使物业管理招标工作有序地开展,必须对招标项目进行必要的审查,符合一定条件才可以进行招标。具体要求如下:

(1)所招标的项目符合城市规划要求。

(2)所招标的项目符合政府颁布的规模要求。例如,江苏省规定 10 万 m^2 以上的小区,2 万 m^2 以上的非住宅大厦及具有一定规模的别墅、高档公寓,面向社会进行招标;《物业管理条例》第 24 条规定,投标人少于 3 个或者住宅规模较小的,经物业所在地的区、县人民政府房地产行政主管部门批准,可以采用协议方式选聘物业服务企业。

(3)所招标的项目能够为物业服务企业开展工作提供一定数量的办公用房和商业用房。

(4)所招标的项目,按照政府规定各类维修基金已经落实。

(5)符合招标所需的其他条件已经具备。

3. 物业管理招标人

物业管理招标人是指依法提出招标项目、进行招标的物业开发建设单位、业主或者业主大会。前期物业管理工作招标人是指依法进行前期物业管理招标的物业项目建设单位。物业管理招标人应该具备的条件主要包括以下几个方面:

(1)自行组织实施招标活动的招标人,应当具备下列条件:

1)有与招标项目相适应的工程技术、经济、管理人员;

2)有编制招标文件的能力;

3)有组织开标、评标、定标的能力。

(2)对于通过授权委托招标代理机构进行招标的委托机构,其资格由国务院或者省、自治区、直辖市人民政府住房城乡建设主管部门认定。从事招标代理业务的招标代理机构,根据《招投标法》第13条的规定,应具备下列条件:

1)有从事招标代理业务的营业场所和相应资金;
2)有能够编制招标文件和组织评标的相应专业力量。

二、物业管理招标的时间

通过招投标方式选择物业服务企业的,招标人应当按照以下规定时限完成物业管理招投标工作:

(1)新建现售商品房项目应当在现售前30日完成;
(2)预售商品房项目应当在取得《商品房预售许可证》之前完成;
(3)非出售的新建物业项目应当在交付使用前90日完成。

三、物业管理招标的类型

物业管理招标按照不同的划分标准,可以划分为不同的类型。

(一)按照物业项目物业管理招标的内容不同划分

1. 单纯物业管理招标

单纯物业管理招标是对住宅小区或高层楼宇物业管理服务进行招标。也就是说仅围绕着物业管理权进行招标,而不涉及其他内容。

2. 物业管理与经营总招标

物业管理与经营总招标是一些商住楼,或一些购物中心(商场)所要进行的物业管理招标,其内容不仅对整个物业管理服务进行招标,还要对这些经营场所经营状况进行招标。也就是说两者都要,它们之间是相辅相成的,这种招标比第一种更复杂。

3. 专项工作招标

专项工作招标是业主委员会或物业服务企业,鉴于自身的能力有限,或者为节约成本开支,决定把物业管理中的某一项目(如清扫、保洁、维修)拿出来进行招标,由专业公司来完成。

(二)按照物业服务方式不同划分

1. 全权管理招标

全权管理招标采用的是全方位服务型管理方式,是指招标人聘请物业服务企业负责对招标物业进行全方位的常规物业管理服务,由物业服务企业自行负责组织实施和运作,招标人只负责对管理服务的质量和效果进行综合测评。

2. 顾问项目招标

顾问项目招标采用的是顾问服务型管理方式,是指由物业服务企业负责派驻相应的管理小组,对招标人的前期物业管理或全方位常规物业管理进行顾问指导服务,日常运作完全由招标人(或原有的管理方)自行负责。它是咨询服务的一种延伸。

3. 合资合作

合资合作采用的是合资合作方式,是指招标、投标双方就招标物业的常规物业管理、物业经营等内容采取合资合作的方式,一般适用于大型的综合性物业、经营型物业或招标人有下属物业服务企业的情况。

(三)按照招标方式的不同划分

1. 公开招标

公开招标由招标单位在报刊、广播、电视等公共媒介上发布招标广告,并同时在"中国住宅与房地产信息网"或"中国物业管理协会网"或项目所在城市物业管理行政主管部门指定网站发布招标公告,具体发布网站由招标人根据公开招标范围确定。招标公告应当载明招标人的名称、地址、联系方式,招标项目的基本情况、招投标活动时间安排、投标申请人的条件及投标资格预审办法等事项。

视频:公开招标

公开招标是国际上最常见的招标方式,其优点是最大限度地体现了招标的公开、公平、公正原则。

2. 邀请招标

招标人采取邀请招标方式的,应当向3个以上具备承担招标项目管理服务能力、信誉良好、具有相应资格的物业服务企业发出投标邀请书,投标邀请书应当包含招标公告规定的事项及获取招标文件的方法。招标人与投标人有股权、隶属或其他利害关系的,不能作为邀请的投标人。

邀请招标主要适用于标的规模较小(即工作量不大,总管理费报价不高)的物业管理项目。由于公开招标方式工作量大、招标时间长、费用高,邀请招标有些地方弥补了公开招标方式的不足,成为公开招标不可缺少的补充方式,并由于其具有节省招标时间和成本的优点,深受一些私营业主和开发商的欢迎。目前,邀请招标方式在物业管理招标中也颇受欢迎,特别为一些实力雄厚、信誉较高的老牌开发商所经常采用。

邀请招标具有节省时间、减少招标费用的优点;但这种招标方式也有其弊病,即再好的筛选,也有可能遗漏一些合格的、有竞争力的物业服务企业。另外,在评标中可能会歧视某些投标人等。尽管如此,邀请招标仍作为一种重要的招标方式被广泛使用。

(四)按照招标项目服务阶段不同划分

1. 早期介入和前期物业管理招标

早期介入和前期物业管理招标的具体内容包括以下几项:

(1)对投标物业的规划设计提供专业的合理化建议;

(2)对投标物业设施配备的合理性及建筑材料选用提供专业意见;

(3)对投标物业的建筑设计、施工是否符合后期物业管理的需要提供专业意见并对现场进行必要监督;

(4)提出投标物业的其他管理建议;

(5)参与物业的竣工验收,并提出相应整改意见;

(6)设计物业管理模式,制订员工培训计划;

(7)对经营性物业进行经营策划,制订租赁策略方案和宣传推广方案;

(8)建立服务系统和服务网络,制订物业管理方案;

(9)办理移交接管,对业主入住、装修实施管理和服务。

2. 常规物业管理招标内容

常规物业管理招标具体服务内容包括以下几项:

(1)项目机构与日常运作机制的建立,包括机构设置、岗位安排、管理制度等;

(2)房屋及共用设施设备的管理;

(3)环境与公共秩序的管理,包括清洁卫生、绿化养护、停车场及安全防范等;

(4)客户管理、服务及便民措施;

(5)精神文明建设;

(6)物业的租赁经营;

(7)财务管理,包括对物业服务费和专项维修资金的使用与管理。

四、物业管理招标范围

招标的范围是指哪些项目必须招标,哪些项目可以招标,哪些项目不适于招标,根据《招标投标法》《物业管理条例》及《前期物业管理招标投标管理暂行办法》的有关规定,物业管理招标的范围应包括以下3个方面。

1. 必须实行招标的项目

(1)根据《招标投标法》第3条规定:在中华人民共和国境内进行下列工程建设项目包括项目的勘察、设计、施工、监理以及与工程建设有关的重要设备、材料等的采购,必须进行招标:

1)大型基础设施、公用事业等关系社会公共利益、公众安全的项目;

2)全部或者部分使用国有资金投资或者国家融资的项目;

3)使用国际组织或者外国政府投资贷款、援助资金的项目。

(2)根据《物业管理条例》第24条规定:国家提倡建设单位按照房地产开发与物业管理相分离的原则,通过招投标的方式选聘物业服务企业。

必须招标的工程项目规定

住宅物业的建设单位,应当通过招投标的方式选聘物业服务企业;投标人少于3个或者住宅规模较小的,经物业所在地的区、县人民政府房地产行政主管部门批准,可以采用协议方式选聘物业服务企业。

(3)根据《前期物业管理招标投标管理暂行办法》第3条规定:住宅及同一物业管理区域内非住宅的建设单位,应当通过招投标的方式选聘具有相应资质的物业管理企业。

2. 不宜招标的项目

(1)根据《招标投标法》第66条规定:涉及国家安全、国家秘密、抢险救灾或者属于利用扶贫资金实行以工代赈、需要使用农民工等特殊情况,不适宜进行招标的项目,按照国家有关规定可以不进行招标。

(2)根据《物业管理条例》第24条、《前期物业管理招标投标管理暂行办法》第3条规定:投标人少于3个或者住宅规模较小的,经物业所在地的区、县人民政府房地产行政主管部门批准,可以采用协议方式选聘具有相应资质的物业管理企业。

3. 可以实行招标的项目

根据《前期物业管理招标投标管理暂行办法》第3条规定：国家提倡其他物业的建设单位通过招投标的方式，选聘具有相应资质的物业管理企业。

也就是说除1和2规定的项目外，均属此类项目的范围，国家一般提倡、鼓励其采用招投标的方式选聘物业服务企业。

单元二 掌握物业管理招标的程序

物业管理招标是招标人的项目任务发包，通过招标方式鼓励物业服务企业投标竞争，从中选出技术能力强、管理水平高、信誉可靠且报价合理的物业管理单位，并以签订合同的方式约束双方的行为的经济活动。物业管理招标的特点之一是发包工作内容明确具体，各投标人编制的投标书在评标中易于横向对比。虽然投标人是按招标文件中既定的工作内容编制标书、制定报价，但投标实际上是各物业管理单位完成该项目任务的技术、经济、管理等综合能力的竞争。

物业管理招标是一项非常规范的管理活动，一般公开招标应遵循的程序如图2-1所示。

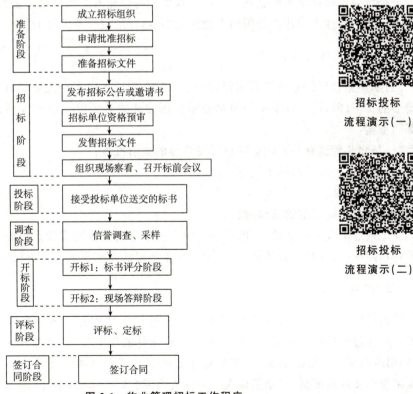

图2-1 物业管理招标工作程序

模块二 物业管理招标实施

一、招标准备阶段

（一）成立招标组织

一般情况下，物业管理招标组织机构的主要职责是：编制招标章程和招标文件；组织投标、开标、评标和定标；组织与中标者签订合同。招标组织机构的成立有两种形式：一是招标人自行组织招标；二是招标人委托招标代理机构招标。

1. 自行组织招标

有能力组织和实施招标活动的招标人，可以自行组织实施招标活动，也可以委托招标代理机构办理招标事宜。自行组织招标的，应当成立专门的招标组织，负责招标活动的具体实施，审定招标条件、标底、评标程序和定标办法等。

自行组织招标的招标人应具备以下条件：拥有与招标项目相适应的技术、经济、管理人员；具有编制招标文件的能力；具有组织开标、评标及定标的能力。

2. 委托招标代理机构招标

常见于公开招标和大范围邀请招标，能够提高招投标工作的效率和质量，有利于招标人选择最符合要求的物业服务企业。招标代理机构与招标人之间仅限于委托代理的关系，招标代理人应当在招标人委托的范围内办理招标事宜，并应遵守有关针对招标人的法规规定。

（二）进行招标行政备案

《前期物业管理招标投标管理暂行办法》规定，招标人应当在发布招标公告或者发出投标邀请书的 10 日前，提交以下材料报物业项目所在地的县级以上地方人民政府房地产行政主管部门备案：

(1) 与物业管理有关的物业项目开发建设的政府批件；

(2) 招标公告或者招标邀请书；

(3) 招标文件；

(4) 法律、法规规定的其他材料。

业主或业主大会招标的，一般应到县级以上地方人民政府房地产行政主管部门备案。提交的材料除第(2)、(3)、(4)条外，还应包括物业产权证明或业主大会决议等招标人资格证明。

（三）编制招标文件

编制招标文件是招标准备阶段招标人最重要的工作内容。招标文件是招标机构向投标人提供的为进行招标工作所必需的文件。招标文件的作用在于：告知投标人递交投标书的程序；阐明所需招标的标的情况；告知投标评定准则及订立合同的条件等。招标文件既是投标人编制投标文件的依据，又是招标人与中标人商定合同的基础，因此，招标文件是对招标机构与投标人都具有约束力的重要文件。

招标主体应该根据物业管理项目的特点和需要编制招标文件，根据《前期物业管理招标投标管理暂行办法》规定，招标文件应包括以下内容：

(1) 招标人及招标项目简介，包括招标人名称、地址、联系方式、项目基本情况、物业管理用房的配备情况等；

(2)物业管理服务内容及要求，包括服务内容、服务标准等；

(3)对投标人及投标书的要求，包括投标人的资格、投标书的格式、主要内容等；

(4)评标标准和评标方法；

(5)招标活动方案，包括招标组织机构、开标时间及地点等；

(6)物业服务合同的签订说明；

(7)其他事项的说明及法律法规规定的其他内容。

二、招标阶段

(一)发布招标信息

1. 招标公告的发布要求

招标人采用公开招标方式的，应当发布招标公告。依法必须进行招标的项目，招标公告应当通过国家指定的报刊、网络或其他媒介发布。招标公告应当载明招标人的名称和地址、招标项目的性质、数量、实施地点与时间，以及获取招标文件的方法等事项。

招标人采用邀请招标方式的，应当向3个以上具备承担招标项目的能力、资信良好的特定的法人或者其他组织发出投标邀请书。

投标邀请书应当载明《招标投标法》规定的事项。

在信息网络上发布的招标公告，至少应当持续到招标文件发出截止时间为止。招标公告的发布应当充分公开，任何单位和个人不得非法干涉、限制招标公告的发布地点、发布范围或发布方式。

拟发布的招标公告文本有下列情形之一的，可以要求招标人予以改正。

(1)字迹潦草、模糊，无法辨认的。

(2)载明的事项不符合规定的。

(3)没有招标人或其委托的招标代理机构主要负责人签名并加盖公章的。

(4)在两家以上媒介发布的同一招标公告的内容不一致的。

2. 招标公告的内容

(1)招标条件；

(2)项目概况与招标范围；

(3)投标人资格要求；

(4)招标文件的获取；

(5)投标文件的递交；

(6)发布公告的媒介；

(7)联系方式。

3. 招标公告的形式

招标公告的一般格式见表2-1。

表 2-1　招标公告的一般格式

招 标 公 告
_____（项目名称）_____物业管理招标公告

1. 招标条件

　　本招标项目_____（项目名称）已由_____（项目审批、核准或备案机关名称）以_____（批文名称及编号）批准建设，项目业主为_____，建设资金来自_____（资金来源），项目出资比例为_____，招标人为_____。项目已具备招标条件，现对该项目的施工进行公开招标。

2. 项目概况与招标范围

_____（说明本次招标项目的建设地点、规模、计划工期、招标范围、标段划分等）。

3. 投标人资格要求

　　3.1 本次招标要求投标人须具备_____资格，_____业绩，并在人员、设备、资金等方面具有相应的物业管理能力。

　　3.2 本次招标_____（接受或不接受）联合体投标。联合体投标的，应满足下列要求：_____。

4. 招标文件的获取

　　4.1 凡有意参加投标者，请于____年____月____日至____年____月____日（法定公休日、法定节假日除外），每日上午____时至____时，下午____时至____时（北京时间，下同），在_____（详细地址）持单位介绍信购买招标文件。

　　4.2 招标文件每套售价_____元，售后不退。图纸押金_____元，在退还图纸时退还（不计利息）。

　　4.3 邮购招标文件的，需另加手续费（含邮费）_____元。招标人在收到单位介绍信和邮购款（含手续费）后____日内寄送。

5. 投标文件的递交

　　5.1 投标文件递交的截止时间（投标截止时间，下同）为____年____月____日____时____分，地点为_____。

　　5.2 逾期送达的或者未送达指定地点的投标文件，招标人不予受理。

6. 发布公告的媒介

　　本次招标公告同时在_____（发布公告的媒介名称）上发布。

7. 联系方式

招 标 人：_____	招标代理机构：_____
地　　址：_____	地　　址：_____
邮　　编：_____	邮　　编：_____
联 系 人：_____	联 系 人：_____
电　　话：_____	电　　话：_____
传　　真：_____	传　　真：_____
电子邮件：_____	电子邮件：_____
网　　址：_____	网　　址：_____
开户银行：_____	开户银行：_____
账　　号：_____	账　　号：_____

____年____月____日

(二)投标单位资格预审

1. 资格预审公告的发布

招标人根据招标项目的具体特点和实际需要进行资格预审的,应当发布资格预审公告。

资格预审公告具体包括以下内容:

(1)招标条件。明确拟招标项目已符合前述的招标条件。

(2)项目概况与招标范围。

(3)申请人的资格要求。包括对于申请人的法人资格、业绩、人员、设备、资金等各方面的要求,以及是否接受联合体资格预审申请的要求。

(4)资格预审的方法。明确采用合格制或有限数量制。

(5)资格预审文件的获取。是指获取资格预审文件的地点、时间和费用。

(6)资格预审申请文件的递交。说明递交资格预审申请文件的截止时间。

(7)发布公告的媒介。

(8)联系方式。

2. 资格预审文件要求

资格预审文件应当根据招标项目的具体特点和实际需要编制,具体包括资格审查的内容、标准和方法等,不得含有倾向、限制或排斥潜在投标人的内容。

自资格预审文件停止发出之日起至递交资格预审申请文件截止之日止,不得少于5个工作日。对资格预审文件的解答、澄清和修改,应当在递交资格预审申请文件截止时间3日前以书面形式通知所有获取资格预审文件的申请人,并构成资格预审文件的组成部分。

3. 资格预审审查主体方法

政府投资项目的资格预审由招标人组建的审查委员会负责,审查委员会成员资格、人员构成及专定选择方式,依据《招标投标法》规定执行。

资格审查方法分为合格制和有限数量制。一般情况下应当采用合格制,凡符合资格预审文件规定的资格条件的资格预审申请人,都可通过资格预审。潜在投标人过多的,可采用有限数量制,招标人应当在资格预审文件中载明资格预审申请人应当符合的资格条件、对符合资格条件的申请人进行量化的因素和标准,以及通过资格预审申请人的数额,但该数额不得少于9个,符合资格条件的申请人不足该数额的,不再进行量化,所有符合资格条件的申请人均视为通过资格预审。

资格预审应当按照资格预审文件规定的标准和方法进行。资格预审文件未规定的标准和方法,不得作为资格审查的依据。

4. 资格预审结果

资格预审结束后,招标人应当向通过资格预审的申请人发出资格预审通过通知书,告知获取招标文件的时间、地点和方法,并同时向未通过资格预审的申请人书面告知其资格预审结果。未通过资格预审的申请人不得参加投标。

(三)发售招标文件

招标文件一般发售给通过资格预审,获得投标资格的投标人。投标人在收到招标文件后,应认真核对无误后以书面形式确认,购买招标文件的费用一般不予退还。

(四)踏勘现场与召开标前会议

1. 踏勘现场

招标人根据招标项目的具体情况,可以组织潜在投标人踏勘项目现场,向其介绍有关情况,并回答潜在投标人提出的疑问。招标人对其向潜在投标人介绍的有关情况的真实性、准确性负责;潜在投标人对其依据招标人介绍情况作出的判断和决策负责。

(1)招标人不得单独或者分别组织个别潜在投标人踏勘现场。

(2)招标人组织投标人进行踏勘现场的目的是了解项目和周围环境情况,以获取投标人认为有必要的信息。为便于投标人提出问题并得到解答,踏勘现场一般安排在投标预备会前的1~2日。

(3)招标人应向投标人介绍有关现场的以下情况:现场是否达到招标文件规定的条件;现场的地理位置和地形、地貌;现场环境,如交通、饮水、污水排放、生活用电、通信等。

(4)投标人在踏勘现场中如有疑问,应在投标预备会前以书面形式向招标人提出,但应给招标人留有解答时间。

2. 召开标前会议

投标人在领取招标文件、图纸和有关技术资料及踏勘现场后提出的疑问,招标人可通过以下方式进行解答:

(1)收到投标人提出的疑问后,应以书面形式进行解答,并将解答同时送达所有获得招标文件的投标人。

(2)收到提出的疑问后,通过投标预备会进行解答,并以书面形式同时送达所有获得招标文件的投标人。召开投标预备会的目的是澄清招标文件中的疑问,解答投标人对招标文件和勘查现场中所提出的疑问。召开投标预备会有以下注意事项:

1)招标人按招标文件中规定的时间和地点召开投标预备会,澄清投标人提出的问题;

2)投标人应在规定的时间前,以书面形式将提出的问题送达招标人,以便招标人在会议期间澄清;

3)投标预备会后,招标人在规定的时间内,将对投标人所提问题的澄清,以书面方式通知所有购买招标文件的投标人。该澄清内容为招标文件的组成部分。

三、投标及调查阶段

1. 投标人的要求

除法律、行政法规另有规定外,投标人参加投标活动不受地区或者部门的限制,任何单位和个人不得干预。

投标人委托他人编制投标文件的,受托人不得向他人泄露投标人的商业秘密,也不得参加同一招标项目投标,或者为同一招标项目的其他投标人编制投标文件或者提供其他咨询服务。

2. 投标文件的编制与递交

(1)投标文件应由投标人的法定代表人或其委托代理人签字或盖单位章。委托代理人签字的,投标文件应附法定代表人签署的授权委托书。投标文件应尽量避免涂改、行间插字或删除。如果出现上述情况,改动之处应加盖单位章或由投标人的法定代表人或其授权的代理人签字确认。

(2)投标文件应按"投标文件格式"进行编写,如有必要,可以增加附页,作为投标文件的组成部分。其中,投标函附录在满足招标文件实质性要求的基础上,可以提出比招标文件要求更有利于招标人的承诺。

(3)除招标文件另有规定外,投标人不得递交备选投标方案。允许投标人递交备选投标方案的,只有中标人所递交的备选投标方案方可予以考虑。评标委员会认为中标人的备选投标方案优于其按照招标文件要求编制的投标方案的,招标人可以接受该备选投标方案。

3. 投标文件的递交

投标人应当在招标文件规定的提交投标文件的截止时间前,将投标文件密封送达投标地点。招标人收到招标文件后,应当向投标人出具标明签收人和签收时间的凭证,在开标前任何单位和个人不得开启投标文件。在招标文件要求提交投标文件的截止时间后送达或未送达指定地点的投标文件,为无效的投标文件,招标人不予受理。

4. 联合体投标

(1)招标人不得强制投标人组成联合体共同投标。进行资格预审的,联合体各方应当在资格预审时向招标人提出组成联合体的申请。没有在资格预审时提出联合体申请的投标人,不得在资格预审完成后组成联合体投标。

(2)联合体各方签署联合体协议后,不得在同一招标项目中以自己名义单独投标或者再参加其他联合体投标。否则,以自己名义单独提交的投标文件或者其他联合体提交的投标文件作废标处理。

(3)资格预审后或者提交投标文件截止时间后,不得增减、替换联合体成员,否则招标人应当拒绝其投标文件或者作废标处理。

5. 串通投标

(1)招标人与投标人的串通投标。有下列情形之一的,属于《招标投标法》第32条规定的投标人与招标人之间串通投标的行为:

1)招标人在开标前开启其他投标人的投标文件并将投标情况告知投标人,或者授意投标人撤换投标文件、更改报价的;

2)招标人直接或者间接向投标人泄露标底、评标委员会成员名单等应当保密信息的;

3)招标人明示或者暗示投标人压低或者抬高投标报价,或者对投标文件的其他内容进行授意的;

4)招标人组织、授意或者暗示其他投标人为特定投标人中标创造条件或者提供方便的;

5)招标人授意审查委员会或者评标委员会对申请人或者投标人进行区别对待的;

6)法律、法规、规章规定的招标人与投标人之间其他串通投标的行为。

(2)投标人的串通投标。有下列情形之一的,属于《招标投标法》规定的串通投标报价、串通投标行为:

1)投标人之间相互约定抬高或者压低投标报价;

2)投标人之间事先约定中标者的;

3)投标人之间为谋取中标或者排斥特定投标人而联合采取行动的;

4)属于同一协会、商会、集团公司等组织成员的投标人,按照该组织要求在投标中采取协同行动的;

5)法律、法规、规章规定的投标人之间其他串通投标的行为。

【小提示】投标人之间是否有串通投标行为,可从投标文件是否存在异常一致等方面进行认定。

(3)以他人名义投标。有下列情形之一的,属于《招标投标法》规定的以他人名义投标的行为:

1)通过转让或者租借等方式从其他单位获取资格或者资质证书投标的;

2)由其他单位或者其他单位负责人在自己编制的投标文件上加盖印章或者签字的;

3)项目负责人或者主要技术人员不是本单位人员的;

4)投标保证金不是从投标人基本账户转出的;

5)法律、法规、规章规定的以他人名义投标的其他行为。

投标人不能提供项目负责人、主要技术人员的劳动合同、社会保险等劳动关系证明材料的,视为存在第3)项规定的情形。

(4)弄虚作假。投标人有下列情形之一的,属于《招标投标法》规定的弄虚作假行为:

1)利用伪造、变造或者无效的资质证书、印鉴参加投标的;

2)伪造或者虚报业绩的;

3)伪造项目负责人或者主要技术人员简历、劳动关系证明,或者中标后不按承诺配备项目负责人或者主要技术人员的;

4)伪造或者虚报财务状况的;

5)提交虚假的信用状况信息的;

6)隐瞒招标文件要求提供的信息,或者提供虚假、引人误解的其他信息的。

四、开标、评标、定标与签订合同

(一)开标

开标应当在招标文件确定的提交投标文件截止时间的同一时间进行;开标地点应当为招标文件中预先确定的地点。开标由招标人主持,邀请所有投标人参加。

由投标人或者其推选的代表检查投标文件的密封情况,也可以由招标人委托的公证机构检查并公证。经确认无误后,由工作人员当众拆封,宣布投标人名称、投标价格和投标文件的其他主要内容。

微课:物业管理开标、评标会

招标人在招标文件要求提交投标文件的截止日期前,收到的所有投标文件,开标时应当众予以拆封。

开标过程应当记录,并存档备查。

开标时如果有下列情况之一的,视为无效标书:

(1)投标函无单位盖章且无单位负责人或者其授权代理人签字或者盖章的,或者虽有代理人签字但无单位负责人出具授权委托书的;

(2)联合体投标未附联合体各方共同投标协议的;

(3)没有按照招标文件要求提交投标保证金的;

(4)未按规定格式填写,内容不全或关键字迹模糊辨认不清,无法评估的;

(5)投标人不符合国家或者招标文件规定的资格条件的;

(6)投标人名称或者组织结构与资格预审时不一致,且未提供有效证明的;

(7)投标人递交两份或多份内容不同的投标文件,或在一份投标文件中对同一招标项目报两个或多个报价,并且未声明哪一个是有效的(按招标文件规定提交备选投标方案的除外);

(8) 串通投标、以行贿手段谋取中标、以他人名义或者其他弄虚作假方式投标的；

(9) 报价明显低于其他投标报价或者在设有标底时明显低于标底，且投标人不能合理说明或者提供相关证明材料，评标委员会认定该投标人以低于成本价竞标的；

(10) 无正当理由不按照要求对投标文件进行澄清、说明或者补正的；

(11) 没有对招标文件提出的实质性要求和条件作出响应的；

(12) 招标文件明确规定可以废标的其他情形。

(二) 评标和定标

1. 评标工作的原则

(1) 标价合情合理。物业管理招投标所讲的标价合理是指投标单位编制的物业管理费用的标价接近标底价格。物业管理的标底不同于其他招投标项目的标底，其他招投标项目的标底相对比较固定和客观，物业管理的标底则由管理物业的档次和服务项目的水平决定，管理费用支出的弹性很大，高档管理与普通管理的价格差距很大（可以是几倍），而标底价格就是业主所能接受的价格，要求所提供服务的水平与这个价格相适应。

(2) 管理先进。物业管理，强调的就是"管理"水平，评标时，除遵循"标价合理、质价相符"的原则外，还要考虑投标企业的资本、管理服务人员及技术力量等方面的因素。价格确定是提高管理水平的基础，但管理方法的选择、各种技术力量的拥有程度，对于降低费用开支、提高工作效率及经济效益具有重要的作用，因此，物业管理方法、措施也是评标的重要依据。

(3) 质量水准。合理的标价，科学的管理方法，投标企业是否有良好的职业道德、敬业精神和奉献精神等，是保证质量的基本条件。质量包括两个方面：一是技术质量，是对房屋和设备、设施的保养、检修水平；二是服务质量，物业管理是以"人"为本，物业服务公司员工是否能做到热情、耐心、周到，做到以"情"服人。

(4) 企业信誉。信誉，是一个企业的无形资产，物业管理评标原则就是以投标企业以往信守合同、遵守国家法律、法令的情况，技术质量和服务质量的综合体现作为依据的。评标是否科学、公正，也是对招标单位即业主委员会的自治管理水平高低的一次检验，如果在评标过程出现营私舞弊或违法行为，对招标单位的形象也是一次损害。物业管理市场是双向选择的，如果真的出现上述情况，就会影响物业小区吸引优秀的物业服务公司参加投标竞争，得不到良好的管理。

2. 评标委员会

(1) 评标委员会由招标人代表和物业管理方面的专家组成，成员为5人以上单数，其中招标人代表以外的物业管理方面的专家不得少于成员总数的三分之二。评标委员会的专家成员，应当由招标人从评标专家名册中采取随机抽取的方式确定。与招标人、投标人有利害关系的评标专家不得进入相关项目的评标委员会。

(2) 评标委员会成员应当认真、公正、诚实、廉洁地履行职责，客观公正地进行评标，遵守评标工作纪律，对投标文件进行独立评审，提出评审意见，不受任何单位或者个人的干预。评标委员会成员与招投标双方有利害关系的应当主动回避，不得与任何投标人或者与招标结果有利害关系的人进行私下接触，不得收受投标人及其他利害关系人的财物或者其他好处。

(3) 在评标过程中召开现场答辩会的，应当事先在招标文件中说明，并注明所占的评分比重。召开现场答辩会时，投标人拟定的项目经理应当参加答辩。

(4)投标文件的评定过程应在保密的情况下进行,评标委员会成员应当遵守下列规定:客观、公正地履行职责,遵守职业道德,对所提出的评审意见,承担个人责任;不得外出、不准会客、不准使用任何通信工具与外界联系;独立评审投标文件,不准互相串联、议论有关投标文件的内容;严格按照招标文件确定的评标标准和方法,对投标文件进行评审,并将评审结果签字确认。

(5)经评审,所有投标文件均不符合招标文件要求的,评标委员会可以否决所有投标。依法进行招标的物业管理项目,所有投标被否决的,招标人应当重新招标。

(6)评标委员会完成评标后,应当向招标人提出书面评标报告。评标报告应当如实记载以下内容:评标的基本情况和有关数据表;评标委员会成员名单;开标记录;符合要求的投标人一览表;废标情况说明;评标标准、评标方法或者评标因素一览表;评分一览表;经评审的投标人排序;推荐的中标候选人名单和签订合同前要处理的事宜;澄清、说明、补充事项纪要。

(7)评标委员会应当按照招标文件规定的评标方法和评标标准,依序推荐不超过3名中标候选人。招标人参考评标委员会推荐的中标候选人确定中标人的,应当在招标文件规定的定标办法中予以明确。招标人授权评标委员会直接确定中标人的,应当按照评标委员会的排序确定中标人。招标人不从中标候选人中确定中标人的,应当重新招标,并对中标候选人予以补偿。招标人为业主大会的,业主委员会应当将中标结果在物业管理区域内明显位置向业主公告,公告期不少于3日。

3. 评标报告

评标委员会完成评标后,应当向招标人提交书面评标报告并推荐中标候选人;招标人授权评标委员会直接确定中标人的,也应当提交书面评标报告和中标候选人名单。中标候选人应当限定在1~3个,并标明排列顺序。

评标报告应当如实记载以下内容:
(1)基本情况和数据表;
(2)评标委员会成员名单;
(3)开标记录;
(4)符合要求的投标一览表;
(5)废标情况说明;
(6)评标标准、评标方法或者评标因素一览表;
(7)经评审的评分比较一览表;
(8)经评审的投标人排序;
(9)推荐的中标候选人名单与签订合同前要处理的事宜;
(10)澄清、说明、补正事纪要。

评标报告由评标委员会全体成员签字。对评标结论持有异议的评标委员会成员可以以书面方式阐述其不同意见和理由。评标委员会成员拒绝在评标报告上签字且不陈述其不同意见和理由的,视为同意评标结论。评标委员会应当对此作出书面说明并记录在案。

4. 评标结果公示

依法必须招标项目采用公开招标的,招标人应当在收到书面评标报告后3日内,将中标候选人在发布本项目资格预审公告、招标公告的指定网络媒介上公示,公示期不得少于3个工作日;采用邀请招标的,招标人应当在收到书面评标报告后3日内,将中标候选人书面通知所有投标人。

投标人或者其他利害关系人在公示期间向招标人提出异议，或者按有关规定向有关行政监督部门投诉的，在招标人作出书面答复或者有关行政监督部门作出处理决定前，招标人或者评标委员会不得确定中标人。

公示期间没有异议、异议不成立、没有投诉或者投诉处理后没有发现问题的，应当根据评标委员会的书面评标报告，在中标候选人中确定中标人。招标人不得在评标委员会推荐的中标候选人之外确定中标人。异议成立或者投诉发现问题的，应当及时更正；存在重新进行资格预审、重新招标、重新评标情形的，按照《招标投标法》和《中华人民共和国招标投标法实施条例》有关规定处理。

(三) 发出中标通知

招标人应当依据招标文件中的定标原则确定中标人。严格来说，招标人应当确定排名第一的中标候选人为中标人。如果排名第一的中标候选人放弃中标、因不可抗力因素提出不能履行合同，或者招标文件规定应当提交履约保证金而在规定的期限内未能提交的，招标人可以确定排名第二的中标候选人为中标人。排名第二的中标候选人因上述的同样原因不能签订合同的，招标人可以确定排名第三的中标候选人为中标人。国家对中标人的确定另有规定的，从其规定。

中标人确定后，招标人应当向中标人发出中标通知书，同时将中标结果通知所有未中标的投标人。中标通知书表明招标人对中标人就物业服务的要约（投标行为）做出了承诺，因而，它对招标人和中标人都具有法律效力。中标通知书发出后，招标人改变中标结果或者中标人放弃中标项目的，应当依法承担法律责任。

(1) 招标人应当在评标委员会出具评审结果之日起30日内确定中标人。

(2) 招标人应当向中标人发出中标通知书，同时，将中标结果通知所有未中标的投标人，并应当返还其投标书。

(3) 中标通知书对招标人和中标人均具有法律效力。中标通知书发出后，招标人改变中标结果的，或者中标人放弃中标项目的，应当依法承担法律责任。

(4) 招标人和中标人应当自中标通知书发出之日起30日内，按照招标文件和中标人的投标文件订立物业服务合同；招标人和中标人不得再行订立背离合同实质性内容的其他协议。

招标文件要求中标人提交履约保证金或者其他形式履约担保的，中标人应当提交。履约保证金可以是银行保函、转账支票、银行汇票等。履约保证金金额不得超过中标合同价的10%。

投标报价明显低于其他投标报价或者在设有标底时明显低于标底，但中标人能够合理说明理由并提供证明材料的，招标人可以按照招标文件的规定适当提高履约担保，但最高不得超过中标合同价的15%。

中标人应遵守如下法定义务：

(1) 不得转让中标项目。广义的转包合同包括债权让与、债务承担、债权债务的概括转移。此处所指的转让中标项目，仅指全部债权债务的概括转移，是指当事人一方将自己在合同中的权利和义务一并转让给第三人，其实质为转包。根据合同法的有关规定，转让合同须经对方当事人同意，但有下列情形之一的，不得转让合同：根据合同性质不得转让；按照当事人约定不得转让；按照法律规定不得转让。

由于招标人通过招标方式确定中标人时，除价格因素外，主要考虑的是中标人的个人履

约能力;同时,为了防止中标人通过层层转让合同坐收渔利,确保项目服务质量,因而作出此规定。将中标项目肢解成小部分后分别向他人转让,只是转包的一种"零售"形式,本质上仍属转包,因而也在禁止之列。

(2)遵守分包规定。所谓分包,是指当事人一方将自己在合同中的一部分权利义务转让给第三人,即部分债权债务的概括转移。由于中标人并不一定对完成某部分工作具有一定优势,如果将该部分分包给有优势的第三人,对招标人不仅无害反而有利,因此法律一般不禁止招标人同意或者按照合同约定的分包合同。但是,对中标人的分包合同作了如下一些限制:

1)中标人按照合同约定或者经招标人同意,只能将中标项目的部分非主体、非关键性工作分包给他人完成;

2)接受分包的人应当具备相应的资格条件;

3)接受分包的人不得再次分包;

4)接受分包的人应就分包项目承担连带责任。

【应用案例】

甲物业服务公司近日接到上海某发展公司的招标邀请,参加了由该发展商举办的大型住宅区物业管理招投标活动。1个月后,该发展商向甲公司发出了中标通知书,通知甲公司中标。甲公司按照约定前往上海与该发展商签订物业管理服务合同。到达上海后,甲公司发现该发展商同时向三家物业服务公司发出了中标通知书,甲公司要求依照投标书的内容签订物业服务合同,但该发展商表示,需要就物业管理服务合同的主要条款与三家物业服务公司再进行协商,并根据协商的结果确定与哪家物业服务公司签订正式合同。

【分析】

此案例主要围绕着中标通知书的法律效力而言,从法律上来讲,如果招标人给物业服务公司发出了中标通知书就可以视为有效的承诺,合同成立。此案例中,由于发展商不了解或由于其他原因忽略了这一法律程序,因而其做法必然会引来不必要的麻烦。

首先,发展商和此案例中的物业服务公司之间已经形成了合同关系。《民法典》中明确规定,合同当事人意思表示一致,合同即成立,并对合同当事人发生法律效力。

其次,根据《招标投标法》的规定,为了保证招投标活动的公平、公正,招标人和中标人不得协商签订背离合同实质内容的条款。

最后,在此案例中,发展商与三家中标物业服务公司签订合同、协商合同条款的问题,类似于协议招标,但之前发展商却发出了中标通知书,这与协议招标又不符。

综上,该发展商的做法无论从哪个角度来分析都是不合法的,带有严重的操作错误。

(四)进行定标行政备案

依法必须招标项目的招标人应当自确定中标之日起15日内,向物业项目所在地的县级以上地方人民政府房地产招标行政备案机关备案。备案资料应当包括开标、评标过程,确定中标人的方式及理由,评标委员会的评标报告,中标人的投标文件等资料。委托代理招标的,还应当附招标代理委托合同。

合同签订后,标志着招标工作已经结束,招标人和投标人(这时为中标人)进入一对一的长期契约合同关系。由于物业管理合同具有长期性的特点,因此,为了让业主或开发商能够长期对中标人的履约行为实行有效的监督,招标人(业主或开发商)在招标结束后,应对形成合同关系过程中的一系列契约和资料进行妥善保存,以便查考。招标活动是一项十分复杂的活动,涉及大量的合同、文件及信件往来,招标人应对其予以整理。通常这些文件主要包括以下几项:

(1)招标文件;

(2)对招标文件进行澄清和修改的会议记录与书面文件;

(3)招标文件附件及图纸;

(4)中标人投标文件及标书;

(5)中标后签订的承包合同及附件;

(6)中标人的履约保证书;

(7)与中标人的来往信件;

(8)其他重要文件。

另外,业主或开发商还应注意经常核对物业中的实际项目和实际管理标准与原标书和合同是否相符;合同期间,业主或开发商与物业服务企业商办一切事务时,要习惯于通过书信方式进行,以便日后作为凭证。

(五)与中标单位签订物业服务合同

《招标投标法》规定:"招标人和中标人应当自中标通知书发出之日起30日内,按照招标文件和中标人的投标文件订立书面合同"。合同的签订,实际上就是招标人向中标人授予承包合同,是整个招投标活动的最后一个程序。在招标与投标中,合同的格式、条款、内容等都已在招标文件中作了明确规定,一般不作更改,然而按照国际惯例,在正式签订合同之前,中标人和招标人(开发商或业主)通常还要先就合同的具体细节进行谈判磋商,最后才签订新形成的正式合同,即《前期物业服务合同》或《物业服务合同》。

招标人和中标人不得再订立背离合同实质性内容的其他协议。

招标人无正当理由不与中标人签订合同,给中标人造成损失的,招标人应当给予补偿。

【应用案例】

某小区原由旧物业公司提供物业管理服务,在合同到期前3个月,该小区业主委员会通知旧物业公司合同到期后不再续约,同时,业主委员会重新招聘新物业公司,并成立7人评审小组,投票决定物业公司的选聘事项。涉案的新物业公司成功中标并与该小区的业主委员会签订了新的《物业管理服务合同》。但涉案的新物业公司进场时遭到旧物业公司和部分业主的阻挠,交接未能完成。

法院经审理认为,业主委员会在未经业主大会讨论同意的情况下,自行决定合同期满后不续约并通知旧物业公司,违反了法律、法规规定的民主议定程序。另外,业主委员会招聘物业服务企业的评审小组的组成与决定也未能征询业主大会的意见。因此,涉案小区业主委员会在续聘、选聘物业服务企业的问题上违反法律强制性规定,新的《物业管理服务合同》无效。

因此,一审××省××市××区人民法院、二审××市中级人民法院均认定涉案小区业主委员会在续聘、选聘物业服务企业的问题上违反法律强制性规定,新物业公司与涉案小区业主委员会签订的新的《物业管理服务合同》无效,判决驳回新物业公司要求履行合同的诉讼请求。

(资料来源:中国物业管理协会网站,2019)

模块小结

无论是招标人、招标代理机构、招标项目还是招标时间都应具备一定的限制条件。物业管理招标更应该按照既定的程序进行。本模块主要介绍物业管理招标的基本知识和招标的程序,以招标准备阶段、招标阶段、投标与调查阶段,以及开标、评标、定标与签订合同为主线,系统地介绍了物业管理招标的实施程序。

思考与练习

一、填空题

1. 招标组织形式包括_____和_____。
2. 招标准备阶段的主要工作是_____,_____,_____。
3. 在信息网络上发布的招标公告,至少应当持续到_____为止。
4. 招标人根据招标项目的具体特点和实际需要进行_____,应当发布资格预审公告。
5. 自资格预审文件停止发出之日起至递交资格预审申请文件截止之日止,不得少于_____工作日。
6. 政府投资项目的资格预审由_____组建的审查委员会负责,资格审查方法分为_____和_____。
7. 为便于投标人提出问题并得到解答,踏勘现场一般安排在投标预备会前的_____。

二、选择题

1. 自行组织物业管理招标活动的招标人应具备(　　)条件。
   A. 拥有与招标项目相适应的技术、经济、管理人员
   B. 具有编制招标文件的能力
   C. 具有组织开标、评标及定标的能力
   D. 具有招标项目为重点基础设施或公用事业物业
   E. 有能力组织和实施招标活动的招标人,可以自行组织实施招标活动

2. 招标机构的主要职责包括(　　)。
   A. 拟定招标章程和招标文件　　　　B. 组织投标、开标、评标和定标
   C. 组织签订合同　　　　　　　　　D. 对投标物业的设计图提供专业意见
   E. 落实相应资金或者资金来源

3. 拟发布的招标公告文本有下列(　　)之一的,可以要求招标人予以改正。
   A. 字迹潦草、模糊,无法辨认的
   B. 载明的事项不符合规定的
   C. 没有招标人或其委托的招标代理机构主要负责人签名并加盖公章的
   D. 在两家以上媒介发布的同一招标公告的内容不一致的
   E. 通过网络发布招标公告

4. 有下列（　　）之一的，属于《招标投标法》规定的串通投标报价、串通投标行为。
   A. 投标人之间相互约定抬高或者压低投标报价
   B. 投标人之间事先约定中标者
   C. 投标人之间为谋取中标或者排斥特定投标人而联合采取行动的
   D. 属于同一协会、商会、集团公司等组织成员的投标人，按照该组织要求在投标中采取协同行动的
   E. 通过转让或者租借等方式从其他单位获取资格或者资质证书投标的
5. 投标人有下列（　　）情形之一的，属于《招标投标法》规定的弄虚作假行为。
   A. 招标人直接或者间接向投标人泄露标底、评标委员会成员名单等应当保密信息的
   B. 利用伪造、变造或者无效的资质证书、印鉴参加投标的
   C. 伪造项目负责人或者主要技术人员简历、劳动关系证明，或者中标后不按承诺配备项目负责人或者主要技术人员的
   D. 伪造或者虚报财务状况的；提交虚假的信用状况信息的
   E. 隐瞒招标文件要求提供的信息，或者提供虚假、引人误解的其他信息的

三、简答题

1. 进行招标的物业项目，应当具备的必要条件有哪些？
2. 物业管理招标的时间有哪些规定？
3. 物业管理招标的范围有哪些？
4. 成立招标机构主要途径有哪两种？
5. 招标公告具体包括哪些内容？
6. 资格预审公告具体包括哪些内容？
7. 召开投标预备会有哪些注意事项？

模块二　物业管理招标实施

学生学习情况评价表

评价模块：物业管理招标实施　　　　　　　　　　　　　　评价日期：

姓名			班级		
评价项目	评价内容	分值	自评	小组互评	教师评价
知识目标	了解物业管理招标及招标人；熟悉物业管理招标的主体与项目条件、招标的类型和范围；掌握物业管理招标的程序	30			
专业能力	能够根据物业管理招标的程序组织招标工作	30			
方法能力	可快速获取和接受工作所需的知识，利用工具书和专业书籍获取所需信息	20			
社会能力	诚实守信，遵守与企业、客户等的约定，爱岗敬业，树立行业自信，养成甘于奉献的职业品格	20			
评价汇总		100			
总评分数					

注：总评成绩＝自评成绩×30％＋小组评价×20％＋指导教师评价×50％

模块三 物业管理招标文件的编制

知识目标

1. 了解物业管理招标文件的概念。
2. 熟悉招标文件的作用、分类。
3. 掌握招标文件的内容、编制程序和编制方法。

能力目标

1. 能够明确招标文件的编制内容及原则。
2. 通过技能训练,能够独立编制物业管理招标文件。

素养目标

1. 培养学生诚恳、虚心、勤奋好学的学习态度和科学严谨、实事求是、爱岗敬业、团结协作的工作作风。
2. 培养学生规范意识、法律意识、严谨细致的职业精神。
3. 激发学生的创新意识,培养学生突破陈规、大胆探索、锐意进取的改革精神,具有勇于创新、求真务实的时代精神。

案例导入

某小区物业服务的招标工作因"招标文件"不规范引争议

某小区的物业服务工作一直由 A 物业服务公司提供,当业主委员会成立以后,发现 A 物业公司在维修基金的使用过程中有不透明现象,就决定重新招聘一家物业公司,经委员们研究后,把招标工作委托给收费低廉的、刚成立的一家招标代理机构进行。开始一切挺顺利,但当当地具有符合资格条件的几家物业公司购买了招标文件并组织人员编写投标书时,才发现招标文件中部分要求与内容含混不清,不甚规范,无法指导投标书的编写。

讨论：

招投标文件的不规范、不公平、不公正应如何处理？

单元一　熟悉物业管理招标文件

一、物业管理招标文件的概念

物业管理招标文件是物业管理招标人向投标人提供的指导投标工作的规范性文件。招标文件编制的好坏，直接关系到招标人和投标人双方的利益，因此，招标文件的内容既要做到详尽周到，以维护招标人的利益，又要做到合理合法，以体现招标公开、公平、公正的原则。招标文件的编制既要了解和掌握物业管理专业技术，又要符合法律、法规的基本要求。

二、物业管理招标文件的作用

物业管理招标文件是整个招投标过程中最重要的法律文件。其作用如下：

(1)明确投标人递交投标书的程序，说明所需招标的项目情况，告知投标评定准备及订立合同的条件等。

(2)招标文件是提供给投标人的投标依据。在招标文件中应明确无误地向投标人提供招标项目一切必要的情况，以便投标人据之编写投标文件并投标。投标人则必须对招标文件的内容进行实质性的响应，否则将被判定为无效标。

(3)招标文件是业主和中标的投标者签订合同的基础。大部分招标文件的内容将成为合同的内容，尽管在招标过程中业主和投标人可能会对招标文件的内容和要求提出补充与修改意见，但招标文件作为业主方对招标项目的基本要求的体现，不会有大的变动。

(4)招标文件是评标的重要依据。评标是按照招标文件中已经规定了的标准来执行的，因此，招标文件中涉及评标的内容应严谨、规范。

三、物业管理招标文件的分类

1. 按招标对象范围划分

(1)国际招标文件。国际招标文件一般是面向国内外物业服务企业进行招标，招标文件要求有两种版本，一般国际惯例的要求是英文版本。但是在我国，由于考虑企业的英文编辑能力有限，一般会备注说明，当中英文版本出现差异或冲突时，以中文版本为准。

(2)国内招标文件。国内招标文件是面向国内物业服务企业进行招标编写的，招标文件中会明确要求投标文件需用中文编写。

2. 按招标形式划分

(1)公开招标文件。公开招标文件一般是政府类物业服务项目或者业主单位本身需要从市场上公开选聘单位的项目。公开招标文件一般需要在指定网站上进行招标公告并进行公开发售。

(2)邀请招标文件。邀请招标文件主要是开发商的前期物业服务项目或者规模较小的物业服务项目采用。邀请招标文件一般只发送给业主单位意向的物业服务企业。

3. 按物业项目的管理阶段划分

（1）前期物业管理招标文件。前期物业管理招标文件的发起主体一般是开发建设单位，由于各地主要是对前期物业管理的招投标进行规范，并将其与新开发项目的预售许可证办理进行捆绑，因此，目前前期物业管理招标文件主要是开发建设单位发起的。

（2）其他物业管理招标文件。其他物业管理招标文件一般是指成立业主委员会的项目重新选聘物业服务企业的招标文件和非居住类项目的物业管理招标文件。随着业主权利意识的不断强化和业主委员会运营管理能力的提升，物业管理招标文件的编制将成为物业管理招标的主流。

四、编制物业管理招标文件的原则

编制物业管理招标文件的原则主要有合法性、指导性、公平性、明确性。

1. 合法性

招标文件应该是一份严谨的具有法律效力的文件。在编制时，首先应当遵守有关招投标的法律、法规。如果招标文件不符合已有法律、法规的要求，则可能导致招标作废，甚至业主方还需要赔偿由此而造成的损失。招标文件中的各项条款的内容，对招标人与投标人双方的权利、义务的规定及订立的程序应符合国家的法律、法令和社会公共利益。此外，在招标文件中还应明确规定履约保证金，这样可以避免欺诈性和试探性投标，或中标者由于某种原因不能履行合同或不按合同规定履约，致使物业管理水平下降，造成业主经济损失。但这种保证金的比例应定得适当，履约保证金缴纳比例不超过中标合同金额的10%。

2. 指导性

编制物业管理招标文件时，还应注意为投标者提供尽可能详细的情况介绍，尤其是全国性公开招标。

通常，在物业管理招标文件中介绍的情况主要有两个方面：一方面是投标所需了解和遵循的规定；另一方面是投标所需提供的文件的要求，以便投标人做好准备。

3. 公平性

物业管理招标的实质就是在公平的基础上进行竞争，在竞争中，招标人和投标人双方都将择优选用，从而获得最大的利益。物业管理招标文件中的任何一项规定，对所有投标人都应是平等的，提出的投标条件也就一视同仁。合同条件也应使招标人和投标人双方公平、合理分担该项目物业投标的风险，并以此作为签约的宗旨。

4. 明确性

在编制物业管理招标文件时，各项管理所应符合的技术规范和指标，应根据目标物业的实际情况进行编写。在编写过程中，对各项基本管理服务的要求须规定明确、交代清楚，并应力求用语严谨、明确，不产生歧义。

招标文件中的合同条件必须明确规定物业管理企业所需承担的工作范围、工作项目，以及招标人与投标人各自的权利和义务。

只有物业管理招标文件中的各项规定明确，才能便于更广范围的投标企业踊跃参加，若有遗漏或误差，则会限制投标人参与的积极性，甚至影响整个招标工作的顺利进展。

模块三 物业管理招标文件的编制

单元二 熟悉物业管理招标文件的内容及编制程序

一、招标文件的内容

招标文件又称招标书,是招标机构向投标人提供的为进行招标工作所必需的文件。招标文件既是提供给投标人的投标依据,又是招标方评标的重要依据,也是业主和中标的投标者签订承包合同的基础,所以,招标工作成功与否,招标文件起着关键性的作用。

《招标投标法》第19条规定:招标人应当根据招标项目的特点和需要编制招标文件。招标文件应当包括招标项目的技术要求、对投标人资格审查的标准、投标报价要求和评标标准等所有实质性要求和条件,以及拟签订合同的主要条款。国家对招标项目的技术、标准有规定的、招标人应当按照其规定在招标文件中提出相应要求。

物业管理招标文件的内容大致可以概括为三大部分:第一部分,投标人须知。即投标人参加投标所需了解并遵循的规定,具体包括投标邀请书、投标的条件、技术规范及要求。第二部分,投标人必须按规定填报的投标书格式,这些格式将组成附件作为招标文件的一部分。第三部分,物业管理合同的签订条件(包括一般条件和特殊条件)及应办理的文件格式。

三大部分体现在招标文件中,概括为以下六大要素。

1. 投标邀请书

投标邀请书与招标公告的目的大致相同,其目的是提供必要的信息,从而使潜在投标人获悉物业管理项目招标信息后,决定是否参加投标。其主要内容包括业主名称、项目名称、地点、范围、技术规范及要求的简述、招标文件的售价、投标文件的投报地点、投标截止时间、开标时间、地点等。投标邀请书可以归入招标文件中,也可以单独寄发。如采用邀请招标方式招标,投标邀请书往往作为投标通知书而单独寄发给潜在投标人,因而,不属于招标文件的一部分;但如果采取公开招标方式招标,往往是先发布招标公告和资格预审通告,之后发出的投标邀请书是指招标人向预审合格的潜在投标人发出的正式投标邀请,应作为招标文件的一部分。

2. 投标人须知

投标人须知的目的是为整个招投标的过程制定规则,是招标文件的重要组成部分,其内容包括以下几项:

(1)总则说明。总则说明主要对招标文件的适用范围、常用名称的释义、合格的投标人和投标费用进行说明。

(2)招标文件说明。招标文件说明主要是对招标文件的构成、招标文件的澄清、招标文件的修改进行说明。

(3)投标书的编写。投标人须知中应详细列出对投标书编写的具体要求。这些要求包括以下几项:

1)投标所用的语言文字及计量单位;

2）投标文件的组成；

3）投标文件格式；

4）投标报价；

5）投标货币；

6）投标有效期；

7）投标保证金；

8）投标文件的份数及签署。如果由于采取邀请招标或议标方式招标，而没有进行投标资格预审，则在招标文件的投标人须知中还应要求投标人按预定格式和要求递交证明投标人资格的证明文件。招标文件对投标书编写要求的说明通常有两种，一种是文字说明，应归入投标人须知部分；另一种是在招标文件中列出投标文件的一定格式，要求投标人按格式要求填入内容。这些格式通常包括投标书格式、授权书格式、开标一览表、投标价格表、项目简要说明一览表及投标人资格证明书格式等。这些格式统一归入"附件"部分。

（4）投标文件的递交。投标文件的递交内容主要是对投标文件的密封和标记、递交投标文件的截止时间、递交的投标文件、投标文件的修改和撤销的说明。

（5）开标和评标。开标和评标是招标文件体现公开、公平、公正的招标原则的关键，内容包括以下几项：

1）对开标规则的说明。

2）组建评标委员会的要求。

3）对投标文件响应性的确定。即审查投标文件是否符合招标文件的所有条款、条件和规定且没有重大偏离与保留。

4）投标文件的澄清。即写明投标人在必要时有权澄清其投标文件内容。

5）对投标文件的评估和比较（说明评估和比较时所考虑的因素）。

6）评标原则及方法。

7）评标过程保密。

（6）授予合同。授予合同的内容通常包括以下几项：

1）定标准则。说明定标的准则，包括"业主不约束自己接受最低标价"的申明等。

2）资格最终审查。即说明招标人会对最低报价的投标人进行履行合同能力的审查。

3）接受和拒绝任何或所有投标的权力。

4）中标通知。

5）授予合同时变更数量的权力。即申明招标人在授予合同时有权对招标项目的规模予以增减。

6）合同协议书的签署。说明合同签订的时间、地点及合同协议书的格式（详见附件）。

7）履约保证金或保函。

3. 技术规范及要求

技术规范及要求主要是说明业主或开发商对物业管理项目的具体要求，包括服务所应达到的标准等。如对于某酒店项目，招标人要求该物业的清洁卫生标准达到五星级，这些要求就应在"技术规范及要求"部分写明。对于若干子项目的不同服务标准和要求，可以编列一张"技术规范一览表"，将其加以综合。

另外，在技术规范部分，应出具对物业情况进行详细说明的物业说明书，以及物业的设计施工图纸。物业说明书和图纸应在附件部分中作详细说明。

4. 合同一般条款

合同一般条款不是合同的主要内容，通常包括以下条款和内容：

(1)定义。即对合同中的关键名称进行释义。

(2)适用范围。即写明本合同的适用范围。

(3)技术规格和标准。该条款的内容一般与招标文件的第三部分"技术规范及要求"的内容相一致。

(4)合同期限。一般可参照委托管理的期限。

(5)价格。即物业管理费的计取，一般应与中标人的投标报价表相一致。

(6)索赔。索赔条款主要说明在投标人(合同的乙方)发生违约行为时，招标人(合同的甲方)有权按照索赔条款规定提出索赔。其具体内容包括索赔的方案和索赔的程序。

(7)不可抗力。不可抗力条款是指在发生预料不到的人力无法抗拒事件的情况下，合同一方难以或者不可能履行合同时，对由此引致的法律后果所做的规定。不可抗力条款一般包括三个部分：不可抗力的内容；遭受不可抗力事件的一方向另一方提出报告和证明文件；遭受不可抗力事件一方的责任范围。

(8)履约保证金。该条款主要是规定中标人在签订合同后，为保证合同履行而须提交的履约保证金的比例及提供履约保证金的形式。

(9)争议的解决。该条款主要的内容是预先规定合同双方在合同履行过程中发生争议时的解决途径和方法。如在该条款中规定以仲裁作为解决争议的途径等。

(10)合同终止。该条款的主要内容是说明合同的期限和合同终止的条件(如物业服务企业违约情节严重；业主破产；物业被征用等)。

(11)合同修改。该条款应申明对于合同的未尽事项，需进行修改、补充和完善的，甲、乙双方必须就所修改的内容签订书面的合同修改书，作为合同的补充协议。

(12)适用法律。即写明合同适用的法律。

(13)主导语言与计量单位。

(14)合同文件及资料的使用。条款中应写明合同文件及资料的使用范围及事宜，如对保密的规定等。

(15)合同份数。

(16)合同生效。

5. 合同特殊条款

合同特殊条款是为了适应具体项目的特殊情况和特殊要求作出的特殊规定，例如，对执行合同过程中更改合同要求而发生偏离合同的情况作出某些特殊规定。此外，合同特殊条款还可以是对合同一般条款未包括的某些特殊情况的补充，如关于延迟开工而赔偿的具体规定，以及有关税务的具体规定等。

在合同执行中，如果一般条款和特殊条款不一致而产生矛盾时，应以特殊条款为准。

6. 附件

附件是对招标文件主体部分文字说明的补充，包括附表、附文和附图，具体有以下几项：

(1)附表。
1)投标书格式;
2)授权书格式;
3)开标一览表;
4)项目简要说明一览表;
5)投标人资格的证明文件格式;
6)投标保函格式;
7)协议书格式;
8)履约保证金格式(通常为银行保函)。
(2)附文。物业说明书。
(3)附图。物业的设计和施工图纸。

二、招标文件的编制程序

招标文件的编制程序如图3-1所示。

图3-1 招标文件的编制程序

1.了解项目及所在区域环境

物业项目要开展招标,首先要了解进行招标的项目需求。要想达到了解并熟悉项目必须对项目的各类图纸、说明进行阅读,并且还要对项目周边的环境进行调研。

2.明确物业管理的质量标准与管理水平

对开展招标项目的物业管理服务要有一个正确的定位,即该项目开展物业管理工作以后,其质量要达到什么水平,符合什么要求。如项目是别墅区时,其物业管理服务质量应达到什么要求;如项目是高档写字楼时,其物业管理服务质量应达到什么要求;如项目是普通居住的住宅小区时,其物业管理质量应达到什么要求等。

3.确定投标、开标、定标日期

通常招标公告发出后,要留出一定时间让物业管理投标企业编制并送达标书。《招标投标法》第24条规定,依法须进行招标的项目,自招标文件开始发出之日起至投标人提交投标文件之日止,最短不得少于20日。《招标投标法》第34条规定,开标应当在招标文件确定的提交投标文件截止时间的同一时间公开进行。这样才能保证公平、公正,保证投标书不会意外地被泄露。

4.填写招标备案申报表

为了保证招投标工作顺利进行,并能取得预期的结果,防止出现意外,物业管理行政主管部门应对项目招标进行备案,并由业主委员会或开发商成立的招标领导小组填写招标备案申报表。

5.编写招标须知

为了使招标工作正常进行,确保参加投标的各物业管理企业按照统一要求参加,招标单位必须编写好招标须知。

单元三 招标文件的编制方法

招标人可以委托招标代理机构办理招标事宜;有能力组织和实施招标活动的,也可以自行组织实施招标活动。物业管理招标代理机构应当在招标人委托的范围内办理招标事宜,并应遵守对招标人的有关规定。

本书以××市××××花园二期项目为例,说明招标文件的编制。

一、封皮

物业管理招标文件封皮格式见表3-1。

表3-1 招标文件封皮

××市××××花园二期前期物业管理项目
 招 标 文 件 招标编号:×××—05160 * * * 招标人:××××公司 招标代理机构:××××公司 二〇××年××月

二、投标邀请书

投标邀请书格式见表3-2。

表3-2 投标邀请书

投标邀请书
1.××××公司的××市××××花园二期的建设工程项目,已由相关部门批准建设。现决定对××市××××花园二期前期物业管理项目(招标编号为×××—05160 * * *)发包进行邀请招标,选定前期物业管理单位。 2.本次招标的主要内容详见投标须知第1、2条。 3.本项目对投标人的资格审查采用资格后审的方式,资格审查标准和内容详见投标须知前附表第8项投标人资格合格条件的规定,只有资格审查合格的投标人才有可能被授予合同。 4.《招标文件》于20××年××月××日至××月××日 9:00—11:00、15:00—17:00(北京时间)(节假日除外),在××××公司办公室发售,每份500元人民币,售后不退。 5.投标人应于投标截止时间20××年××月××日 9:00 时(北京时间)以前(招标代理机构将在截止时间前45分钟开始接收)将密封的投标文件按下述地址送至××××公司。 6.开标时间20××年××月××日 9:00 时(北京时间);   开标地点:××××公司××栋××室 7.凡对此次招标提出询问的,请以信函或传真形式与××××公司联系。 招标人:××××公司 招标代理机构:××××公司 地址:××   电话:××

三、投标须知前附表

1. 前附表

一般物业管理招标文件中投标须知前附表格式见表3-3。

表3-3 投标须知前附表

项号	条款号	内容	说明与要求
1	1.1	项目名称	××市××××花园二期前期物业管理项目
2	1.1	招标编号	×××－05160＊＊＊
3	1.1	业主名称	××××公司
4	1.1	房屋项目计划收房日期	另附
5	2.1	招标内容和范围	详见招标文件
6	2.2	物业管理服务期限	自本合同签订之日起36个月
7	3.1	资金来源	在满足招标文件的前提下,自主经营,自负盈亏
8	4.1	合格投标人条件	一、经年检合格的法人营业执照； 二、拟担任本项目的负责人应具备行政主管部门核发的物业管理岗位资格证书； 三、承诺书： 1."项目负责人和现场管理人员一致到位"承诺书； 2."中标后不强制要求业主一次性缴纳物业管理费,业主有权选择按月、季度、半年或一年缴纳物业管理费"承诺书。 投标人应当按投标文件格式之商务文件中要求的格式和内容提交有关资料
9	5.1	踏勘现场和标前会时间地点	踏勘现象 时间：××××年××月××日 14:30（北京时间） 地点：××××花园二期 标前答疑会 时间：××××年××月××日 16:00（北京时间） 地点：××××公司会议室
10	6.1	投标有效期	投标截止期后90工作日
11	7.1	投标保证金数额	不少于5万元人民币。投标保证金可以以现金、银行电汇或银行转账形式提交。投标保证金须在投标文件递交截止前从投标人基本账户以银行转账或电汇形式汇入本投标邀请书中所提供的招标代理指定的账户。中标的投标人,其投标保证金将直接转为中标人的履约保证金,履约保证金不足部分的金额按招标文件规定缴纳。有关银行汇款单据或接收投标保证金单位开具的收款证明复印件应放入投标文件正本中。投标保证金有效期截止到投标有效期满后30日
12	8.1	招标文件份数	1套
13	9.1	投标文件份数	一份正本,五份副本

续表

项号	条款号	内容	说明与要求
14	10.1	投标文件提交地点及截止时间	地点：××××公司 收件人：××× 截止时间：20××年××月××日9时00分(北京时间)。招标代理在截止时间前45分钟开始接收
15	11.1	开标	开标时间：20××年××月××日9时00分(北京时间) 地点：××××公司××室 投标人的法定代表人(应持法定代表人证明书原件)或其委托代理人(应持法定代表人授权委托书原件)应随带本人身份证到场并签名报到,以核实身份和证明其出席参加开标会议。否则,其投标文件不予开标,并按废标处理
16	11.2	评标方法和标准	评标办法和标准
17	12.1	合同签订	中标人在收到中标通知书后3日内,应派代表与招标人联系,商讨签订合同事宜,并在30日内完成合同订立
18	13.1	履约担保金额	中标人应在合同签订前7日内向招标人提交10万元人民币的履约保证金(中标人的投标保证金在开完标后不退还,直接转为履约保证金,另5万元的履约保证金在签订合同前汇入指定的账户); 履约保证金期限为物业管理服务期限36个月
19	14.1	其他	1.本次招标的内容分××××二期； 2.本项目招标代理服务费由市住宅发展有限公司支付； 3.投标人投标资料若为复印件,投标人在开标当天直至评标结束,应随时提供原件以备评标委员会在需要时进行核验,过期不补

2. 评标办法

评标委员会遵循公平、公正、科学、择优的原则,根据投标单位的投标报价、管理方案、企业业绩、企业社会信誉、服务承诺,并按照国家和××××地区的有关规定,采用百分制评分方式进行综合评审,按得分高低依次排序,将排名前两名的中标候选人推荐给招标人,中标单位由招标人依法确定。

3. 评标标准

(1)评标分项分值权重。表3-4是某居住类物业项目前期物业管理招标的评标标准,供参考。

表3-4 评标分项分值权重

分项	技术标	商务标	资信标	投标答辩	合计
权重	30%	30%	30%	10%	—
满分标准	100分	100分	100分	100分	100分

(2)技术标部分评标标准(表3-5)。

表3-5 技术标评标分项分值权重

序号	内容	分值范围
一	对项目管理的定位及整体规划	15.0
1	对项目有充分的调查和了解	2.0
2	对项目拟实施的管理方案定位准确	2.0
3	能抓住项目管理的特点与难点	5.0
4	有符合项目实际的整体策划	2.0
5	管理目标制定合理	2.0
6	采用新技术、新方法的管理手段	2.0
二	项目管理机构设置及人员配置	6.0
7	管理机构设置合理	2.0
8	各部门职责明确	2.0
9	岗位设置科学、人员配置合理	2.0
三	人员培训及考核机制	4.0
10	对各类人员的培训计划科学、内容符合实际、方法切实可行	2.0
11	有完善的绩效管理体系、对各类人员有考核办法和激励机制	2.0
四	日常服务内容和标准明确、检查方法切实可行	40.0
12	项目服务标准符合内蒙古自治区地方标准《居住物业管理服务标准》(DB15/T 970—2016)或《商业物业管理服务标准》(DB15/T 971—2016)要求	5.0
13	服务内容符合招标文件要求,不缺项	2.0
14	房屋建筑本体维护方案内容明确标准量化、检查方法切实可行,其中对房屋公共部位进行日常管理和维修养护,检修记录和保养记录齐全。每日巡查小区单元门、楼梯通道以及其他公共部位做好巡检记录,发现问题及时维修,并有完善装修管理制度,每日巡查,发现问题,及时整改	4.0
15	对建筑本体有切实可行的检查方法,其中对违反规定私搭乱建的行为及时劝阻,同时向有关部门报告。地产配套内容,小区主出入口设平面示意图,主要路口设有路标。有完善的小区环境秩序管理制度,对小区违建行为有相应的管理制度	4.0
16	实施设备运行、养护方案符合实际,标准明确,检查方法切实可行	4.0
17	公共秩序维护内容、标准明确,检查方法切实可行	4.0
18	消防管理方案内容、标准明确,检查方法切实可行	4.0
19	保洁服务及绿化养护服务标准明确,检查方法切实可行	3.0
20	设施、设备房需有相关管理制度及标准,定期检查,有值班记录,由专人管理(持证上岗)	4.0
21	建立项目管理档案、管理制度,符合实际	6.0
五	主要工作的运行程序	8.0
22	项目接管方案切实可行	2.0
23	物业承接查验程序合理	3.0
24	办理入住程序合理及接待业主投诉处理程序合理。装修管理程序、管理措施合理,符合政策法规	3.0

续表

序号	内容	分值范围
六	停车管理	4.0
25	停车收费明确标准,设置科学合理的车辆管理方案,巡查方案切实可行(机动车及非机动车)	2.0
26	停车场管理人员配备合理	2.0
七	突发事件应急预案全面,切实可行,有年度训练计划	4.0
八	各项管理指标的承诺及保证措施	5.0
27	房屋完好率及各类配套设施设备完好率	2.0
28	维修及时率、合格率及业主有效投诉处理率	2.0
29	有行之有效的品质保证措施	1.0
九	物资装备及办公用品配备	3.0
30	合理配置项目物业所需的固定资产及低值易耗品清单,并为项目配置完善的物业管理标识	3.0
十	物业管理的有关制度	5.0
31	项目管理制度健全	3.0
32	管理制度符合政策法规规定	2.0
十一	定期开展社区文化,因地制宜、有特色	6.0
	合计	100.0

(3)商务标部分评标标准(表3-6)。

表3-6 商务标评标分项分值权重

序号	内容	分值范围
一	物业测算符合相关规定	25.0
1	服务费测算的依据合理合法	6.0
2	成本构成因素符合规定	6.0
3	固定资产购置和折旧合理	3.0
4	各项费用支出合理	10.0
二	物业费税费提取比例符合规定	5.0
三	物业费测算的利润率确定在合理的范围内	10.0
四	物业服务定价符合服务标准和市场规律	20.0
五	收支预算分析合理	10.0
六	其他收费项目和标准合理合法	10.0
5	特约服务项目收费标准合理	4.0
6	商业用房服务费标准合理	2.0
7	停车场收费标准合理	4.0
七	财务管理	10.0
8	应建立健全财务管理制度和经费收支原则,账目清晰	5.0
9	物业服务费实行明码标价,应符合《物业服务收费管理办法》第11条规定,并聘请专业机构对资金情况进行审计	5.0
八	有补充经费的办法,办法科学合理,内容明确	10.0
	合计	100.0

(4)资信标部分评标标准(表 3-7)。

表 3-7　资信标评标分项分值权重

序号	内容	分值范围
一	按招标文件要求达到企业体系认证、行业评比、注册资金、体系企业实力及企业文化	24.0
1	注册资金 500 万元以上的企业	12.0
2	注册资金 101 万元至 499 万元的企业	8.0
3	注册资金 10 万元至 100 万元的企业	4.0
二	主要管理业绩及企业评优获优情况	30.0
4	具有国优项目的	15.0
5	具有省优项目的	10.0
6	具有市优秀项目的	5.0
三	企业人员持证上岗情况	30.0
7	项目经理具有全国物业管理企业经理证书	15.0
8	低压电工操作证 5 分，安保员上岗证 3 分，建筑物消防上岗证 2 分，其他管理人员上岗证 5 分	15.0
四	提供上一年度国税、地税的纳税证明	8.0
五	提供近期第三方公司审计的财务审计报告	8.0
	合计	100.0

(5)资信标部分评标标准(表 3-8)。

表 3-8　投标答辩评标分项分值权重

序号	内容	分值范围
1	标书要点陈述	30.0
2	评委提问回答情况	70.0
	合计	100.0

四、投标须知

投标须知是对投标人及投标书的要求，包括投标人的资格、投标书的格式、主要内容等。

1. 总则

总则包括项目说明、投标人要求、投标费用、踏勘现场等。

(1)项目说明。本招标项目的项目名称、招标编号、业主名称和房屋项目完工日期见投标须知前附表(以下简称"前附表")第 1 项至第 4 项。

(2)投标人要求。

1)为履行本招标项目合同的目的，投标人必须是法人组织。

2)为具有被授予合同的资格，投标人应提供令招标人满意的资格文件，以证明其符合投标合格条件和具有履行合同的能力。为此，所提交的投标文件中应包括前附表第 8 项所列的投标人合格条件审查资料。

3)两个或两个以上物业管理单位组成的联合体投标时,除按本须知第1)、2)项提供组成联合体每一成员的资料外,还应符合以下规定要求:

①投标人的投标文件及中标后签署的合同协议书,对联合体每一成员均受法律约束。

②应指定一家联合体成员作为主办人,由联合体各成员法定代表人签署提交一份授权书,证明其主办人资格。

③联合体主办人应被授权代表所有联合体成员承担责任和接受指令。并且由联合体主办人负责整个合同的全面实施,包括只有主办人可以支付费用等。

④所有联合体成员应按合同条件的规定,为实施合同共同和分别承担责任。在联合体授权书中,以及在投标文件和中标后签署的合同协议书中应对此作相应的声明。

⑤联合体各成员之间签订的联合体协议书副本应随投标文件一起递交。

⑥参加联合体的各成员不得再以自己名义单独投标,也不得同时参加两个或两个以上的联合体投标。如有违反将取消该联合体及联合体各成员的投标资格。

(3)投标费用。投标人应承担投标文件编制与递交等参加本招标活动所涉及的一切费用。

(4)踏勘现场。

1)招标代理将按前附表第9项所述的时间,组织投标人对项目现场和其周围环境进行踏勘,以便投标人获取有关编制投标文件和签署实施项目的物业管理合同所需的各项资料。投标人应承担现场考察的责任、风险和费用。

2)招标人向投标人提供有关现场的资料和数据,是招标人现有的能使投标人利用的资料,但招标人对投标人由此而做出的推论、理解和结论概不负责。

3)招标人可以视情况决定是否召开标前答疑会。招标人召开标前答疑会的时间和地点详见前附表(如需要召开的话)。

4)投标人在查阅招标文件和踏勘现场后,可以提出要求澄清问题。但所有问题都应以书面形式提交给招标人(招标代理),招标人视情况作出澄清和解答,并将此澄清和解答以书面的答疑纪要形式发给所有已购买招标文件的投标人。无论答疑是否口头回答,最终均以答疑纪要为准。投标人在收到答疑纪要后应立即签字或以传真等书面形式向招标人确认收到。

2. 招标文件

(1)招标文件的内容。

1)投标邀请书。

2)投标人须知。

3)技术规范及要求。

4)合同一般条款。

5)合同特殊条款。

6)附件。

(2)招标文件的澄清。投标人若对招标文件有任何疑问,应在投标截止期前15日以书面(包括手写、打印、印刷,也包括电报和传真,本文件下同)形式按投标邀请书中的招标代理的地址向招标代理提出澄清要求。无论是招标人(招标代理)根据需要主动对招标文件进行必要的澄清,或是根据投标人的要求对招标文件作出澄清,招标代理都将在投标截止日期前15日以书面形式予以澄清,同时,将书面答复发给所有购买招标文件的招标人,但不指明问题的来源。投标人在收到该澄清文件后应尽快以书面形式通知招标人确认已收到澄清文件。澄清文件作为招标文件的组成部分,具有法律约束作用。

(3)招标文件的修改。

1)招标文件发出后,在投标截止期前15日的任何时候,无论出于何种原因,招标代理可主动地或在解答投标人提出的澄清问题时对招标文件进行补充、修改。

2)招标文件的补充、修改将以书面形式通知所有购买招标文件的投标人,招标文件的补充、修改作为招标文件的组成部分,并具有约束力。投标人在收到上述通知后,应立即以书面形式向招标人确认收悉。

3)当招标文件、招标文件的澄清、修改、补充等在同一内容的表述不一致时,以最后发出的书面文件为准。

4)为使投标人在编制投标文件时有充分时间对招标文件的澄清、修改、补充等内容进行研究,招标人可按规定自行决定是否延长投标截止时间。

3. 投标文件的编制

(1)投标文件的语言及度量单位。

1)投标人和招标人(招标代理)之间对投标有关的所有往来通知、函件和投标文件均使用中文。投标人随投标文件提供的证明文件和资料为其他语言的,必须附中文译文,解释这些文件,应以中文为准。

2)除技术规范另有规定外,投标文件使用的度量衡单位均应采用中华人民共和国法定计量单位。

(2)投标文件的要求。投标人不得以他人名义投标,也不得利用伪造、转让、无效或者租借的资质证书参加投标,或者以任何方式请其他单位在自己编制的投标文件代为签字盖章,损害国家利益、社会公众利益和招标人的合法权益。

(3)投标价格。

1)投标人的投标报价,应是按完成合同条款上所列招标项目内容和范围及物业管理周期的全部制定的,不得以任何理由予以重复,其根据为招标人向投标人提供的招标文件。

2)投标报价为投标人的投标文件中提出的各项支付金额的总和。

3)各投标人应根据招标文件的要求,合理进行投标报价。除非招标人对招标文件予以修改,投标人应按招标文件提供的项目名称和数量填报单价与合价。每一个项目只允许有一个报价。任何有选择的报价将不被接受。投标人未填入单价或合价的工程项目,将视投标文件为实质上不响应招标文件的要求。投标报价中有优惠价的,必须体现在各个单项或费用中,不得总报价优惠(招标文件另列除外),否则将视投标文件为实质上不响应招标文件的要求,相应的后果由投标人自行承担。

4)所有根据合同或其他原因应由投标人支付的税金和其他应缴纳的费用都要包括在投标人提交的投标报价中。

5)固定价格合同。除非在合同条款中另有规定,投标人所报的单价在合同实施期间不因政策变动而调整。物业管理收费中所采用的建筑面积、车位等,在签订合同时按实际建筑面积、车位等计算。

(4)投标和支付所使用的货币。本项目的投标应以人民币报价,中标人自主经营,自负盈亏,合同实施时也以人民币支付。

(5)投标有效期。

1)投标有效期见本须知前附表所规定的期限,在此期限内,凡符合招标文件要求的投标文件均保持有效。

2)如果出现特殊情况,招标人在原定投标有效期满内,可要求投标人将投标有效期延长一段时间。这种要求和投标人的答复应以书面方式进行。投标人可以拒绝这种要求,其投标保证金可以退回。同意延期的投标人,不需要也不允许修改他的投标文件,但需要将其投标保证金延长相同的时间。在延长的投标有效期内,关于投标保证金的退还与否的规定仍然适用。

(6)投标保证金。

1)投标人应提供一份本须知前附表第11项所述金额和规定的提交形式的投标保证金,此保证金是投标文件的一个组成部分。

2)对于未能按要求提交投标保证金的投标,将被视为不响应招标文件而予以拒绝。

3)未中标投标人的投标保证金将在招标人与中标人签订合同后5个工作日内予以退还。

4)中标人的投标保证金,在中标人按要求提交了履约保证金或履约保函并签订了合同后5个工作日内予以退还。

5)如投标人有下列情况发生时,其投标保证金将被没收:

①投标人在投标有效期内撤回其投标文件;

②中标人未能在规定期限内与招标人签订合同协议。

(7)投标文件的份数和签署。

1)投标人应按本投标须知有关规定编制投标须知前附表第13项规定份数的投标文件。

2)投标文件的正本和副本均需打印,并应在投标文件封面上清楚地注明"正本"或"副本"。正本与副本如有不一致之处,则以正本为准。

3)投标文件应按具体要求由投标人加盖单位公章和法定代表人印鉴或签字或法定代表人委托的代理人签字。由委托代理人签字的在投标文件中必须同时提交投标文件的法定代表人授权委托书,投标文件签署授权委托书格式、签字、盖章及内容均应符合要求,否则投标文件签署授权委托书无效。

4)除投标人对错误处须修改外,全套投标文件应无涂改或行间插字和增删,如有修改,修改之处均应盖投标人的印章或由投标人签字或盖章。

5)投标文件之技术文件正本封面还应当由企业法定代表人或授权委托代理人签字并加盖单位公章。

4. 投标文件的递交

(1)投标文件的装订、包封。

1)将商务文件正本密封在一个内层包封,副本密封在另一个内层包封,并在内层包封上分别清楚标明"正本"或"副本",再将两个内层包封合包密封在一个外层包封中。

2)内层和外层包封都应写明:

①写明招标代理(××××公司)的名称和地址;

②标明本须知前附表所述的招标项目的项目名称和招标编号;

③并注明____年____月____日____时____分(在前附表第15项所述开标日期和时间)以前不得开封。

3)在内层包封上还应写明投标人的名称与地址、邮政编码,以便投标出现逾期送达时能原封退回。

4)上述内层密封袋的封口和外层密封袋的封口处均应加盖投标人公章骑缝章。

5)投标文件技术文件的装订、包封、密封和标志按照前规定。

6)如果内外层包封没有按上述规定密封并加写标志,招标代理将不承担投标文件错放或提前开封的责任,由此造成的提前开封的投标文件将予以拒绝。

(2)投标文件递交。

1)投标人应按前附表所规定的地点,于投标截止时间前递交投标文件给招标人。

2)递交投标文件的截止时间见前附表的规定。

3)招标人(招标代理)可以修改补充通知的方式,酌情延长递交投标文件的截止时间。在此情况下,投标人的所有权利和义务及投标人所制约的截止时间,均应以延长后新的截止时间为准。

4)到投标截止时间止,招标人收到的投标文件少于3个的,应按《物业管理条例》规定,由招标人采用协议方式选聘具有相应资格的物业服务企业。

5)招标人对于在规定的投标截止时间以后送达的投标文件将予以拒收。

(3)投标文件的补充、修改与撤回。

1)投标人可以在递交投标文件以后,在规定的投标截止时间之前,可以书面形式向招标代理递交补充修改或撤回其投标文件的通知。补充、修改的内容为投标文件的组成部分。在投标截止日期以后,不能更改投标文件。投标截止日期之前对投标价格的修改应附有相应细目的单价和价格。

2)投标人的补充、修改或撤回通知,应按规定编制、密封、标志和发送,还要在内层和外层包封上标明"补充、修改"或"撤回"字样。

3)从投标截止日期至投标有效期之间的这段时间内,投标人不得撤回其投标文件,否则根据规定,该投标人的投标保证金将不予退回。

5. 开标

(1)招标人按规定的时间和地点公开开标,包括打开递交的修改与撤回通知书。投标人的法定代表人(应持法定代表人证明书原件)或其委托代理人(应持法定代表人授权委托书原件)应随带本人身份证到场并签名报到以证明其身份,以证明其出席参加开标会议。否则,其投标文件不予开标,并按废标处理。

(2)开标程序:

1)开标会可以邀请有关监督部门人员(或公证人员)监督,由招标代理主持;

2)由投标人或者其推选的代表或监督人员检查投标文件的密封情况,确定它们是否完整;经确认无误后,由有关工作人员当众拆封;

3)首先打开标有"撤回"字样的包封并宣读其内容。按要求已提交了可接受的撤回通知书的投标文件将不予开封;

4)开标时将宣读投标人的名称、拟派出的物业管理项目负责人姓名、投标报价、投标保证金递交情况等开标一览表规定公布的投标文件的其他主要内容;

5)招标人(招标代理)对开标过程进行记录,并存档备查。

6. 评标

（1）评标委员会由招标人（招标代理）依法组建，负责评标活动。评标委员会由有关专业的专家和招标人（招标代理）等方面代表组成。

（2）开标结束后，开始评标，评标在保密的环境下进行。评标会议由评标委员会主任主持。

（3）评标过程的保密。

1）公开开标后，直到宣布授予中标人合同为止，凡属于对投标文件的审查、澄清、评价和比较的有关资料及有关中标候选人的推荐情况、与评标有关的其他任何情况均应严格保密，都不应向投标人或与该过程无公务关系的其他人泄露。

2）在投标文件的评审和比较、中标候选人推荐及授予合同过程中，投标人任何试图影响或干扰招标人和评委会的评标活动，都可能导致其投标被拒绝。

3）中标人确定后，招标人不对未中标人就评标过程及未能中标的原因做出任何解释。未中标人不得向评委会组成人员或其他有关人员索问评标过程的情况和材料。

（4）为了有助于投标文件的审查、评价和比较，根据需要，可以要求投标人对投标文件含义不明确的内容作必要的澄清或说明。有关澄清的要求与答复应采用书面形式，但不应寻求、提出或允许更改投标价格或投标文件的实质性内容。按照规定对评委会在评标时发现的错误所进行的核实修正除外。

（5）投标文件的响应性确定。

1）在详细评标之前，评委会将对投标文件进行符合性检查和响应性确定。当投标文件出现下列情形之一的将视为无效，并按废标处理，不得进入详细评审：

①未按招标文件规定密封的（技术文件密封除外）；

②投标文件中的投标函未加盖投标人的企业及企业法定代表人印章的，或者由企业法定代表人委托代理人签署的而没有随投标文件提供合法、有效的授权委托书（原件）及委托代理人签字的；

③投标文件的关键内容字迹模糊、无法辨认的；

④投标人资格不符合投标须知所规定的合格条件的；

⑤技术文件不符合招标文件规定合格性标准的；

⑥投标报价（含单价）不符合招标文件要求，或者低于成本恶性竞争的；

⑦招标文件附有招标人不能接受的条件的；

⑧未响应招标文件的实质性要求和条件的；

⑨投标人以他人的名义投标、串通投标、以行贿手段谋取中标或者以其他弄虚作假方式投标的；

⑩投标人未按照招标文件的要求和规定的时间内提供投标保证金的；

⑪以联合体形式投标的，投标文件未附联合体各方共同投标协议的；

⑫投标文件中标明的投标人与报名时的申请人在名称和组织结构上存在实质性差别的。

2）投标文件计算错误的改正。招标人（招标代理机构）将对确定为实质上响应招标文件要求的投标文件进行校核，看其是否有计算上或累计上的算术错误，改正错误的原则如下：

①如果用数字表示的数额与用文字表示的数额不一致时，以文字数额为准。

②单价与项目量的乘积和总价之间不一致时，以单价为准。若单价有明显的小数点错

位,应以总价为准,并修改单价。

③按上述改正错误的原则及方法调整投标文件的投标报价。经投标人同意后,调整后的报价对投标人起约束作用。如果投标人不接受改正后的投标报价则其投标将被拒绝,其投标保证金不予退回。

(6)投标文件的评价、比较和否决。

1)评标委员会按照规定,将仅对通过符合性检查和响应性确定的投标文件,进行下一程序的评价与比较。

2)评委会根据前附表规定的评标办法和标准,对投标文件进行评审和比较,向招标人提交评审报告并推荐标明排列顺序的合格的中标候选人。

3)招标人在接到评标委员会的书面评标报告后15日内,根据评标委员会的推荐结果确定中标人。招标人也可以委托评标委员会直接确定中标人。

7. 授予合同

(1)合同授予标准。合同授予其投标文件在实质上响应招标文件要求和按规定所确定的中标人。招标人在授予合同之前有权对投标人递交的投标文件资料进行核实,投标人应对投标文件资料的真实性负责,如发现其所提交的资料不真实,招标人将视其为以弄虚作假方式骗取中标,其中标无效,给招标人造成损失的,应依法承担赔偿责任。

(2)中标通知。

1)招标人应当在中标方案确定之日起7日内,向中标人发出中标通知,并将中标结果通知所有未中标人;

2)招标人应当在中标方案确定之日起15日内,向县级以上地方房地产行政主管部门提交招投标情况的书面报告。

(3)合同协议书的签订。

1)中标人在收到中标通知书后,按前附表第19项规定的时间内,应派代表在中标通知书中规定的地点与招标人联系商定签订合同事宜。招标人和中标人应当在中标通知书发出之日起30日内,按照招标文件和中标人的投标文件订立书面合同。

2)中标人如不按规定与招标人订立合同,则招标人将废除授标,投标保证金不予退还,给招标人造成的损失超过投标保证金数额的,还应当对超过部分予以赔偿,同时依法承担相应的法律责任。

(4)履约保证金。在签署了书面合同书之后,中标人应按合同规定的时限内向招标人提交前附表所规定形式和金额作为履约保证金。履约保证金将在本项目服务期满后7个工作日内予以退还。

(5)取消中标资格条件。

1)投标人如发生以下情况之一的,招标人有权取消其中标资格,并没收其投标保证金:

①中标人在与招标人签订合同时另行加入不合理条件;

②中标人不履行投标文件所做的承诺;

③投标时拟派出的本项目负责人在签订合同时不能作为本项目负责人的;

④中标人有违法行为。

2)若发生中标人被取消中标资格的,则由招标人依照评委会推荐的中标候选人递补确定中标人。

五、技术规范及要求

(一)技术规范

1. 物业概况

(1)物业名称:××市××××花园二期前期物业管理项目。

(2)建设单位:××××公司。

(3)项目概况:

××市××××花园二期位于××路,项目占地117亩,共31栋。总建筑面积为163 979 m^2(含地下室7 322 m^2),其中商店面积为11 011 m^2(二层商店面积为2 562 m^2),幼儿园1栋3 050 m^2,配套公共设施面积为1 390 m^2,住宅面积为142 596 m^2(其中带电梯住宅面积为35 129 m^2),容积率为1.92,建筑占地面积为22 833 m^2,建筑密度为28.4%,绿地率为30%,总户数为1 355户,机动车停车位为476个,非机动车停车3 109辆。

2. 综合管理

综合管理范围:××××花园二期规划红线范围内(具体以图纸为准),涉及共用财产和公共事务的管理。

(1)负责制订物业管理服务工作计划,并组织实施;

(2)每年一次对房屋及设施设备进行安全普查,根据普查结果制订维修计划,组织实施;

(3)白天有专职管理员接待住户,处理服务范围内的公共性事务,受理住户的咨询和投诉;夜间有人值班,处理急迫性报修,水、电等急迫性报修半小时内到现场;

(4)协助组建业主委员会并配合其运作;

(5)管理规章制度健全,服务质量标准完善,物业管理档案资料齐全;

(6)与业主签订物业管理服务协议、物业管理公约等手续;公开服务标准、收费依据及标准;

(7)应用计算机系统对业主及房产档案、物业管理服务及收费情况进行管理;

(8)全体员工统一着装,持证上岗;

(9)每年进行一次物业管理服务满意率调查,促进管理服务工作的改进和提高,征求意见用户不低于总户数的80%。

3. 公共设施日常维护

共用部位公用设备、设施,如电梯、消防、安防、水泵等设备。

确保居住小区内楼房共用部位共用设施、设备、基本市政设施的正常使用运行和小修、养护,包括以下几项:

(1)楼房及小区内共用部位设施、设备的日常养护和小修,执行《房屋及其设备小修服务标准》;

(2)保证护栏、围墙、桌、椅、楼道灯、绿化设施等公共设施、设备正常使用;道路、甬路、步道、活动场地达到基本平整,边沟涵洞通畅;

(3)确保雨水、污水管道保持通畅,定期清掏化粪池、雨水井,相关设施无破损;

(4)负责小区智能化设施的日常运行维护;
(5)定期清洗房屋外墙。

4. 绿化

花草树木应定期修整,辖区内花草树木与建筑小品管理及养护制度完善,无人破坏,提供清新宜人的生态环境;绿化管理设施、设备齐全,水源有保障。

5. 保洁

维护和保持服务范围内的清洁卫生,包括以下几项:
(1)有健全的保洁制度,清洁卫生实行责任制,有明确的分工和责任范围;
(2)设定垃圾集纳地点,并每日将服务范围内的垃圾归集到垃圾楼、站,对垃圾(专用)楼、站、箱、道、桶及垃圾进行管理;
(3)每日对保洁服务范围内的区域进行一次清扫,做到服务范围内无废弃杂物;
(4)对楼梯间、门厅、电梯间、走廊等的门、窗、楼梯扶手、栏杆、墙壁等,进行一周一次清扫;
(5)按政府有关规定向服务范围内喷洒、投放灭鼠药、消毒剂、除虫剂;
(6)在雨天应及时对区内主路、干路积水进行清扫。

6. 安保

在小区规划红线以内,业主户门以外,进行公共区域的秩序维护和公共财产的看管,主要包括以下几项:
(1)相对封闭:做到小区主要出入口全天有专人值守,车辆行驶通畅,危及人身安全处有明显标志和防范措施;
(2)维护交通秩序:包括对机动车辆和非机动车辆的行驶方向、速度进行管理;
(3)看管公共财产:包括楼内的门、窗、消防器材及小区的表井盖、雨箅子、花、草、树木、果实等;
(4)夜间对服务范围内重点部位、道路进行不少于一次的防范检查和巡逻,巡逻不少于2人,做到有计划、有记录;
(5)发生治安案件、刑事案件、交通事故时,应及时报警,并应配合公安部门进行处理。

7. 存车管理

机动车辆、非机动车辆在停车场的看管,包括以下几项:
(1)有健全的机动车存车管理制度和管理方案;
(2)对进入小区的机动车辆进行登记发放凭证,出门凭证放行;
(3)保证停车有序,24小时设专人看管;
(4)长期存放的,应签订存车协议,明确双方的权利和义务等。

8. 空置房管理

物业对空置房的管理主要包括以下几项:
(1)加强空置房管理,保证空置房各项设施完好无损;
(2)做好空置房室内外的卫生保洁;
(3)配合售房需要,提供各种方便。

9. 消防管理

管理范围包括公共区域消防设施的维护及消防管理,主要内容包括以下几项:
(1)有健全的消防管理制度,建立消防责任制;
(2)消防设施有明显标志,定期对消防设施进行巡视、检查和维护;
(3)定期进行消防训练,保证有关人员掌握消防基本技能。

10. 高压供水

高压供水包括养护、运行、维修等,应做到以下几项:
(1)保证居民正常生活用水;
(2)对水箱定期清洗消毒,确保水质合格;
(3)维修服务标准执行省、市的有关文件规定。

11. 电梯

电梯包括养护、运行、维护等,应注意以下几项:
(1)主楼 0 点至 24 点不间断运行,电梯工夜间值班室,并公布呼叫电话或房号。凡是楼层中设有电梯门的,均须开启载客;
(2)凡有备梯的,在 6 点至 20 点与主梯同时运行;
(3)主梯维修时,有备用梯的,用备用梯运行,无备梯的,属急迫性维修的,应在 30 分钟内抢修完工,其他维修应于 23 点至次日 5 点以内完工;维修服务标准执行有关文件规定。

12. 装修管理服务

装修管理服务的工作内容包括以下几项:
(1)有健全的装修管理服务制度;
(2)查验业主装修方案,与业主、施工单位签订装修管理协议,告知业主装修注意事项;
(3)装修期间,对装修现状进行巡视与检查,严格治安、消防和房屋安全管理;对进出小区的装修车辆、装修人员实行出入证管理,调解因装修引发的邻里纠纷;
(4)业主装修结束后,应进行检查。对违反装饰协议的要进行处理,问题严重的报行政管理部门;及时清运装修垃圾,集中堆放时间不得超过三天。

13. 辖区文化及特色服务

辖区文化及特色服务主要包括以下几项:
(1)有计划、有人员、有制度地落实辖区文化;
(2)定期开展健康有益的宣传和文体活动;
(3)积极协助街道、派出所、居委会开展各项工作;
(4)与商业、邮电、银行等部门协助开展各项特色便民服务,如代发信件、报纸杂志等;
(5)适应形势的发展,提供适时的新项目设立和服务。

(二)物业管理的目标

不同的项目对物业管理单位要求不同,有的项目要求物业管理应在两年内达到市级"物业管理优秀项目"或"物业管理示范项目",三年内达到省级"物业管理优秀项目"或"物业管理示范项目"。符合参评条件的情况下,开发建设单位将予以积极协助并创造必要条件,若中标的物业管理企业因自身管理不善,达不到管理目标,则承担违约责任。

（三）物业管理其他要求

物业管理其他要求规定了以上几点未提及的而实际情况存在的问题，一般包括以下几项：

(1)中标人应根据有关物业管理法规及签订的合同，对物业实行统一管理、综合服务、自主经营、自负盈亏；

(2)前期物业服务合同中的共用部位、共用设施、设备维修按政府有关规定执行；

(3)业主委托的物业管理服务费用原则：各投标人根据招标文件中物业管理内容、范围及要求，视自身能力进行优惠报价；

(4)中标人应交纳10万元人民币为履约保证金，履约保证金的期限为36个月，如不能完成投标中承诺的物业管理目标，履约保证金不予返还；

(5)未售空置房（仅指住宅和店面）的物业管理服务收费按投标人实际报价向招标方收取，空置房物业管理服务费的起算时间为中标单位接管（以签字为准）之日，截止时间为招标人向买受人开具的《交房通知单》的交房之日；

(6)鉴于委托管理的物业性质特殊性及财物价值较高，因此，在投标文件中应明确承诺除提交履约保证金外，一旦出现物业管理公司人为因素造成设备、设施损坏时，以何种经济实力保证承担偿还能力（如担保、投保等形式）；

(7)中标人应参与本小区单体项目验收，并在单体验收之日起15日历日内办理完毕接管手续，同时，中标人应参与本小区附属及配套（含所有设备）项目的竣工验收，并在验收合格之日起15日历日内办理完毕接管手续；

(8)中标人未经招标人同意不得将空置房、架空层、车位及其他公共场所提供他人使用，更不得作为经营场所租赁他人使用；

(9)在合同执行期间，中标人须接受市行政主管部门的监管。

六、合同条款

1. 服务内容

(1)房屋建筑共用部位的维修、养护和管理；

(2)房屋建筑共用设施及设备的维修、养护、管理和运行服务；

(3)本物业规划红线内的配套服务设施的维修、养护和管理；

(4)公共场地、房屋建筑物共用部位等的卫生清洁、垃圾的收集、清运；

(5)公共绿化的养护和管理；

(6)交通、车辆行驶及停泊的管理；

(7)配合和协助当地公安机关进行安全监控与巡视等保安运作（但不含人身、财产保险保管责任）；

(8)装饰装修的管理；

(9)负责入住的业主水电费的代收代缴，并每月与甲方结算一次，但施工水电费与正常的水电费的差价及损耗部分由甲方承担；

(10)社区文化娱乐活动；

(11)物业及物业管理档案、资料；

(12)法规和政策规定由物业管理公司管理的其他事项。

2. 服务费用

物业服务费用主要用于以下开支：

(1)管理服务人员的工资、社会保险和按规定提取的福利费等；

(2)物业共用部位、共用设施、设备的日常运行、维护费用；

(3)物业管理区域清洁卫生费用；

(4)物业管理区域绿化养护费用；

(5)物业管理区域秩序维护费用；

(6)办公费用；

(7)物业管理企业固定资产折旧；

(8)物业共用部位、共用设施、设备及公众责任保险费用；

(9)法定税费；

(10)物业管理企业的利润。

3. 停车场收费

停车场属于甲方所有、委托乙方管理的,业主和物业使用人有优先使用权,乙方从停车费中按露天车位_____元/(个·月)、车库车位按_____元/(个·月)的标准提取停车管理服务费。

4. 物业承接验收

开发商(甲方)和物业服务企业(乙方)进行的物业验收分两步进行,即移交单体建筑,移交物业共用部位、共用设施、设备。

(1)甲乙双方应积极配合完成物业的承接验收工作,乙方不得无故拖延承接验收工作。

(2)乙方承接物业时,甲方应配合乙方对物业共用部位、共用设施、设备进行查验。

(3)甲、乙双方确认查验过的物业共用部位、共用设施、设备存在的问题应由甲方承担协调解决的责任,解决的方法双方另行协商。

(4)对于合同签订后承接的物业共用部位、共用设施、设备,甲、乙双方应按照第(3)条规定进行查验并签订确认书,作为界定各自在开发建设和物业管理方面承担责任的依据。

(5)乙方承接物业时,甲方应在完成房屋综合验收后 90 日内向乙方移交下列资料：

1)竣工总平面图,单体建筑、结构、设备竣工图,配套设施、地下管网工程竣工图等竣工验收资料；

2)设施、设备的安装、使用和维护保养等技术资料；

3)物业质量保修文件和物业使用说明文件。

(6)甲方保证交付使用的物业符合国家规定的验收标准,按照国家规定的保修期限和保修范围承担物业的保修责任。

5. 物业的使用与维护

(1)业主大会成立前,乙方应配合甲方制定本物业管理区域内物业共用部位和共用设施、设备的使用、公共秩序和环境卫生的维护等方面的规章制度。

乙方根据规章制度提供管理财务时,甲方、业主和物业使用人应给予必要配合。

(2)乙方可采取规劝、制止等必要措施,制止业主、物业使用人违反临时公约和物业管理区域内物业管理规章制度的行为。

(3)乙方应及时向全体业主通告本物业管理区域内有关物业管理的重大事项,及时处理业主和物业使用人的投诉,接受甲方、业主和物业使用人的监督。

(4)因维修物业或者公共利益,甲方确需临时占用、挖掘本物业管理区域内道路、场地的,应征得相关业主和乙方的同意;乙方确需临时占用、挖掘本物业管理区域内道路、场地的,应征得相关业主和甲方的同意。

临时占用、挖掘本物业管理区域内道路、场地的,应在约定期限内恢复原状。

(5)乙方与装饰装修房屋的业主或物业使用人应签订书面的装饰装修管理服务协议,就允许施工的时间、废弃物的清运与处置、装修管理服务费用等事项进行约定,并事先告知业主或物业使用人装饰装修中的禁止行为和注意事项。

(6)甲方应于入住前一个月(具体时间)按有关规定向乙方提供能够直接投入使用的物业管理用房。

(7)物业管理用房属全体业主所有,乙方在本合同期限内无偿使用,但不得改变其用途。

七、附件

附件 1 　投标函(略,详见后述表 5-2)

附件 2 　投标书格式

投标书格式

投标文件应由三部分组成:技术标部分、商务标部分、资信标部分。

(一)技术标部分(包含且不限于以下内容)

1. 前期物业管理工作的指导思想和管理项目的整体策划

2. 管理方式、机构设置及管理职责

3. 拟采取工作计划

4. 承接查验

5. 入住管理

6. 装饰装修管理

7. 管理人员配备、培训与管理

8. 物业管理及管理服务标准

9. 应急预案

10. 物资装备及办公用品配备

11. 物业管理制度

12. 社区文化及便民服务

13. 物业智能化管理及节能减排

(二)商务标部分

1. 物业费测算的依据

2. 企业的财务管理规定

3. 投标报价汇总表

4. 报价计算书

(三)资信标部分

1. 物业管理企业营业执照

2. 质量、环境、职业健康认证

3. 管理业绩

4. 项目管理人员身份证、职称、聘书等

5. 项目主要管理人员资历表(附件)等

附件3 投入本工程的主要前期物业管理人员表

投入本工程的主要前期物业管理人员表

身份证号:						
姓　名		出生年月		性　别		
民　族		国籍		户籍所在地		
工作单位						
联系地址						
手　机				办公室		
从事物业管理时间		现任职岗位		任职时间		
毕业院校				毕业时间		
学　历		专　业		技术职称		
物业管理持证上岗情况						
					工　种	
工作简历	自　年　月		至　年　月		单　位	职　务
						总经理兼项目经理

附件4 授权委托书

授权委托书

本授权委托书声明：我_____（姓名）系_____（投标单位名称）的法定代表人，现授权委托_____（单位名称）的_____（姓名）为我单位代理人，并以我单位的名义参加_____小区前期物业管理招投标活动。代理人在开标、评标、合同谈判过程中所签署的一切文件和处理与之有关的一切事物，我均以承认，并承担相应的法律责任。

代理人无权转让委托，特此委托。

代理人（印刷体）：　　　　　性别：　　　　　年龄：

单位：

身份证号：

职务：

代理人：　　　　　　　　　（签字）

投标单位：（盖章）

法定代表人：　　　　　　　（签字）　　　　（印刷体）

　　　　　　　　　　　　　　　　日期：　　　年　　月　　日

阅读材料

【应用案例】物业管理招标文件编制实例

××小区物业管理招标文件（节选）

第一部分　投标人须知

A. 概况

北京市××小区业委会受业主的委托对××花园的物业管理服务项目进行公开招标，欢迎对此项目具有服务能力的合格企业前来竞标。

1. 适用范围

投标人应携带法人资格代表证和法人身份证或法人代表授权书和被授权人身份证、营业执照副本、组织机构代码证、税务登记证（包括国税、地税）、银行开户证明等证件原件在招标管理办公室办理资格审查手续，并具备该招标项目的服务能力，详细内容在本文件的其他部分中说明。

2. 合格的投标人

合格的投标人应具备以下条件：

(1)在招标管理办公室办理了相关资格审查手续，具有履行采购单位所需服务能力的企业法人（注册资金：不低于人民币_____万元）。

(2)具有物业管理企业____组以上资质(包括____级)。

(3)具有中华人民共和国法人资格和具有独立承担民事责任的能力。

(4)遵守国家法律、行政法规，具有良好的信誉和诚实的商业道德。

(5)承诺履行《中华人民共和国政府采购法》有关规定。

(6)具有履行合同的能力和良好的履行合同的记录。
(7)没有发生重大经济纠纷及违法记录。
3. 投标费用
(1)投标人应认真审查谈判文件的全部内容,并自行承担参加本次投标有关的全部费用。
(2)每份招标文件售价____元,售后不退。

B. 招标文件

4. 招标文件的构成
招标文件用以阐明所需服务、招标投标程序和合同条款。招标文件由下述部分组成。
项目一　投标人须知前附表
项目二　投标人须知
项目三　招标项目技术要求及说明
项目四　附件样本

5. 招标文件的澄清
(1)投标方对招标文件如有异议,可要求澄清,应在投标截止时间前15日内按投标邀请中载明的地址以书面形式(包括信函、电报或传真,下同)通知到招标方。
(2)招标机构视情况采用适当的方式予以澄清或以书面形式予以答复,并在其认为必要时,将不标明查询来源的书面答复发给已购买招标文件的每一投标方。

6. 招标文件的修改
(1)在投标截止日期15日之前,招标机构可主动地或依据投标方要求澄清的问题,以编号的补遗书的形式对招标文件进行修改。补遗书将寄(送)给所有购买招标文件的每一投标方,对方在收到该补遗书后应立即以电报或传真方式予以确认。
(2)为使投标方在准备投标文件时有合理的时间来考虑招标文件的修改,招标机构可酌情推迟投标截止时间和开标时间,并以书面形式通知已购买招标文件的每一投标方。
(3)招标文件的修改书将构成招标文件的组成部分,对投标方有约束力。

C. 投标文件的编写

7. 要求
投标方应仔细阅读招标文件的所有内容,按招标文件的要求提供投标文件,并保证所提供的全部资料的真实性,以使其投标对招标文件做出实质性的响应。否则,其投标可能被拒绝。

8. 计量单位
除在招标文件的技术规格中另有规定外,计量单位应使用我国法定计量单位。

9. 投标文件的组成
(1)投标函;
(2)综合说明书(企业概况、信誉、管理经验、成果和企业发展方向等);
(3)××小区的物业管理部管理人员(管理部主任、各部负责人、秩序维护员、清洁员、维修员、财务人员等)名单、简介及职称、职务、专业资格证书复印件。
(4)管理方案及内容。
1)符合国家及省、市有关物业管理政策法规的小区管理整体设想及策划。
2)采取的管理方式、工作计划和物资装备。

3）根据××小区实际情况，组织有效的管理机构，制定行之有效的管理规章制度及管理人员的配备、培训规划。

4）根据××小区实际情况，制定各项专业物业管理制度（房屋管理、设备管理、共用设施管理园林绿化管理、环境卫生管理、治安管理、住宅区档案的管理）。

5）制订争创"全国物业管理示范住宅小区"规划和具体实施方案，制订完成承诺指标的措施。各项指标包括：房屋及配套设施完好率，小区内治安、消防事故发生率，保洁率，绿化完好率，住户投诉率及对物业管理公司满意率等。

6）组织社区文化建设，弘扬社会主义精神文明和道德风尚，提出社区文化活动计划及制度建设、场地安排。

7）以××小区为依托，列明便民服务项目，进行经费收支测算，制订增收节支措施，注重经济效益和社会效益，体现以业养业的发展后劲。

8）发挥高科技在管理中的作用，制订智能化系统的日常运行及维护方案。

9）小区的日常物业管理的承诺和措施，主要包括入住、装修、无违章搭建及治安防范、绿地养护等。

10）房屋及公用设备维修养护计划。

（5）计划成本预算书。收入支出项应至少包括以下几点：

收入：

1）物业管理费收入；

2）营业用房租金收入；

3）其他收入（包括顾问费、有偿服务收入等）。

支出：

1）管理、服务人员工资及提取的福利费和"五险一金"（医疗保险费、养老保险金、失业保险金、工伤保险费和生育保险费、住房公积金）；

2）物业管理区域清洁卫生费；

3）物业管理区域绿化管理费；

4）物业管理区域秩序维护费用；

5）物业公用部位、公用设施、设备运行维护费用；

6）办公费用；

7）物业管理企业固定资产折旧费；

8）物业公用部位、公用设施、设备及公众责任保险费用；

9）经业主同意的其他费用。

（6）投标要求提供的其他资料费。

10．文件的份数和书写

（1）各投标单位应提供8月份投标文件，投标文件不得超过25 000字。

（2）投标文件应用不能擦去的墨水打印或书写，并由投标单位法定代表人亲自署名并加盖法人单位公章和法定代表人的印章。

（3）全套投标文件应无涂改和行间插字，除非这些删改是根据招标单位的批示进行的，或者是招标单位造成必须修改的错误。修改处由招标、投标单位共同签字并加盖印章。

D. 投标文件的递交与处理

11. 投标文件的密封

(1)投标单位应将投标文件装订成册,装入统一监制的文件袋。文件袋的接缝处用薄纸粘封,并在封条与文件袋的接缝处加盖法定代表人印章及法人单位公章。

(2)投标文件封面应写明招标单位及投标单位名称、地址和邮编,加盖法人单位公章及法定代表人印章。

(3)投标文件没有按规定密封的招标单位将拒绝接受并原封退回投标单位。

12. 投标截止期

(1)投标单位应于××年7月30日上午10:00前将投标文件密封送达小区房管局。

(2)地址:××区××路××小区房管大楼××室。

13. 投标保证金

(1)投标单位在领取招标文件时,须向招标单位缴纳20 000元的投标保证金。

(2)对于未能按要求缴纳保证金的,招标单位将视为不符合投标要求而予以拒绝。

(3)投标单位未中标的,由招标单位在中标通知书发出10日内,招标单位退还其投标保证金(无息)。

(4)中标单位按要求签署合同后10日内,招标单位将退还其投标保证金(无息)。

(5)投标单位有下列情况者,其投标保证金将不予退回:

1)投标单位在投标过程中无正当理由而撤回投标文件或自动弃权的;

2)中标单位不能在规定期限内签署合同的。

14. 投标文件处理

中标单位的投标文件将成为物业管理服务合同的有效组成部分。未中标单位的投标文件不予退回,并且不予支付标书制作所需的相关费用。

第二部分 评标

15. 评标组织

由××市物业管理招标小组在评委库中随机抽取有关专家,和招标单位代表共同组成评标小组,负责评标。

16. 评标原则

本着公平竞争、优胜劣汰的原则,由评委对投标单位的标书、企业综合情况和答辩情况进行评证,并实行记分制,取获得最高分的物业管理公司作为中标单位。

17. 评标程序

(1)在开标前一天下午4:00从计算机专家库中随机抽取8人,前4人为评委,前4人有缺席的,后面人补齐。

(2)××年8月1日在公证处和区房管局的监督下开标,由评委进行审核、评判,下午1:00之前确定入围单位,经市招标办审核后公布。

(3)于开标当日下午2:00在区房管局指定的地点举行答辩会。投标单位法人代表或委托代理人携带身份证、法人代表证明或授权委托证明参加会议(每个投标单位限3人参加答辩),投标单位未参加答辩的视作弃权。

(4)答辩会在公证处的监督下,抽签确定先后顺序。评委根据标书就××花园物业管理事项进行提问。

(5)根据招标文件的评标办法和评标标准进行综合评分,得分最高者中标。

18.评标内容的保密

(1)在宣布中标以前,有关招标的资料不得向投标单位或与过程无关的其他人泄密。

(2)在投标文件的审查、澄清、评价和比较以及授予合同的过程中,投标单位对招标单位和评标小组其他成员施加影响的任何行为,都将导致取消投标资格。

第三部分 合同签订

19.招标单位根据××市招办核准的通知书通知中标单位,中标单位应在接到中标通知书30日内与招标单位签订物业管理服务合同,若中标单位借故拖延或拒签合同,招标单位报经××市招标办同意后有权取消其中标资格,其投标保证金不予退回,并另选中标单位。若招标单位未经市物业管理招标办许可无故拖延的,由市物业管理招标办按有关规定进行处罚。

20.中标通知书将成为合同的组成部分。

21.物业管理服务合同以××市房地产管理局、××市工商行政管理局联合印发的《××市物业管理服务合同》文本为准。投标文件中的指标要求及中标单位的标书和答辩过程中的承诺将成为合同的组成部分,与合同具有同等的法律效力。

模块小结

物业管理招标文件的编写是物业管理项目招标工作的核心内容,也是招标工作必不可少的法律文件,对整个招标工作起着指导性的作用。本模块主要介绍了物业管理招标文件的基本知识、内容、编制程序及编制方法。

×××项目前期
物业管理招标文件

思考与练习

一、填空题

1._____是物业管理招标人向投标人提供的指导投标工作的规范性文件。

2.物业管理招标文件按招标形式可以划分为_____、_____。

3.物业管理招标文件按物业项目的管理阶段划为_____、_____。

4.编制招标文件的原则有_____、_____、_____、_____。

5.招标文件发出后,在投标截止日期_____的任何时候,无论出于何种原因,招标代理可主动地或在解答投标人提出的澄清问题时对招标文件进行补充、修改。

6.未中标投标人的投标保证金将在招标人与中标人签订合同后_____予以退还。

二、选择题

1.对投标人的要求包括(　　)。

A.投标人的投标文件及中标后签署的合同协议书,对联合体每一成员均受法律约束

B. 联合体投标的，应指定一家联合体成员作为主办人，由联合体各成员法定代表人签署提交一份授权书，证明其主办人资格

C. 所有联合体成员应按合同条件的规定，为实施合同共同和分别承担责任。在联合体授权书中，以及在投标文件和中标后签署的合同协议书中应对此作相应的声明

D. 参加联合体的各成员不得再以自己名义单独投标，也不得同时参加两个或两个以上的联合体投标。如有违反将取消该联合体及联合体各成员的投标资格

E. 投标人应承担招标文件编制与递交等参加本招标活动所涉及的一切费用

2. 物业服务费用主要用于（　　）开支。

　　A. 停车场收费

　　B. 管理服务人员的工资、社会保险和按规定提取的福利费等

　　C. 物业共用部位、共用设施、设备的日常运行、维护费用

　　D. 物业管理区域清洁卫生费用

　　E. 物业管理区域绿化养护费用

3. 物业管理招标文件的内容一般包括（　　）。

　　A. 投标邀请书　　　　　　　　　B. 招标人须知

　　C. 技术规范及要求　　　　　　　D. 合同条款

　　E. 附件

三、简答题

1. 招标文件的作用有哪些？
2. 招标书编写的内容包括哪些？
3. 简述招标文件的编制程序。

学生学习情况评价表

评价模块：物业管理招标文件的编制　　　　　　　　　　　评价日期：

姓名			班级		
评价项目	评价内容	分值	自评	小组互评	教师评价
知识目标	了解物业管理招标文件；熟悉招标文件的作用、分类；掌握招标文件的内容、编制程序和编制方法	30			
专业能力	能够明确招标文件的编制内容及原则；通过技能训练，能够独立编制物业管理招标文件	30			
方法能力	可快速获取和接受工作所需的知识，利用工具书和专业书籍获取所需信息	20			
社会能力	诚恳、虚心、勤奋好学的学习态度和科学严谨、实事求是、爱岗敬业、团结协作的工作作风；有一定的创新意识，具有勇于创新、求真务实的时代精神	20			
评价汇总		100			
总评分数					

注：总评成绩＝自评成绩×30％＋小组评价×20％＋指导教师评价×50％

模块四 物业管理投标实施

知识目标

1. 了解物业管理投标的概念、投标人必须具备的条件。
2. 熟悉投标的前期工作。
3. 掌握物业管理投标程序。

能力目标

能够明确有关的物业投标的基本概念、投标程序。

素养目标

1. 培养学生规范意识、法律意识、严谨细致的职业精神。
2. 培养学生日常生活中诚实守信，遵守与企业、客户等的约定，从而保质保量完成工作。
3. 激发学生的创新意识，培养学生突破陈规、大胆探索、锐意进取的改革精神，具有勇于创新、求真务实的时代精神。

案例导入

同一投标交两份投标文件

某物业服务项目递交投标文件的截止日期及开标时间为中午12点整，有6个投标人出席，共递交7份投标文件，其中有一个出席者同时代表两个投标人。业主通知此人，他只能投一份投标文件而应撤回一份投标文件。

讨论：

此案例中业主的做法对吗？

模块四　物业管理投标实施

单元一　熟悉物业管理投标

一、物业管理投标及投标人

(一)物业管理投标

物业管理投标是指物业服务企业为开拓业务,依据物业管理招标文件的要求组织编写标书,并向招标单位递交投标文件,参加物业管理竞标,以求通过市场竞争获得物业管理项目的过程。

(二)投标人

投标人是指响应招标、参加投标竞争的法人或其他组织。其中,那些对招标公告或邀请感兴趣的可能参加投标的人称为潜在投标人;只有那些响应并参加投标的潜在投标人才能称为投标人。另外,两个以上的物业服务企业可以组成一个联合体,以一个投标人的身份共同投标。联合体各方应当签订共同投标协议,明确约定各方拟承担的工作和责任,并将共同投标协议连同投标文件一并提交招标人。联合体中标的,联合体各方应当共同与招标人签订合同,就中标项目向招标人承担连带责任。联合体各方必须确定牵头人,授权其代表所有联合体成员负责投标和合同实施阶段的主办、协调工作,并应当向招标人提交由所有联合体成员法定代表人签署的授权书。另外,以联合体总牵头人的名义提交投标保证金的,对联合体各成员具有约束力。招标人不得强制投标人组成联合体共同投标,不得限制投标人之间的竞争。

投标人应当具备承担招标项目的能力,国家有关规定对投标人资格条件或者招标文件对投标人资格条件有规定的,投标人应当具备规定的资格条件。物业管理投标人必须具备下列条件。

1. 应符合法律、法规规定的要求

根据相关法律、法规的要求,参与物业管理投标应当是具有承担招标项目能力的法人企业。物业服务企业在国内参与投标业务的,必须取得《企业法人营业执照》。

2. 应符合招标方规定的要求

在物业管理招投标中,投标人还应具备招标方所规定的管理与投标物业类似项目的经验与业绩。招标方一般也会对投标人的资金、管理和技术实力,投标人的商业信誉,派驻项目的负责人、管理团队的条件,物业管理服务内容和服务标准,投标书的制作、技术规范和合同条款等方面作出明确具体的要求。以联合体方式投标的,联合体各方应具备规定的相应资格及承担招标项目的相应能力。

阅读材料

物业管理投标人的权利与义务

1. 物业管理投标人的合法权利

(1)凡持有营业执照的物业服务企业或联合体,有平等获得及利用招标信息参与投标的权利。

(2)按照招标文件的规范和要求自主编制投标文件的权利。

(3)根据自己的经营状况和掌握的市场信息,确定自己投标报价的权利。

(4)有权要求招标人或招标代理人就招标文件中的有关问题进行招标文件许可范围内的解释说明。

(5)投标人可以根据企业经营状况及潜在竞争对手情况决定参与或退出投标竞争。

(6)在投标文件提交截止时间前,投标企业拥有补充、修改及撤销已提交的投标文件的权利,并书面通知招标人。补充、修改的内容与原投标文件一并成为投标文件的组成部分。

(7)对招标过程中的任何违法、违规行为有控告、检举及投诉的权利。

2. 物业管理投标人的法定义务

(1)不得以任何方式串通投标报价,损害国家利益、社会利益及其他参与人的利益。

(2)不得以行贿的手段谋取中标。

(3)不得以他人名义投标或者以其他方式弄虚作假,骗取中标。

(4)保证所提供的投标文件的真实性,提供投标保证金或其他形式的担保。

(5)按招标人或招标代理人的要求对投标文件的有关问题进行答疑。

(6)接受招投标管理机构的监督管理。

二、投标的前期工作

投标的前期工作包括获取投标信息与前期投标决策,从众多市场招标信息中确定选取哪个(些)项目作为投标对象。其主要工作包括以下几个方面。

(一)查证信息

公开招标的项目一般会在公共媒体上发布信息,传统的媒体如报纸、杂志等,但随着网络技术的飞速发展,目前,不少公开招标项目更多的是通过网络平台发布信息,一些物业管理专业网站,包括中国物业管理协会网、中国物业招标网、省物业招标网、市物业管理协会网等,会不定期发布各类房地产及物业管理项目的招标信息,物业服务企业可安排专职人员定期上网收集相关信息。

(二)对业主进行必要的调查分析

对业主的调查了解是确保酬金能否收回的前提。许多业主单位长期拖欠工程巨款,致使承包企业不仅不能获取利润,且连成本都无法回收。因此,必须对获得该项目之后,履行合同的各种风险进行认真的评估分析。机会可以带来效益,但不良的业主同样有可能使中标人遭受损失,利润总是与风险并存的。

(三)同行之间的信息交流

随着市场竞争的日益激烈,物业服务企业需要对整个房地产市场进行定期调查,搞好公共关系,经常派业务人员深入各房地产开发企业及建设单位,并通过政府相关部门及咨询公司等代理机构获得及时有效的信息。

物业服务企业收集到相关招标信息后,需要对信息进行甄别、分类及整理分析,一旦决定参与投标,应及时向对方表达自己的意愿,并向招标人提交资料审查材料。

(四)项目可行性分析

取得招标项目信息后,物业服务企业应该成立物业投标小组,组织他们对信息进行整理,对招标项目进行可行性分析,预测投标项目的中标概率并对在投标过程中可能出现的风险进行防范。一项物业管理投标项目从购买招标文件到送出投标书,需要付出大量的人力、物力,一旦投标失败,其所有的前期投入都将付之东流。这要求物业服务企业在确定是否进行竞标时务必要小心谨慎,在提出投标申请前做好必要的可行性研究,不可贸然行事。

1. 招标项目条件分析

(1)物业性质。不同性质的物业所要求的服务内容不同,所需的技术力量也不同,物业服务企业的相对优势、劣势也较明显。对于住宅小区的物业管理,其目的是要为居民提供一个安全、舒适、和谐、优美的生活空间,因此,在管理上就要求增强住宅功能;服务型公寓则更注重一对一的特色服务;而对于写字楼,管理内容应侧重于加强闭路监控系统以确保人身安全,增设保安及防盗系统以保证财产安全,完善通信系统建设以加强用户同外部联系等。不同的管理内容必然对物业服务企业提出不同的服务要求和技术要求,而具有类似物业管理经验的投标公司无疑可凭借其以往接管的物业在投标中占有一定的技术和人力资源优势。

(2)物业开发商状况。这一层面的分析包括开发商的技术力量、信誉度等。因为物业的质量取决于开发商的设计、施工质量,而有些质量问题只有在物业服务企业接管后才会出现,这必然会增大物业服务企业的维护费用及与开发商交涉的其他支出,甚至还有可能会影响物业服务企业的信誉。因此,物业服务企业通过对开发商以往所承建物业质量的调查,以及有关物业服务企业与之合作的情况,分析判断招标物业开发商的可靠性,并尽量选择信誉较好、易于协调的开发商所开发的物业,尽可能在物业开发前期介入,这样既可以保证物业服务质量,也便于其日后管理。

(3)特殊服务要求。有些物业可能会由于其特殊的地理环境和某些特殊功能,需要一些特殊服务。这些特殊服务很可能成为某些投标公司的优势,甚至可能导致在竞标过程中的"黑马"出现,投标人必须认真对待,在分析中趋利避害。若可以综合考虑这些特殊服务的支出费用及自身的技术力量或可寻找的分包伙伴,从而形成优化的投标方案,可以参与竞标;反之,则应放弃竞标。

2. 投标企业条件分析

(1)类似项目的物业管理经验。已接管物业与招标项目在业态类型、管理规模等方面类似,往往可使自身具有优于其他物业服务企业的管理或合作经验,这在竞标中极易引起开发商的注意。而且从成本角度考虑,也可在现成的管理人员、设备或固定的业务联系方面节约许多开支。故投标者应针对招标物业的情况,分析本公司以往类似经验,确定本公司的竞争优势。

(2)各类专业人才储备。接管新项目应有一个合适的项目经理,这是投标人投标决策的关键。如果由于项目经理匮乏而临时招聘仓促上阵,很可能使项目得而复失,影响企业的长远发展。另外,各类专业人员包括综合管理人员、财务人员及各类工程技术人员的储备,也会直接影响到投标人的决策。

(3)技术装备及技术条件。虽然物业服务企业不需要像工程施工企业一样拥有大量的大型机械设备,但在提供物业服务的过程中,维护楼宇正常使用和维持设施、设备正常运行的仪器、设备和工具是必不可少的。特别是对于一些智能化程度较高的楼宇或商厦,物业服务企业应该配备必要的检修仪器和工具,并拥有相应的技术力量和技术条件。能否利用高新技术提供高品质服务或特殊服务,如智能大厦等先进的信息管理技术,绿色工程及高科技防盗安全设施等,成为某些特定项目投标决策的重要参考因素。

3. 投标竞争者分析

(1)潜在竞争者。有时在竞标中可能会出现某些刚成立不久的物业服务企业参与竞标的情况,他们可能几乎没有类似成熟的管理经验,但在某一方面(如特殊技术、服务等)却具有绝对或垄断优势。由于他们刚进入物业管理行业不久,许多情况尚未为人所知,虽然默默无闻,容易被人忽略,却很有可能成为竞标中的"黑马",这样的竞争对手不仅隐蔽而且威胁巨大。对于这些陌生的竞争者,投标公司必须认真对待,不可掉以轻心。

(2)同类物业服务企业的规模及其现接管物业的数量与质量。通常,规模大的物业服务企业就意味着成熟的经验、先进的技术和优秀的品质,就是在以其规模向人们展示其雄厚的实力,尤其是一些较大规模或较高标准的物业招标项目,物业服务企业的规模大小将在很大程度上影响招标者的选择与判断。

(3)当地竞争者的地域优势。物业管理提供的是服务,其质量的判定很大程度上取决于业主的满意程度。当地的物业服务企业可以利用其对当地文化、风俗的熟悉的便利条件提供令业主满意的服务。较之异地进入的物业服务企业,他们一来可减少进入障碍,二来可利用以往业务所形成的与当地专业性服务公司的密切往来,分包物业管理,从而具有成本优势,同时,他们还可能由于与当地有关部门的密切联系而具有关系优势。

(五)风险防范

物业管理投标主要风险来自招标人和招标物业、投标人、竞争对手三个方面。

(1)来自招标人和招标物业的风险有:招标方提出显失公平的特殊条件;招标方未告知可能会直接影响投标结果的信息;建设单位可能出现资金等方面的困难而造成项目无法正常进行;因物业延迟交付使用而造成早期介入期限延长;招标方与其他投标人存在关联交易等。

(2)来自投标人的风险主要有:未对项目实施必要的可行性分析、评估、论证,从而造成投标决策和投标策略的失误;盲目作出服务承诺;价格测算失误造成未中标或中标后亏损经营;项目负责人现场答辩出现失误;接受资格审查时出现不可预见或可预见但未作相应防范补救措施的失误;投标资料(如物业管理方案、报价等)泄漏;投标人采取不正当的手段参与竞争,被招标方或评标委员会取消投标资格;未按要求制作投标文件或送达投标文件造成废标等。

(3)来自竞争对手的风险主要有:采取低于成本竞争、欺诈、行贿等不正当手段;具备相关背景或综合竞争的绝对优势;窃取他人的投标资料和商业秘密等。

【小提示】对上述风险的防范与控制的具体措施有:严格按照相关法律、法规的要求进行投标活动;对项目进行科学合理的分析、评估、周密策划、组织、实施投标活动;完善企业自身的管理;选择信誉良好的招标方和手续完备、盈利优势明显的物业;充分考虑企业的承受能力,制订可行的物业管理方案,选择经验丰富的项目负责人,慎重对待合同的附加条款和招标方的特殊要求等。

单元二　熟悉物业管理投标程序

投标决策贯穿在整个投标过程中。投标必须按照当地规定的程序和做法，满足招标文件的各项要求条件，遵守规定的招标时间，进行公平、公正的竞争。决策绝不等同于投机取巧，或不正当的竞争。投标工作流程如图4-1所示。

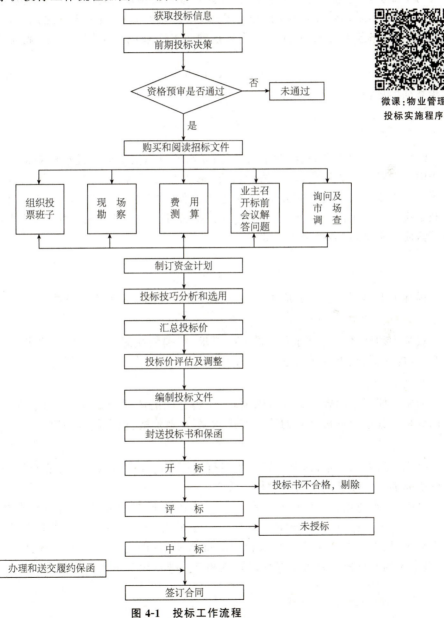

图4-1　投标工作流程

模块四　物业管理投标实施

一、投标报价准备阶段

在取得招标信息后,投标人首先要决定是否参加投标,如果确定参加投标,要进行以下前期工作。

(一)通过资格预审,获取招标文件

为了能够顺利地通过资格预审,投标人申报资格预审时应当注意平时对资格预审有关资料进行积累,随时存入计算机内,经常整理,以备填写资格预审表格之用。填表时应重点突出,除满足资格预审要求外,还应适当地反映出本企业的技术管理水平、财务能力、施工经验和良好业绩。

若在资格预审准备过程中,发现本公司某些方面难以满足投标要求时,则应考虑组成联合体参加资格预审。

(二)组织投标报价班子

组织一个专业水平高、经验丰富、精力充沛的投标报价班子是投标获得成功的基本保证。班子中应包括企业决策层人员、估价人员、采购人员、专业工程技术人员、综合性经营管理人员等。各类专业人员之间应分工明确、通力合作,协调发挥各自的主动性、积极性和专长,完成既定投标报价工作。另外,还要注意保持报价班子成员的相对稳定,以便积累经验,不断提高其素质和水平,提高报价工作效率。

(三)研究招标文件

投标人取得招标文件后应深刻而正确地理解招标文件和业主的意图。

1. 投标人须知

投标人须知反映了招标人对投标的要求,特别要注意项目的资金来源、投标书的编制和递交、投标保证金、更改或备选方案、评标方法等,重点在于防止废标。

2. 合同分析

分析合同服务内容条款和特殊要求,了解合同的法律依据,为合同报价、实施提供依据。合同分析过程还应分析合同的计价方式,如酬金制价格、包干制价格等。

3. 业主责任

投标人所做出的报价,都是以业主履行责任为前提的,所以,应注意合同条款中关于业主责任措辞的严密性及关于索赔的相关规定。

另外,要查清招标文件中是否有不合理的制约条件,并研究提出如何改善自己地位的措施。一般来说,投标单位对于那些不合理的方面在招标文件允许的情况下,投标时可以递交一份致函,提出不同的处理方案和相应的价格调整(即选择性方案和选择性报价)。在致函中,最常见的商务修改要求是对仲裁条款和有关技术规范中的引用标准所做的修改要求。

(四)物业项目现场调查

投标单位在研究分析招标文件后,接着就要对拟实施物业服务的现场进行考察。现场考察是投标人必须认真对待的一个环节。招标单位一般在招标文件中要注明现场考察的时间和地点,在文件发出后就应安排投标者进行现场考察的准备工作。按照惯例,现场考察费用

全部由投标人负担,投标人应对现场条件的考察结果负责。一旦投标文件提交后,投标人就无权因为现场考察不周、情况了解不细或相关问题考虑不全面而提出修改投标书、调整报价或提出补偿等要求。

投标人通过考察,对承接项目的前景进行可行性研究,对投标风险度作出判断,并结合过去承接类似项目的历史经验,作出投标的最后判断。同时,通过现场考察,还能发现成本较低、技术可行的方案,为编制投标文件和中标后履行合同打下基础。在考察中应注意了解以下情况。

1. 工程质量与配套建设情况

通过实地勘察,了解工程的施工质量与安装质量如何,是否已竣工,工程装修情况怎样,配套设施(如商业网点设施、供暖供电设施、中小学校与幼儿园、医疗保健网点、停车场、娱乐设施等)是否完备;人防设施、消防设施、保安设施、对讲系统、可视系统、卫星电视天线及室外照明系统的情况如何等。除此之外,物业服务企业还应了解开发商、施工方和监理方等单位的基本情况,以作为投标决策的参考。

2. 物业的基本情况

了解物业的档次、所在区域、总面积和使用功能,各功能区分布情况,竣工日期或何时竣工,销售情况、售价水平,电梯、水泵等设备的档次、品牌、产地与功效等情况,区域行政管理情况(如管理机构的设置是否有利于本物业公司有效开展物业管理)等。

3. 业主的基本情况

如业主的人员组成及职业,业主的社会背景及收入水平,业主的消费偏好和消费支出水平,业主的家庭构成比例等。

4. 市场调查

物业服务企业在中标后履行合同的过程中,必须购置一些材料、设备、零配件及工具。这些材料设备的价格是随着市场供求情况变化的,而这些又会影响报价。为使投标报价更具合理性和竞争性,投标人应对各种物资的价格情况进行详细的了解,不仅要了解投标时的价格,还应对未来管理物业期间价格的变动趋势进行预测。如需雇用当地劳动力,还应对可能雇用的工人的数量、工资水平及福利、保险等进行调查和估计。

5. 分包情况

要了解所投标物业是否能够专业分包,分包的条件能否确定,必要时可进行分包的询价。

6. 与本物业管理投标有关的其他因素

与本物业管理投标有关的其他因素主要包括原物业公司管理的状况,物业周边的情况,有无管理房和营业场所,物业的绿化情况,物业入伙后使用的时间、价格定位、管理人数,其他管理收入或补贴、盈亏情况等。

在考察过程中,投标人代表可以口头向业主提出各种与投标有关的问题,业主可以相应做出口头解答。但一般这种口头表达并不具有法律约束力。

二、调查询价阶段

投标报价之前,投标人必须通过各种渠道,采用必要手段对项目所需服务设备价格、服务质量要求、服务时间、特殊服务等进行系统全面的调查。询价是投标报价的基础,它为投标报价提供可靠的依据。询价时要特别注意两个问题,一是产品质量必须可靠,并满足招标文件的有关规定;二是供货方式、时间、地点,有无附加条件和费用。

1. 询价渠道

一般来说,询价的渠道有以下几个方面:

(1)直接与生产厂商联系。

(2)向生产厂商的代理人或从事该项业务的经纪人了解。

(3)向经营该项产品的销售商了解。

(4)向咨询公司进行询价。通过咨询公司所得到的询价资料比较可靠,但需要支付一定的咨询费用,也可向同行了解。

(5)通过互联网查询。

(6)自行进行市场调查或信函询价。

2. 确定管理服务方法

通常投标公司可根据招标文件中的物业情况和管理服务范围、要求、标准,详细列出完成管理服务的方法及工作量。

(1)对于住宅小区。住宅小区的特点在于规划集中,功能多样,产权多元,管理复杂。为突出其居住、服务、经济功能,物业管理内容应包括房屋的维护与修缮管理、环境的清洁维护、绿化及治安管理等,其管理重点应是日常维护、修缮。

(2)对于写字楼。其管理侧重于为该楼宇中的工作人员提供一个舒适的工作环境,服务内容应包括装修图纸审批、维修服务、保安服务、清洁服务、咨询服务、公关服务等。其重点应突出清洁、安全保卫工作。

(3)对于商业楼宇。商业楼宇管理的重点则在于建立良好的商业形象,以吸引更多消费者,故其日常管理工作包括安全保卫工作、消防工作、设备管理、清洁卫生工作、车辆管理工作等。其重点应是保安、清洁工作。

(4)对于工业厂房与仓库。工业厂房与仓库的管理因关系到产品质量与丢失损坏等问题,其服务项目主要包括做好各项保障事务,如材料、物资、设备、工具的供应保障,工作生活设施及工作条件的保障,优美环境和娱乐的保障等。其重点应放在材料、物资及工作条件的安全保障之上。

3. 制订资金计划

资金计划应当在确定了解管理服务内容、方法及工作量的基础上制订。制订资金计划的目的主要是复核投标可行性研究结果。

资金计划应以资金流量为根据进行测算,一般来说,资金流入应当大于流出,这样的资金计划安排对评标委员会才具有说服力。通常,物业服务企业经营中主要的现金流入和流出项目有:标书规定的预付款、保证金;接管期间费用支出;接管期间收入;其他资金来源。

三、投标价编制阶段

(一)投标费用测算

投标者进行标价试算前,投标者应确保做到以下几点:

(1)明确领会了招标文件中的各项服务要求、经济条件;

(2)计算或复核过服务工作量;

(3)掌握了物业现场基础信息;

(4)掌握了标价计算所需的各种单价、费率、费用;

(5)拥有分析所需的、适合当地条件的经验数据。

【小提示】通常,在确定了工作量之后,即可用服务单价乘以工作量,得出管理服务费用。但单价的确定,不可套用统一收费标准(国家规定了管理服务单价的除外),因为不同物业情况不同,必须具体问题具体分析。同时,确定单价时还必须根据竞争对手的状况,从战略战术上予以研究分析。

(二)报价评估与调查

投标者必须对投标试算价进一步评估后才能确定投标价,主要因为:

(1)风险等不可预见费用是主观设定的,应在计算结束后予以复核,综合各渠道所得信息分析做出报价决策。

(2)可能由于估价人员比较保守,致使估价偏高,对此可参考几个估价人员的估价结果,取平均值确定最终报价。

(3)试算所用基础数据可能部分是预测性的,部分为经验性的,不够精确可靠,估价人员应当对预测和经验数据的适用基础进行审查,必要时予以调整。

(三)办理投标保函

由于投标者一旦中标就必须履行受标的义务,为防止投标单位违约给招标单位带来经济上的损失,在投递物业管理投标书时,通常招标单位要求投标单位出具一定金额和期限的保证文件,以确保在投标单位中标后不能履约时,招标单位可通过出具保函的银行,用保证金额的全部或部分作为投标单位赔偿经济损失。投标保函通常由投标单位开户银行或其主管部门出具。

1. 办理投标保函的一般程序

(1)向银行提交标书中的有关资料,包括投标人须知、保函条款、格式及法律条款等。

(2)填写《要求开具保函申请书》及其他申请所要求填写的表格,按银行提供的格式一式三份。

(3)提交详细材料,说明物业管理服务量及预定合同期限。

2. 投标保函的内容及有效期限

(1)投标保函的主要内容包括担保人、被担保人、受益人、担保事由、担保金额、担保货币、担保责任、索偿条件等。

(2)通常保函的有效期限在投标人须知中有规定,超过保函规定的有效期限,或在有效期内招标人因故宣布本次招标作废,投标保函自动失效。有效期满后,投标人应将投标保函退还银行注销。

3. 投标保函所承担的主要担保责任

(1)投标人在投标有效期内不得撤回标书及投标保函。

(2)投标人中标后必须按中标通知书规定的时间前往物业所在地签约。

(3)在签约后的一定时间内,投标人必须提供履约保函或履约保证金。

除办理投标保函外,投标方还可以保证金的形式提供违约担保。此时,投标方保证金将作为投标文件的组成部分之一。

投标方应将保证金于投标截止之日前交至招标机构指定处。投标保证金可以银行支票或现金形式提交,保证金额依据招标文件的规定确定。未按规定提交投标保证金的投标,将被视为无效投标。

中标物业合同签订后 5 日内退还中标人及所有未中标人的投标保证金,均不予支付利息。

(四)封送投标书

封送投标书的一般惯例是,投标人应将所有投标文件按照招标文件的要求,准备正本和副本(通常正本 1 份,副本 4 份)。标书的正本及每一份副本应分别包装,而且都必须用内、外两层封套分别包装与密封,密封后打上"正本"或"副本"的印记(一旦正本和副本有差异,以正本为准),两层封套上均应按投标邀请书的规定写明投递地址及收件人,并注明投标文件的编号、物业名称、"在某日某时(指开标日期)之前不要启封"等。投标文件的装订、包袋、密封、盖章等具体要求以招标文件为准。

四、开标阶段

1. 参加开标会议

按照招标文件中规定的时间和地点,投标人前往参加并监督招标人组织的开标会议。由评标专家组成的评标委员会对投标人递交的投标书进行评议以后,一般会进行现场宣讲和答辩。答辩的目的,一是进一步了解标书的真实性、可操作性和客观性;二是对标书里的一些提法专家有疑问,甚或发现错误,有必要对一些疑问进一步澄清。在参加开标会议和现场答辩时,投标人要注意回答问题的正确性和逻辑性,分析问题的层次性和切题意。同时,要注重形象与仪表,以给评标委员会一个良好的印象。

(1)宣讲。宣讲时间一般是 15 分钟左右,投标人必须充分利用好这短短的十余分钟,将本企业的管理优势及特色讲清楚,宣讲的内容不得与投标书上的内容相左,更不得有自相矛盾的地方。宣讲的注意事项有以下几项:

1)注重仪表。宣讲人举止得体大方,最好着职业装,女性宜化淡妆。

2)慎选语言。宣讲人最好用普通话宣讲,一方面能够让评委更好地理解宣讲内容;另一方面也可以增加印象分。

3)把握时间。宣讲人应注意把握宣讲时间,宣讲超时或时间不足(超过了允许的误差)都可能影响最终的评分,因此,宣讲人应事先预演,并在有限的时间内做到宣讲内容重点突出,主次分明。

(2)答辩。答辩是投标人对评委现场提出的问题的实质性响应,投标人在答辩过程中要注意以下几个问题:

1)熟悉投标文件。答辩人应参与标书的编制,应对标书的内容了如指掌,对评委提出投标书中的某个问题能详尽、深入地进行解答。

2)阐述针对性强。答辩人应围绕招标方和评委普遍关注的问题进行集中阐述,突出重点,讲透难度,特色鲜明,从而体现投标单位的信心和实力,感染评委,增加中标胜算。

3)理解质疑问题。答辩人一定要听清并理解评委所提问题,然后再构思如何回答,回答问题要思路清晰、条理分明、逻辑合理,切忌漫无边际。

2. 中标后签订合同

一般来说,物业管理合同签订需经过签订前谈判、签订谅解备忘录、发送中标函、签订合同协议书几个步骤。由于在合同签订前双方还将就具体问题进行谈判,中标公司应在准备期间对自己的优劣势、技术资源条件及业主状况进行充分分析,并尽量熟悉合同条款,以便在谈判过程中把握主动，避免在合同签订时利益受损。同时，物业服务企业还应着手组建物业管理专案小组，制订工作规划，以便合同签订后及时进驻物业。

【应用案例】

医院物业管理项目招投标案例

本项目于2021年4月25日开标，共有9家供应商投标，经评审，深圳市A物业管理有限公司、深圳市B物业管理有限公司和深圳市C物业发展有限公司为综合得分最高的前三名。上述三家公司进行第二轮竞价，C公司以最低价获得中标资格。在确认中标结果时采购人发现C公司的投标文件响应情况与招标文件不符，且专家在打分时未予以扣除。于是市采购中心组织原评审专家复议，复议发现C公司在"拟安排项目主要技术人员（项目负责人除外）"及"投标人荣誉情况"方面存在打分错误，纠正后C公司的综合得分就不是排名前三，进而无法参与之后的竞价。

经调查核实后，获得以下情况：

（1）关于拟安排项目主要技术人员（项目负责人除外）情况。

本项分值为10分，招标文件要求消防值班员至少有6人具有建（构）筑物消防员职业技能资格证书的得30%分数。

C公司提供的人员有8人，其中李某等6人所提供的资格证书为"自动消防系统操作人员资格证"，且该证书均已过期，1人未提供社保清单。因此，此项C公司只有1人能得分。

（2）关于投标人荣誉情况。

本项分值为2分，招标文件要求"投标人获得过中国物业管理100强企业的得10%分数（以中国物业管理协会颁发的为准）"。

C公司提供的荣誉证书中没有中国物业管理协会颁发的。

（3）C公司应该被扣分约3.2分（纠正前的C公司得分与第四名只差0.177分）。

（4）C公司被扣分，其排名应为第4名。

依据前述核实的内容，采购中心征询了财政委员会的意见，最终该项目按照废标处理。

【分析】

该案件的采购人为医院，属于事业单位，事业单位的招投标适用《中华人民共和国政府采购法》《深圳经济特区政府采购条例》等相关法律、法规，在实践中很少适用《前期物业管理招标投标管理暂行办法》。因为采购主体不同，政府采购与非政府/事业单位主体的物业招投标存在诸多差异，但就物业服务项目采购而言，由于《招标投标法》及《前期物业管理招标投标管理暂行办法》均未对供应商质疑投诉作出明确的规定，导致在很长一段时间内，深圳的物业管理招投标也适用或参照政府采购的程序处理供应商的异议、投诉，目前，关于普通主体的质疑、投诉如何处理暂无明确规定。

该案例展现了招投标中的一个非常重要的环节，即哪些人可以对中标结果提出异议，以及对中标结果存在异议如何处理。按照法律规定采购当事人包括采购人、供应商和采购代理机构等，在政府采购活动中，现行法律、法规并没有规定采购人、采购代理机构存在异议时如何提出，更无相关程序的规定。通过该案例可以发现采购人可以对中标结果进行异议。

现行法律、法规中详细规定了供应商对中标结果提出异议的程序，按照《深圳经济特区政府采购条例》的规定，具体程序如下：

（1）参与采购的供应商认为自己的权益在采购活动中受到损害的，应当自知道或者应当知道之日起5个工作日内向采购人、政府集中采购机构或者社会采购代理机构（以下简称被质疑人)以书面形式提出异议。被质疑人应当自收到书面质疑材料之日10个工作日内就质疑事项书面答复被质疑供应商。

(2)对被质疑人的答复不满意或者被质疑人未在规定时间内答复的,提出质疑的供应商可以自收到答复之日或者答复期满之日起15日内向主管部门投诉。

(3)主管部门收到供应商投诉后,应当即时进行审查,符合条件的当场受理;不符合条件的不予受理,并书面告知投诉供应商。不能当场受理的,主管部门应当自收到投诉申请之日起3个工作日内作出是否受理的决定,并书面通知投诉供应商。

(4)主管部门应当自受理投诉后20个工作日内作出书面处理决定并告知投诉供应商;情况复杂的,经主管部门行政首长批准可以适当延长,但延长时间最长不得超过10个工作日。

在供应商前述质疑投诉程序中有以下两个问题需要注意:
(1)供应商投诉的事项应当是经过质疑的事项;
(2)质疑或者投诉处理期间不中止政府采购活动,但主管部门认为确有必要中止的除外。

(资料来源:蜂巢物业论坛)

模块小结

物业管理投标是指物业服务企业为开拓业务,依据物业管理招标文件的要求组织编写标书,并向招标单位递交投标文件,参加物业管理竞标,以求通过市场竞争获得物业管理项目的过程。本模块主要介绍物业管理投标及投标人、物业管理投标程序。

物业管理投标策略

思考与练习

一、填空题

1. 公开招标的项目一般会在_____发布信息,传统的媒体如报纸、杂志等。
2. 物业管理投标主要风险来自招标人和_____、_____、_____三个方面。
3. 一般来说,物业管理合同签订需经过_____、_____、_____、_____、_____几个步骤。
4. 按照招标文件中规定的时间和地点,投标人前往参加并监督招标人组织的_____。
5. 封送标书的一般惯例是,投标人应将所有投标文件按照招标文件的要求,准备_____和_____。
6. 中标的投标方的保证金,在中标方签订合同后_____内予以退还;未中标的投标方的保证金,在合同签订后_____内予以退还,均不予支付利息。

二、选择题

1. 物业管理投标竞争者分析包括(   )。
   A. 潜在竞争者
   B. 同类物业服务企业的规模及其现接管物业的数量与质量
   C. 当地竞争者的地域优势

D. 物业开发商状况
E. 特殊服务要求

2. 物业管理投标来自竞争对手的风险主要有( )。
   A. 招标方提出有失公平的特殊条件或特殊服务要求
   B. 建设单位可能出现资金等方面的困难而造成项目无法正常交付
   C. 对项目实施必要的可行性分析与风险预测,从未造成投标决策和投标策略的失误
   D. 接受资格审查时出现不可预见或可预见但未作相应防范补救措施的失误
   E. 采用低于成本竞争、欺诈、行贿、关联交易等不正当的竞争手段

3. 物业管理投标报价调查询价的渠道有( )方面。
   A. 直接与生产厂商联系,向生产厂商的代理人或从事该项业务的经纪人了解
   B. 向经营该项产品的销售商了解
   C. 向咨询公司进行询价。通过咨询公司所得到的询价资料比较可靠,但需要支付一定的咨询费用,也可向同行了解
   D. 通过互联网查询
   E. 自行进行市场调查或信函询价

三、简答题

1. 什么是物业管理投标?物业管理投标必须具备的条件有哪些?
2. 投标的前期工作主要工作包括哪几个方面?
3. 物业管理投标人的权利与义务有哪些?
4. 投标报价准备阶段调查重点应注意哪些方面?

模块四　物业管理投标实施

学生学习情况评价表

评价模块：物业管理投标实施　　　　　　　　　　　　　　评价日期：

姓名			班级		
评价项目	评价内容	分值	自评	小组互评	教师评价
知识目标	了解物业管理投标、投标人必须具备的条件；熟悉投标的前期工作；掌握物业管理投标程序	30			
专业能力	能够明确有关的物业投标的基本概念、投标程序	30			
方法能力	可快速获取和接受工作所需的知识，利用工具书和专业书籍获取所需信息	20			
社会能力	具有规范意识、法律意识、严谨细致的职业精神；诚实守信，具有勇于创新、求真务实的时代精神	20			
评价汇总		100			
总评分数					

注：总评成绩＝自评成绩×30％＋小组评价×20％＋指导教师评价×50％

模块五 物业管理投标文件的编写

知识目标

1. 了解物业管理投标文件的概念，编制投标文件的注意事项。
2. 熟悉编制投标文件的准备工作。
3. 掌握投标商务文件的组成、投标技术文件的组成。
4. 掌握物业管理投标编写的组织，即物业管理投标的要点分析、投标书的审查、写作要求、写作技巧、基本要素。

能力目标

在教师指导下，能够分小组编制投标文件。

素养目标

1. 培养学生认真细致、精益求精的职业精神，增强法律意识。
2. 培养学生以人为本、自强不息、艰苦奋斗的工匠精神，培养廉洁奉公、爱岗敬业、甘于奉献的职业品格，提高为人民服务的责任感与使命感。
3. 培养学生突破陈规、大胆探索、锐意进取的改革精神，具有勇于创新、求真务实的时代精神。

案例导入

投标人在提交文件截止日期前补充投标文件

A公司参与H物业管理项目的投标，A公司向投标单位投递的投标报价为1 080万元，投递投标书的时间距投标截止日期尚有3天，然后经过各种渠道了解，发现该报价与竞争对手相比没有优势，于是在开标前，又递上一份折扣信，信中表示A公司在进行投标文件编制时，考虑到人员开支是企业运作中最多、最重要的成本，特别是对物业公司这类保本微利型企业来说，更要注重对人员成本的控制，并提出精简、高效的机构设置建议，将投标报价的总报价下降5%，并最终凭借价格的优势拿到了合同。

试问：这种做法是否合法？

单元一　熟悉物业管理投标文件

一、物业管理投标文件的概念

物业管理投标文件是物业服务企业为取得目标物业的管理权，依据招标文件和相关法律、法规，编制并递交给招标组织就目标物业服务的价格和其他责任承诺的应答文件。从合同订立过程来分析，物业管理投标文件在性质上属于一种要约，其目的是向招标人提出订立合同的意愿。

二、投标商务文件的组成

物业管理投标商务文件是由一系列书面资料组成的。一般来说，投标商务文件由以下几部分组成。

1. 投标商务文件封面

投标商务文件封面常用格式见表 5-1。

微课：物业管理投标文件的编写

表 5-1　投标商务文件封面

投标商务文件
项目名称：××市××××花园二期 前期物业管理项目 招标编号：×××－05160＊＊＊   投　标　文　件   招标人：_____ 投标人：_____（盖投标人单位公章） 法定代表人或其委托代理人：_____（签字或盖章） 日期：_____年____月____日

2. 投标函

投标函是投标人给招标人的信函,主要是希望通过此函向投标人表达投标意愿、投标报价及中标后的履约保证等。投标函常用格式见表5-2。

表 5-2　投标函格式

投标函

致招标人：

我单位认真研究了贵方提供的前期物业管理招标文件及(1号补遗书),并到项目现场进行考察。根据贵方要求和条件编制了《物业管理方案》,愿以人民币(大写)＿＿＿(元/月/m^2)的报价,按合同文件的要求和条件,以及我方《物业管理方案建议书》的承诺,承担并完成前期物业管理服务任务。

如果贵方接受我方投标,我方保证在《投标须知》规定的期限内与贵方签订前期物业管理服务合同,在规定的期限内完成前期物业管理服务工作。

我方同意本标书在《投标须知》规定的投标书有效期内,始终对我方具有约束力。

一旦本投标书被贵方接受,本投标书和贵方的中标通知书将成为约束贵、我双方的合同文件,并将成为前期物业管理服务协议书的组成部分。

投标人法定代表人：＿(签字或盖章)＿　或其授权委托代理人：＿(签字)＿

投标人：＿(加盖单位公章)＿

地址：＿(包括电话、电传、传真号)＿

银行账号：＿(包括开户地址、电话、传真号)＿

日期：＿＿＿年＿＿月＿＿日

【小提示】投标函的主要内容如下：

(1)表明投标人完全愿意按照招标文件的要求承担物业服务工作,主要是希望通过此函向招标人表达投标意愿,投标报价及中标后的履行保证等。

(2)表明投标人接受该物业服务合同的委托服务期限。

(3)表明投标人愿意按照招标文件要求提供履约保证金,并承诺在投标有效期内不撤回标书。

(4)表明投标报价的有效期。

(5)表明本投标书及招标人的书面接受通知均具有法律约束力。

(6)表明对投标人接受其他投标的理解。

3. 开标一览表

投标人在开标一览表中填入的数据应与投标函数据一致,若有不一致之处,投标人应当在开标会上当场提出,并以投标函数据为准更正,见表5-3。

表 5-3　开标一览表

项目名称：_____　招标编号：_____

投标人名称：_____

物业管理总收费	项目报价		管理目标	管理期限	备注
	分类	单价			
	多层住宅	元/（m²·月）			
	带电梯住宅	元/（m²·月）			
	一层店面	元/（m²·月）			
	二层前排店面	元/（m²·月）			
	停车场（车位）	元/（位·月）			
	幼儿园垃圾清理费、保安费	元/（座·月）			

4. 法定代表人身份证明

法定代表人身份证明见表 5-4。

表 5-4　法定代表人身份证明表

法定代表人身份证明

单位名称：_____

地址：_____

姓名：_____　性别：_____　年龄：_____　职务：_____

系_____（投标人单位名称）的法定代表人。

特此证明。

投标人：（盖单位公章）

日期：____年____月____日

---

5. 授权委托书

授权委托书格式见表 5-5。

表 5-5　授权委托书格式

授权委托书

本授权委托书声明：我_____（姓名）系_____（投标单位名称）的法定代表人，现授权委托_____（单位名称）的_____（姓名）为我单位代理人，并以我单位的名义参加_____小区前期物业管理招投标活动。代理人在开标、评标、合同谈判过程中所签署的一切文件和处理与之有关的一切事物，我均以承认，并承担相应的法律责任。

代理人无权转让委托，特此委托。

代理人：_____　性别：____　年龄：____

单位：_____

身份证号：_____

职务：_____

代理人：_____（签字）

投标单位：（盖章）

法定代表人：_____（签字）

日期：____年____月____日

6. 投标人资格证明材料

（1）经年检合格的营业执照（副本）复印件（加盖单位公章）。

（2）拟派驻现场的物业管理人员及工程、管理、经济等相关专业类的专职管理和技术人员（表5-6）；须附上投标人拟派出的项目负责人物业管理岗资格证书等的复印件（加盖投标人单位公章）。拟派出项目负责人必须为投标人本企业人员，以物业管理岗位资格证书上的注册单位为准，如项目负责人岗位资格变更的，则以行政主管部门批准的变更为准。

表5-6 拟派驻现场的物业管理人员以及工程、管理、经济等相关专业类的专职管理和技术人员一览表

岗位名称	姓名	职务	职称	主要经历及承担过的项目
总部				
本项目现场管理人员				
…				

（加盖投标人单位公章）

（3）拟担任本项目的物业管理项目负责人的简历表（表5-7）、岗位证书、职称证书复印件（加盖投标人单位公章）。

表5-7 拟担任本项目的物业管理项目负责人简历表

姓名		性别		出生年月	
职称		职务		学历	
专业		物业管理岗位资格证书		发证日期	
				编号	
作为物业管理负责人承担过的物业管理业绩					
目前正在物业管理的项目（说明项目名称，以及本人在该项目中的职务）					
备注					

（加盖投标人单位公章）

(4)拟派驻现场的物业管理人员简历表(表 5-8)及相关的物业管理(执业)资格证书、职称证书复印件(加盖投标人单位公章)。

表 5-8　拟派驻现场的物业管理人员简历表

姓名		性别		出生年月	
职称		职务		学历	
专业		物业管理岗位资格证书		发证日期	
				编号	
作为物业管理负责人承担过的物业管理业绩					
目前正在物业管理的项目（说明项目名称,以及本人在该项目中的职务）					
备注					

(加盖投标人单位公章)

(5)项目负责人和现场管理人员到位"承诺书"(表 5-9)。

表 5-9　项目负责人和现场管理人员到位"承诺书"

××××公司：

本承诺书声明：本人_____(姓名)系_____(投标人)的法定代表人,现承诺我公司拟派出担任_____(输入招标项目名称、标段)的项目负责人(姓名,资质证书号码：_____)均系本企业正式职工,保证在(输入招标项目名称、标段)前期物业管理期间无承担其他正在管理的物业项目；保证拟派出的本项目现场管理人员在前期物业管理期间全部及时到位(除非招标文件另有规定)。如有违约,我公司将无条件接受招标人按招标文件约定的和前期物业管理合同约定的任何处罚(含招标文件确定的取消中标资格处罚、赔偿招标人损失的处罚),并承担全部责任。

投标人：(盖单位公章)

法定代表人：(签字或盖章)

年　月　日

(6)投标人和投标人拟担任本项目负责人自_____年元月以来承担的住宅小区物业管理项目(表 5-10)和有关证明材料(如有)(加盖单位公章)。

表 5-10　物业管理业绩表

投标人和投标人拟担任本项目物业管理负责人自_____年元月以来承担过的住宅小区物业管理项目清单

项目名称	业主名称及电话	物业管理方式	建筑面积/m²	合同情况		项目负责人	派出人数	备注
				签约时间	管理范围			

(7)投标人和三年获得市级以上"物业管理优秀项目"或"物业管理示范项目"等称号的有关证明材料复印件加盖投标人单位公章(表 5-11)。

表 5-11　物业管理优秀项目(小区、大厦)或物业管理示范项目业绩表(如有)

投标人 2018.1－至今　所承接物业管理项目获得称号(获奖)情况

项目名称	称号名称(级别) (国家级、省级、市级)	获奖日期

(加盖单位公章)

(8)投标人还应如实提供近三年受到有关行政主管行政处理,列入不良信用档案的有关资料(表 5-12)。

表 5-12　近三年企业信誉、履约情况表

投标人或联合体成员名称：

内　容	投标人如实回答
投标人近三年(2018 年以来)已承担的项目合同履约中,是否有所介入的不利于投标人的诉讼或仲裁情况；如有的话,请分别说明事件年限、业主名称、诉讼原因、纠纷事件、纠纷所涉及金额,以及最终裁判是否有利于投标人	
投标人是否处于被责令停业、投标资格被取消、财产被接管、冻结、破产状态	

(加盖单位公章)

(9)投标人获得国际质量体系认证、职业安全健康管理体系认证、环境管理体系认证等的证书复印件(加盖投标人单位公章)。

7. 拟投入物业管理项目的设备、资金状况

(1)拟投入物业管理的设备、设施情况(表 5-13),投标人在填写本表时,应详列出投标人拟投入项目的设备、设施,如器械、工具、消防及办公等设备。

表 5-13　拟投入物业管理项目设备、设施情况一览表

序号	投标人拟投入 本项目设备、设施名称	型号及规格	用途	数量	备注

(加盖单位公章)

(2)投标人资产负债情况见表5-14。

表5-14　资产负债情况表

注册资金	资产总计	负债及所有者权益总计	净资产	成立时间

注：货币单位为人民币万元。

（加盖单位公章）

三、投标技术文件的组成

物业管理投标的技术文件，即投标物业项目的服务方案。服务方案的组成主要包括以下几个方面。

1. 前言与企业简介

(1)前言。前言为投标书正文的引入性话语，可就投标工作进行总体概述或总结，也可展示企业形象或物业管理总体设想。

(2)物业服务企业概况和经历。物业服务企业概况和经历主要包括企业及企业精神介绍，公司现有规模，企业人员数量、层次和专业水准，物业管理经历和经验，受过何等奖励等内容。

2. 总体设想与承诺

(1)对拟投标物业的认识。主要是对投标物业的位置、周围环境、建筑设计、功能规划、客户群体、基本设施、设备，以及管理该物业的意义的认识，并重点指出投标物业的特点和日后管理的特点、难点，以及业主可能对物业管理的要求和希望等。

(2)拟采取的管理方式与方法。这部分的内容主要有以下几个方面：

1)内部管理架构与机构设置。所谓管理组织架构就是介绍目标物业的组织机构。根据目前我国物业管理发展情况来看，物业管理组织机构的管理体制主要有3种，即总经理负责制、董事会下的总工程师负责制、董事会下的总经理负责制。

物业公司的机构设置根据管理物业的多少，以及业主的需求来确定。目前，我国物业管理体制下的物业管理的管理机构有以下几种：

①三部一室。即机构具体设置为办公室、财务部、管理部、工程部。

②四部一室。即机构具体设置为办公室、财务部、管理部、工程部、经营服务部。

③六部一室。即机构具体设置为办公室、财务部、管理部、工程部、房产部、社区文化部、公关部。

除机构明确外，对参加管理服务人员的素质构成要进行策划、培训。如拟派出的项目经理、主管，他们的文化层次、年龄结构、工作经验，都应明确规定下来。然后对其他物业服务人员的结构也要明确，对他们的文化素质、工作能力、基本条件都要提出要求，甚至要制定好以后的人才培训计划。

2)企业运作机制和管理工作流程。企业运作机制主要指形成企业管理机制核心的经营发展机制及竞争激励机制、效益机制、协调机制、人才培养机制和监督制约机制。企业管理工作流程主要是指物业服务企业严格按照各种质量体系文件及作业指导书操作,做到各项事务程序化操作,一丝不苟、环环相扣,从根本上保证服务管理的质量。如设计出物业接管验收流程、保安工作流程、保洁工作流程、绿化工作流程、业主装修入住流程、日常物业管理流程等图表。

3)管理工作的控制方式。目前,国内一般有两种掌握公司人员动态和控制的方式:一种为垂直控制方式;另一种为矩阵式控制方式。

①垂直控制方式(直线式管理模式)。垂直控制方式的优点是政令畅通,管理到位,管理层直接对成本,对管理质量负责;缺点是人力资源分散,横向协调配合困难。

②矩阵式控制方式。矩阵式控制方式的优点是充分利用人力资源,调动各方面的积极性,可采用现代化管理手段进行管理。缺点是管理结构稳定性较差,人员经常变动,容易形成多头领导。这种方法适用于多品种而且形成规模的物业管理。

4)信息反馈渠道。信息反馈渠道是指建立与住户沟通的程序和住户投诉的渠道。例如,在对住户方面,通过召开座谈会和发放"顾客意见调查表"等手段来形成融洽的主管双方关系和畅顺的沟通渠道。

(3)提供的物业服务内容及功能。物业服务企业应比较详细地介绍在物业开发各个阶段将能提供的物业服务内容及其功能。同时,还应说明将提供的服务形式、费用和期限等,以作为评委会成员评标、定标的依据。

1)开发设计、建设监理期间的管理顾问服务。主要就物业管理难点有针对性地提出施工方面的建议,以利于日后管理。主要包括:投标企业应从物业建成后管理的角度出发,对投标物业的设计图纸提供专业意见;投标企业应从使用者角度考虑设施的配置能否满足住户的普遍需要,对投标物业的设施提供专业意见;对投标物业的建筑施工提供设备保养、维护等方面专业意见,并进行监督。

2)物业竣工验收前的管理顾问服务。主要包括:制订员工培训计划、制定租约条款、管理制度和租用户手册,列出财务预算方案。

3)住户入住阶段管理顾问服务。主要包括:住户入住手续办理的管理服务,住户装修工程和物料运送的管理服务及迁入与安全管理服务。

4)日常管理运作阶段的管理服务。主要包括:房屋建筑及其附属构筑物的管理,设备与设施的管理,保安与消防管理,环境、卫生与绿地管理,供暖管理,公众代办性质的服务等方面。

(4)物业管理目标及指标承诺。物业服务企业在投标书上明确指出物业管理的总体目标和服务目标,体现了企业对公司实力和提供的管理服务质量的信心,从而可以取得招标人的信赖。例如,某物业管理企业投标某商住楼时,提出管理目标:树立"服务至上,客户第一"的管理思想,达到一流管理、一流形象、一流效益,促进后期的楼宇销售;提出管理经营方针:保本经营、独立核算、自负盈亏、开展一业为主、多种经营,求得自身的生存与发展。

对目标物业,针对国家有关的规定和招标文件的要求,物业服务企业在投标文件中要提出自己能够达到的标准及实现管理指标的措施,从而向业主委员会(开发商)作出相应的承诺。通常,管理指标由物业管理质量指标和经济效益指标两部分组成。这些指标包括:房屋及配套设施的完好率,房屋零修、急修及时率,维修工程质量合格率,管理费收缴率,绿化完好率,清洁、保洁率,道路完好率及使用率,化粪池、雨水井、污水井完好率,排水管、明暗沟完好率,路灯完好率,停车场、单车棚完好率,公共文体设施、休息设施及小区雕塑完好率,小区内治安案件发生率,消防设施、设备完好率,火灾发生率,违章发生与处理率,住户有效投诉率及处理率,管理人员培训合格率,居民对物业管理的满意率等。

3. 管理人员的配备、培训及管理

在标书中要说明物业服务企业在管理该物业时,将如何在各部门配备相应的管理人员,细述这些管理人员的数量、文化程度、工作经验、从业水平等情况。必要情况下,可以详细记载管理处经理的个人简历。另外,建立"加油站式"的员工培训机制是否能圆满完成合同期内委托服务目标的重要保证,也是招标方十分关心的问题。因此,在标书中可就培训的目标、培训的方式、培训后的跟查或考核及培训的计划和设想以文字与表格的形式加以表述。另外,还要提出对管理人员的管理手段和方法。

4. 管理服务用房及其他物资装备配置方案

物质计划主要表现在人力、物力、财力上。在人力方面上,是否储备了足够的候补队员;在财力上,拟投入前期开办费及增建、改建项目的资金数额;在物力上,包括职工住宿和管理用房计划、交通工具、通信器材、管理用品、器械与工具、消防装备等计划与安排。提出这些计划,既便于物业服务企业计算服务成本,也为招标人在评标、议标与定标时作为与标底进行比较的参考依据。

5. 档案的建立与管理

物业档案资料是物业管理的重要资源。物业服务企业应本着集中化、有序化、信息化、科学化的管理原则,实行原始档案和计算机档案管理的双轨制,建立档案管理系统。以机电设备为例,应建立原始基础资料、运行管理资料、日常运行资料和工程改造资料档案系统,并对其进行分类管理。

6. 规章制度

这里所说的规章制度包括员工内部制度和约束各方的公共契约,各项制度均要以法律为准绳,以地方政府相关法律为依据,结合实际而定,使之具有合法性、实用性和可操作性,也才能产生约束力。物业管理的规章制度主要包括三大方面:一是公司内部管理制度;二是公众管理制度;三是物业辖区综合管理规则。

(1) 公司内部管理制度包括:决策和领导制度(董事会制度、总经理制度)、职能制度(办公室职责、开发部职责、财务部职责、业务管理部职责、工程管理部职责、经营部职责)、岗位制度(管理人员岗位职责、工人岗位责任)、内部管理运作制度(员工行为规范、管理程序制度、培训制度、回访制度等)及考核和奖罚等制度。

(2) 公众管理制度主要包括:业主公约;业主管理委员会章程;住户手册;精神文明建设公约;楼宇使用及维护管理规定;装修管理规定;治安管理规定;清洁卫生管理规定;消防管理规定;交通车辆管理规定;环境保护管理规定。

(3) 物业辖区综合管理规则是一组综合性文件,也是各专业管理的依据。它可以包括以下几个方面:房屋管理规则、装修施工管理规则、市政公用设施管理规则、环境卫生管理规则、绿化管理

规则、门禁出入管理规则、车辆交通管理规则。这部分的叙述应细化,因为只有具有规范化管理标准和完善管理制度的投标企业,才可能以高水平、高质量的管理为业主和住户当好"管家"。

7. 便民服务

物业管理是有偿的服务活动,这是其性质所决定的;然而开展物业管理并不是一味只追求经济效益,而是要正确处理好社会效益、环境效益与经济效益三者的关系,使之有机地统一。一些物业管理企业,在开展物业管理有偿服务的同时,还向业主公开承诺无偿便民服务项目若干项,深受业主的欢迎和好评。

社区服务的内涵就是:服务第一,以人为本。物业服务企业在追求经济效益、环境效益和社会效益相统一的宏观目标下,在微观上需针对不同年龄、不同职业、不同文化层次、不同需求的产权人和使用人,提供综合服务,传递咨询信息,加强情感交流,营造温馨氛围。所以,物业服务企业在提供多元化服务满足客户多元化需求的同时,也需要明确有偿与无偿的范围,这客观上要求物业服务企业在投标文件中要详细列出本公司能够提供的有偿和无偿服务项目的内容。

8. 社区文化服务方案

物业管理的最高境界是"功成事遂,百姓皆谓自然"。住宅小区物业管理不应仅仅满足于"住宅+修缮+管理+商业服务"的管理模式,还应针对生活在"钢筋水泥丛林"中的都市人群"老死不相往来"的冷漠和自私,提倡一种新的社区文化,使人与人、人与时空相互交融,创造一个安全舒适、环境优雅、有良好人际关系和社会公德的社会环境。物业管理企业在写投标书时,应认真考虑到社区文化的开展,制定有关社区文化制度,安排好各类社区文化活动,使住宅小区内的业主不仅享受到物质文明,也享受到精神文明。投标书要把物业服务企业如何组织开展社区文化活动,以及社区文化活动的主要内容、举办社区文化活动的有关计划等加以介绍。社区文化活动的形式主要有以下几种:

(1)利用小区内各种传媒工具和文娱活动场所,组织开展住宅小区的各种公益性活动,包括组织各类体育比赛、舞会、文艺表演、知识竞赛、节日灯谜竞猜、播放电影等,以加强住户之间的交往与联系,从而联络感情,增进友谊。

(2)开展创建文明家庭、文明居委会、文明楼和文明住宅小区等文明单位活动,通过人与人之间相互了解、彼此尊重和关心以促进家庭和睦及小区邻里间的友谊和团结,从而反映出一个传统民族高层次物业管理小区的精神风貌和道德风尚。

(3)开展人际交往,推行"社团"活动。物业服务企业可以组织一个活跃的社团组织,经常利用节假日,组织内容丰富的社区活动,还可以组织海外观光旅游,力求把物业服务企业变成住宅小区群众的核心。

9. 档案资料的建立和管理

为了使物业管理规范化、程序化,为了对物业管理状况进行连续化记录,并保留资料,需要建立档案资料管理,按照标准化、电子化建立档案管理流程,将系统收集环境资料(图片)、建筑项目资料、图纸、住房档案资料、装修维修记录、文书档案、财务报表、小区荣誉等各类资料进行整理、分类、编目进入计算机储存,以备检查利用。投标的物业管理企业应对建立档案管理制度提出相应的设想:是否建立单独的档案室,还是放在办公室合署办公;派几名员工负责档案管理;管理的程序图;采用什么样的管理制度,是否实行现代化、系统化、科学化、规范化的电子计算机管理档案等。

10. 物业管理的整治方案

一般来说,招标单位还有一个比较关心的问题就是新的物业服务企业接管物业后,对物业的整治问题。例如,对新建的物业,可能要进行垃圾清理、道路清扫、环境绿化等;对原有物业,则可能要拆除违章建筑、维修路面等。所以,物业服务企业可根据拟管物业的实际情况给出方案和对策。

物业管理企业在对目标物业进行投标时,也需要表明本企业对未来的物业管理上水平、创一流、达国优提出一些设想,使人们感到实实在在,同时又大胆创新。例如,某物业管理企业对目标物业经过调查之后,对未来目标明确提出,接管后一年达到市优,一定通过 ISO 9001 贯标,使物业管理质量标准化、规范化。

11. 物业维修养护计划和实施方案

公共设施和房屋本体的维修养护是物业管理的重要内容,它主要是指公共设施的维修养护、房屋维修管理和房屋设备的养护与维修三大部分。其中,公共设施的维修养护主要包括区内道路、室外照明、沟渠池井、园林绿地、停车场、文娱场所等方面;房屋维修管理主要包括房屋承重及抗震结构部位、外墙面、公共屋面、公共消防通道、公共通道门厅楼梯间等方面;房屋设备的养护与维修主要包括给排水设备、供用电设备、电梯设备、空调设备、供暖设备等方面。

投标文件应结合物业本身的特点除重点说明维护基金的建立与增值情况外,主要从公共设施的维修养护、房屋维修管理和房屋设备的养护与维修三大部分分别叙述投标企业在日常和定期维修养护方面的计划及实施方案。

12. 智能化系统的管理与维护

智能化建筑是发展到信息社会、知识经济时代所提出的要求,办公自动化、小区服务问题也是一部分物业业主关心的问题。投标企业应根据物业的具体类型和档次并根据招标文件的要求,选择性地对此部分进行设计。一般来说,投标文件中关于此部分的叙述主要从以下几个方面展开:

(1)智能化系统的组成及日常运行。此部分重点描述智能化系统的组成及功能,智能化管理人员的编制,管理中心在信息流程中的地位及作用等内容。物业服务企业可通过构建室内外安防报警系统、车辆出入管理系统、数据通信入口、有线电视系统等智能化系统来实现安全自动化、管理自动化及通信自动化。管理中心作为物业管理活动的信息处理中心和决策强度控制中心,可通过电话、无线对讲、内部局域网的电子邮件,以及内部网与外部网的传输线路实现室内外报警监视、物业管理日常信息、文件、档案、数据的处理及传送、人员调度等职责。

(2)智能化系统的保养和维护。此部分主要针对智能化设施设备的分类,智能化系统的维护方式、内容及计划,智能化系统的维修、修理计划,智能化设施设备操作、维护保养、维修的相关系列制度,设备维护保养、检查、修理工具配备等方面用文字并配图表加以叙述。

13. 愿意承受的有关惩罚

作为投标的物业服务企业,在系统地阐述了本企业对目标物业管理的各项设想、措施之后,需要在最后进行高度的概括和承诺。即向业主委员会承诺自己有能力,有决心管理好目标物业,并表示管理好了怎么办,管理不好愿意承担什么处罚。例如,某物业服务企业在对待奖惩最后表态:有信心、有能力管理好住宅小区,管理好了以后并不是为了追求更多的奖金,而是追求更多的任务;如果管不好,一年以后便自动退出来,并承担标书里的经济惩罚。标书有了这样的内容,一方面能够显示投标单位的实力和信心;另一方面也是对前述内容的承诺和表态,容易打动招标单位,从而增加中标的机会。

四、编制投标文件的注意事项

投标文件编写必须采用招标文件规定的格式,填写表格时应遵循招标文件的要求。否则在评标时就会被认为放弃此项要求。重要的项目或数字,若物业服务等级、投标报价等如未填写,将作为无效或作废的投标文件处理。投标书编写应注意以下几个方面。

1. 标书格式

(1)所编制的投标文件"正本"只有一份,"副本"则按招标文件前附表要求的份数提供。正本与副本不一致时,以正本为准。

(2)投标文件应打印清楚、整洁、美观。所有投标文件均应由投标人的法定代表人签署,加盖印章及法人单位公章。

(3)确保填写无遗漏,无空缺。投标文件中的每一空白都需要填写,如有空缺,则被认为放弃意见;重要数据未填写,可能被作为废标处理。

(4)不得任意修改填写内容。投标方所递交的全部文件均应由投标方法人代表或委托代理人签字;若填写中有错误而不得不修改,则应由投标方负责人在修改处签字。

(5)填写方式规范。投标书最好用打字方式填写,或者用墨水笔工整填写。除投标方对错误处做必要修改外,投标文件中不允许出现加行、涂抹或改写痕迹。

(6)不得改变标书格式。若投标公司认为原有标书格式不能表达投标意图,可另附补充说明,但不得任意修改原标书格式。

(7)全套投标文件应当没有涂改和行间插字。如投标人造成涂改或行间插字,则所有这些地方均应由投标文件签字人签字并加盖印章。

2. 标书编写

(1)对报价数据应核对,消除算术计算错误。对各项数据根据现有指标和企业内部数据进行宏观审核,防止出现大的错误和漏项。

(2)报价合理。投标人应对招标项目提出合理的报价。高于市场的报价难以被招标方接受,低于成本报价将被作为废标,或者即使中标也无利可图。因为唱标一般只唱正本投标文件中的"开标一览表",所以投标人应严格按照招标文件的要求填写"开标一览表""投标价格表"等。

(3)报价方式规范。凡是以电报、电话、传真等形式进行的投标,招标方概不接受。

(4)如招标文件规定投标保证金为合同总价的某一百分比时,投标人不宜过早开具投标保函,以防泄漏自己一方的报价。

(5)投标文件必须严格按照招标文件编写,切勿对招标文件的要求进行修改或提出保留意见。如果投标人发现招标文件中确有不少问题,则可将这些问题归纳为以下两类,区别对待处理。

第一类是对投标人有利的,可以在投标时加以利用或在以后提出索赔要求时使用,这类问题投标者一般在投标时是不提的。

第二类是发现的错误明显对投标人不利的,这类问题投标人应及时向招标方提出质疑,要求招标方更正。

3. 评标方面

(1)严守秘密,公平竞争。投标人应严格执行各项规定,不得行贿、徇私舞弊,不得泄露自己的标价或串通其他投标人哄抬标价,不得隐瞒事实真相,不得做出损害他人利益的行为。否则,该投标人将被取消投标资格,甚至受到经济和法律的制裁。

(2)在编制投标文件过程中,必须考虑开标后如果进入评标环节时,在评标过程中应采取的对策。如果情况允许,也可另外向业主致函,表明投送投标文件后考虑到同业主长期合作的诚意,决定降低标价百分之几。如果投标文件中采用了替代备选方案,函中也可阐明此方案的优点。也可在函中明确表明,在评标时与业主招标机构讨论,使此报价更为合理等。应当指出,投标期间来往信函要写得简短、明确,但措辞要委婉有说服力。来往信函不但是招标与投标双方交换讨论和澄清问题,也是使业主对致函的投标人逐步了解,建立信任的重要手段。

单元二 物业管理投标书编写的组织

物业管理企业如果对某项目标物业决定投标,就需要全力以赴,为了使本企业所做的标书竞标成功,应做好投标书编写的组织工作。

一、人员组成

根据目标物业的大小,招标规格、档次,以及本企业对投标期望值的高低,来成立编写标书的领导小组。如果投标的物业规模大、条件好,其期望值又高,决心要拿下这次招标,公司经理就要高度重视,鼓励编写人员认真研究投标策略,争取竞标成功。

标书的编写人员要根据目标物业的不同来挑选有关人员参加。高层楼宇的投标要组织熟悉设备维修的管理人员参加。而住宅小区的投标,尤其是高档别墅的投标,对环境、绿地、治安管理的要求,都高于高层楼宇,就需要选择熟悉这方面的人员加入编写队伍中。

二、物业管理投标的要点分析

物业管理在投标过程中,应分别对不同性质的情况进行分析。

1. 住宅类

对于住宅小区,舒适方便是业主的基本要求,因此,物业管理应当突出环境管理、卫生绿化管理、治安管理、市政设施管理和便民服务。

环境管理要求物业管理能维护规划建设的严肃性,定期进行检查维修,禁止乱凿洞、乱开门窗的破坏性行为,禁止个别业主随意改动房屋结构或乱搭建行为,保证业主的居住安全。卫生绿化管理则定时对小区公共场所进行清扫保洁,及时清运垃圾,并对卫生用具进行清洁消毒。加强小区绿化养护,派专人管理绿化带、花草树木,禁止人为破坏行为。

对于高层住宅,其特点是建筑规模大、机电设备多、住户集中,居住人员的素质也相应较高。因此,这类物业管理的重点应放在机电设备管理、保卫治安管理、卫生清洁管理和保养维护。

2. 写字楼

写字楼作为办公场所,要求环境保持宁静、整洁。投标时应着重考虑安全保卫工作,电梯、中央空调、水电等设备设施维护,清洁卫生服务等。

确保防盗及安全设施运作良好,坚持出入登记制度,24小时值班守卫。保证工作时间设备正常工作。卫生方面,与高层住宅相类似,但要求更高,应当天天擦洗门窗,清扫走廊,做到无杂物、无灰尘,同时,保证上班时间的开水供应。

3. 商业大厦

在商业大厦管理中,公司形象、居民购物方便程度是考虑的首要因素,其管理重点在于安全保卫工作、消防工作、清洁卫生工作和空调供热设备管理。

通常,大型商业中心客流量较大,容易发生安全问题,故应保证24小时专人值班巡逻,以及便衣保安人员场内巡逻。同时,应制定严格的消防制度,管理维护消防设施,配备专职操作维护人员,保证设备正常运行,也要有专职人员负责场内巡回保洁,垃圾清扫,保持商场环境卫生。

三、物业管理投标书的审查

为了保证标书的质量,一般由个人分工负责编写的某一部分标书完成以后,应交换进行修改、补充、完善,然后汇总为初稿。

初稿完成以后,由编写组领导人员按照标书的内容,以及开始制订的思路要求、标准对标书进行审查。为防止自己编写的标书自己审阅难于发现问题,通常,审阅标书人是选择没有参加编写标书的人,这样容易发现问题,帮助把关。最后应由企业领导来审阅定稿,尤其对目标物业制定的有关方针政策及涉及企业利益之事,需领导最终把关。

四、物业管理投标书的写作要求

物业管理投标书的写作要求包括针对性强、可操作性强、专业性强等。

1. 针对性强

在编写标书、确定方案时,一定要有针对性,有的放矢,才能够得到评标专家对该企业物业管理水平的认可。

(1)现场调查。为了使标书的针对性强,首先要到目标物业进行实地调查,了解物业情况,熟悉周边环境,调查住户(开发商)对物业管理的要求与希望,以及政府对该目标物业管理的有关要求、批文等。

(2)分析研究。根据调查的情况,认真客观地进行分析,并结合本企业的实际,找出目标物业开展物业管理的优势和劣势。

（3）拟订管理方案。根据现场调查，结合本企业物业管理经验，理智地分析研究，认真拟订管理方案。

2. 可操作性强

标书里的各项管理措施与方案，必须结合目标物业的实际，具有可操作性，让评标小组深感此方案的可行性，能初步预见上述管理方法和措施实施后的效果。应做到以下几项：

（1）标书中针对目标物业提出的物业管理方法和措施，要充分考虑到管理服务对象的接受程度。

（2）标书中所提出的管理方法和措施要与现行的法律、法规相一致。

（3）所提的管理方案，必须在经济（管理费的收支）上基本平衡。

3. 专业性强

要体现企业的优势，体现专业水平，应做到以下几项：

（1）针对目标物业的某个特色来谈自己的优势。

（2）注意竞争对手，突出宣传"人无我有，人有我强"。

五、物业管理投标书的基本要素

物业管理投标书作为评标的基本依据，必须具备统一的编写基础，以便于评标工作的顺利进行。因此，投标公司必须对投标书的基本要素有所了解。

1. 计量单位

计量单位是投标书中必不可少的衡量标准之一。因此，统一计量单位是避免在定标和履约中出现混乱的有力手段。投标书中必须使用国家统一规定的行业标准计量单位，不允许混合使用不同的度量制。

2. 货币

国内物业管理投标书规定使用的货币应为人民币，而国际投标中所使用的货币则应按招标文件的规定执行。

3. 标准规范

编制投标书应使用国家统一颁布的行业标准与规范，如果某些业主由于特定需要要求提供特殊服务，也应按照国家正式批准的统一的服务行业标准与规范，严格准确地执行。

4. 表述方式

投标书的文字与图纸是投标者借以表达其意图的语言，必须能准确表达投标公司的投标方案，因此，简洁、明确、文法通畅、条理清楚是投标书必须满足的基本要求。编制投标书时，应尽量做到言简意赅，最大限度地减少招标单位的误解和可能出现的争议。

图纸、表格较之于文字在表达上更为直接，简单明了，但必须做到前后一致、风格统一、符合招标文件的要求。最好能以索引查阅方式将图纸表格装订成册，并与标书中的文字表述保持一致。

5. 理论与技巧

投标书的编写不仅应做到目标明确、方案可行，编写人员还应熟练掌握与投标书内容相关的法律、技术和财务知识,并以服务为出发点,综合运用心理学、运筹学、统计学等方面的理论和技巧。

6. 资料真实性

投标文件应对招标文件的要求作出实质响应,其内容应对应招标文件的所有条款、条件和规定,且无重大偏离与保留。投标人应按招标文件的要求提供投标文件,并保证所提供全部资料的真实性。否则,其投标将被拒绝。

六、物业管理投标书编写技巧

物业管理投标书是对投标人前期准备工作的总结,是投标人的投标意图、报价策略与目标的集中体现,其编制质量的优劣将直接影响投标竞争的成败。因此,投标物业公司除应以合理报价、先进技术和优质服务为其竞标成功打好基础外,还应注意编写的技巧。

1. 内容全面,注意整体

物业管理投标书应包含投标人须知中规定的投标人必须提交的全部文件。投标要提高命中率,因素是多方面的,但最根本的是认真做好投标文件,认真响应标书中的各项要求,能够最大限度地达到招标文件中规定的各项综合评价标准。所以,投标单位应该根据招标文件的要求,认真准备所有要求的材料,使内容更充实,结构更完整。凡是招标文件有要求的事项,在投标书里都应该有相应的资料。同时,为了体现投标单位的特色,除回应招标文件的要求外,还应该根据自身的特色和具体情况做必要的补充。如果招标文件的要求都没有完全回应,势必会有扣分;相应地,如果有自己的特色,比其他单位有更多的内容,则会有意想不到的加分。

2. 体现企业理念,突出企业特点

企业理念是通过企业形象设计以后,高度概括的企业思想和精神。从企业理念可以看出企业人员的风貌,折射出企业管理的质量。它是企业的缩影,从一个侧面反映出企业的素质。企业理念其实是把企业人格化、企业精神化,它会鼓舞本企业员工为企业发展而尽心尽力。所以,注重企业理念是编写标书的一个重要技巧。

3. 讲求诚信

在编制的标书中,对公司自身的形象要进行恰如其分的包装,不仅要实事求是地介绍、宣传公司自身的资质,包括人员素质、企业资质、所获得的荣誉等,而且要十分明确地表达公司参与投标竞争的能力、决心和信心,给招标方一个先声夺人的深刻印象。

对本企业的工作成绩应该在标书中有所表示,但要以事实为例,以获取各类荣誉证书为证,避免不切实际的夸张和描述。标书内要介绍本企业的宗旨,目的就是让评标专家感到该企业诚实可信,完全有能力胜任、服务好所要投标的物业,让开发商或业主委员会放心。

4. 关注热点,措施得当

社会上有关房地产和物业管理的热点问题都是业主所关注的,一些物业管理企业根据业主的关注程度,打出了社会热点的王牌。对于社会热点问题的关注可反映出一个企业的敏感度、捕捉信息的能力和企业跟踪科技的管理水平。对于住宅小区而言,舒适便捷是业主最基本的要求,高档次的优质服务则是更高的享受追求,因此,物业管理应当突出的是环境管理、卫生绿化管理、治安管理、市政设施管理和便利服务;对于高层住宅而言,其特点是建筑规模

大，机电设备多，住户集中，居住人员的素质也相应较高，因此，这类物业管理的重点应放在：机电设备管理、保卫治安管理、卫生清洁管理和保养维护；写字楼作为办公场所，要求环境应保持宁静、清洁、安全，其物业管理重点应放在：安全保卫工作、电梯、中央空调、水电设施维护和清洁卫生服务；在商业大厦管理中，公司形象、居民购物方便程度是考虑的首要因素，其管理重点是安全保卫工作、消防工作、清洁卫生工作、空调或供热设备管理。以上是针对各类型物业列举其物业管理中普遍的重点和难点，但在具体编写投标书时，投标公司应针对物业具体性质与业主情况，就突出的问题作详细分析。

5. 测算真实，利润合理

在物业管理招投标活动中，双方都十分重视费用测算的问题，而招投标中关键的标的就是测算结果，也就是物业服务费标准。目前，物业管理企业对费用测算的具体操作过程和测算方法及原则等都有自己的一套理论，并存在很大的差异。而且测算是各个物业管理企业在现有经验基础上对新项目的估算，有着很大的随意性和不确定性。很明显，这种测算往往成为双方讨价还价的因素，由于没有双方一致的认识，容易造成测算的失真。

【应用案例】

××小区物业管理服务
投标文件

第一部分　前言

首先，十分荣幸能参与"××广场××号楼项目"项目的前期物业管理服务投标工作。我公司将依托自身的专业管理实力，结合"××广场××号楼项目"的现状，对"××广场××号楼项目"的物业管理模式、组织机构、财务收支计划、服务配套等作出统筹策划。

我们将以××物业崭新的物业管理服务理念，在结合国家政策法规和贵方的实际需要的前提下，凭借××物业在长期物业管理服务过程中积累的丰富经验及充足的人才，为"××广场××号楼项目"的业主创造一个和谐而优美的聚会、办公及购物环境，提升"××广场××号楼项目"的物业价值，并使"××广场××号楼项目"成为××市又一个知名的高档综合物业管理品牌。

本投标书是根据贵方提供的"××广场××号楼项目"前期物业管理服务招标文件要求，结合我公司的企业服务理念及标准，经我公司考察研究后，编制的前期物业管理服务投标书。

我方同意一旦中标，投标书中的所有承诺，招标方有权要求写入物业管理委托合同，否则，招标方可以在中标候选单位中重新确定中标单位。

再次感谢×××公司给予我们这次合作的机会。

公司名称：×××物业管理

第二部分　企业综合说明书

2.1　公司简介

××有限公司（以下简称公司）成立于_____年_____月，注册资本为_____万元，是具有独立法人资格的有限责任公司，公司办公地点位于××。公司实行独立核算、自负盈亏的企业管理机制,是社会化、专业化、综合性较强的物业服务企业。公司是集物业管理、园林绿化、水电安装、房屋装修、装饰等相关产业于一体的物业管理企业。

公司设有行政部、管理部、物业部、工程维修部、保安部、保洁部等部门。

公司成立以来,我们肩负着社会的重托、业主的迫切希望,带着这种执着和信念走向这个行业。公司自注册前,就从公司的规范、专业、发展等方面作了全面的策划,并确定了"全心服务,在细微之处见精神;追求卓越,赢万人口碑创品牌"的公司理念。公司理念体现了这个年轻公司,既朝气蓬勃、勇于创新,又脚踏实地以服务为本的精神。通过建立严格的规章制度,强化管理,不断提高服务质量,以增强企业内部凝聚力和市场竞争力,使公司成为有相当实力,积极开拓发展的专业物业服务企业。并对自己的管理水平、服务质量提出高标准、高起点的要求:严谨、务实、高效、进步。让公司与时俱进、开拓创新、恪尽职守、不断进取!

公司本着"优质管理、优质服务、优质生活"的服务宗旨,坚持"以人为本"的管理理念,以诚信为立业之本、发展之基,寓严格管理于热情服务之中。公司在经理的带领下,坚持把诚信经营作为公司发展的基础,确立了"敬业奉献、和谐高效、以诚求成"的企业精神和"厚德勤业、秉承人本、善思笃行、追求卓越"的企业宗旨,使各项工作全面提升,经济运行质量和效益稳步提高。在经营发展中,首先建立和完善了一套良好的诚信经营机制,将诚信经营列入重要工作日程,作为考核各基层单位经营业绩的否决性指标,用机制保证经济工作与诚信建设同步进行。其次建立了诚信经营工作领导目标责任制,成立了由主要领导任组长的工作领导小组,明确工作机构和工作制度,从而形成了"一把手"负总责、分管领导具体负责、职能部门负专责、各负其责的领导机制。

在实际工作中,公司坚持依法管理,制度公开,宣传法律法规,明确业主和物业公司的权利与义务。诚信经营的根本目标是看业主的满意度,为此,我们本着"诚信、务实、创新"的经营宗旨,以"辛苦我一人,幸福千万家"的企业精神,实行24小时管理服务,以提高企业的工作效率和服务质量,努力为业主提供优质服务,以服务促管理,以服务促效益,以服务推动诚信经营,尽力提高物业运作素质、延长物业使用寿命,从而使其不断保值、增值的同时,充分满足物业之发展商、业主及使用者的各种服务需求,精心打造特色物业管理品牌。

2.2 公司的优势

1.我公司在管理中拥有丰富的经验,目前管辖的面积已超过2 000万m^2,其中85%以上的项目是通过市场竞争取得的管理权,公司有充分适合市场化运作的管理机制。

2.我公司已通过ISO 9001质量管理体系、ISO 14001环境管理体系、OHSAS 18001职业健康安全管理体系三项贯标的第三方认证,对××广场××号楼项目的管理质量具有充分的保证作用。

3.我公司是目前档案管理×级的物业管理企业,对××广场××号楼项目将来的档案管理将起到保障作用。

4.管理经验丰富,具备同类物业的管理经验。公司目前管理着包括国际博览中心、××大厦商务楼、××老街、××广场、××国际广场、××步行街。在××广场××号楼项目的物业管理中,我们将进一步融会提炼商业办公楼、行政办公楼宇和其他各类型物业的管理经验。

5.根据项目智能化程度较高的特点,我公司将对楼盘早期介入,协助开发商在智能化设备设施的选型、评估和设计方案改进方面提供建议和参谋。之前我们曾参与多个高档楼盘的早期介入,如××花园、××新城、××苑、××大厦等,都取得了较好的效果,用我们的经验,为开发商带来了较大的利益。

6.具有超前的服务理念:××物业让您更满意。公司长期从事物业管理服务行业,在管理各类物业领域进行不懈的探索,主动借鉴国际先进的服务理念,不断学习总结,同时结合各地的传统风俗和不同用户的需求特点,寻求各类物业最佳的管理方法。通过学习国外先进的服务理念与管理方法,并与自身的实践相结合,我公司提出了独具特色的具有超前性、创造性、全方位的管理服务理念,并在具体工作实践中取得了良好的效果。

第三部分 拟派项目主要管理人员介绍

3.1 公司管理人员简历

公司顾问:×××

公司总经理:×××

公司副总经理:×××

公司办公室主任:×××

3.2 拟派项目项目经理及技术负责人简历(略)

3.2 拟派项目各部门主管简历(略)

第四部分 物业管理服务方案

4.1 项目概况及管理重点

1.项目概况

××广场××号项目,销售为销售展示区,具有不同的运行模式和运行特点,客户群的要求差异也很大,如居住客户则希望人流量很少,以保障居住环境的舒适和安全;展示区则应付相对多而复杂的人流,在对客服务的第一时间内为客户创造强烈的感觉冲击。对应这些特点,我司将在管理上分出适合的分区和相对应的客户服务人员,通过不同业态所需管理服务在时间上的不同,针对性地提出所对应的管理方案。

2.项目整体管理重点

物业管理的核心业务即工程管理,包含简单的电、水、网络等生活办公元素,同时包括电梯、消防、空调等元素。这些元素在日常提供时,常常被客户忽视,但一旦在某一方面出现任何问题,即会引起较大范围的影响,从而导致强烈的投诉和不满。

从项目整体管理服务的角度上,我公司确定工程管理的重要性,保证日常各个系统运转得正常,保证每个设备设施的能效及应有的使用系数。对于高档住宅管理,安全性、私密性越来越成为商务人士注重的关键点,我公司配合开发商在初期即提出有关安全管理方面的建议,首先从技防上给购买者以安全的保障。在服务中,我公司将选择提供带有部分商务性的公寓类服务,连同日常家居服务一并提供。管理服务品质要求酒店式星级标准。

4.2 管理服务理念及目标

1.管理理念

(1)专业精神和专业经验是保证资产服务品质的基础。

(2)细节决定服务品质的高低。

(3)完善的制度不等于完善的管理。

(4)观念和意识决定前线人员的执行力。

(5)提高员工的满意度有助于提升客户的满意度。

(6)要一直满足客户需求,就要不断完善服务品质。
(7)客户投诉有助于改善管理与服务。

2．服务策略

(1)通过卓越的前期顾问服务,使项目更加符合各客户的需求。
(2)通过颇具影响力的品牌效应,能吸引国际客户。
(3)凭借悠久、优质的管理经验,提升物业的管理品质和价值。
(4)利用强大的国际客户资源及网络,协助投资者获得最优投资回报。
(5)物业管理的核心是资产管理,最终目的是保证资产保值增值,为资产所有权人提供最佳回报。

3．管理服务目标

(1)ISO 9001 质量品质认证。营运期管理服务开始,我公司即主导推行实施 ISO 9001:2000N 际质量管理体系,并在实施物业管理服务后的一年内为项目取得相应认证。

(2)ISO 14000 环境管理体系。从基础保洁管理至空气品质管理,我公司一贯要求环境管理符合 ISO 14000 的要求,并为项目取得该认证。

(3)省级优秀物业管理项目。在项目实施运营管理后的两三年内,根据相关省级规范,在达到省级优秀物业管理项目评审条件后,我公司将在征得业主认可的情况下申报省级优秀物业管理项目,并为本项目取得该荣誉。

(4)国优级物业管理项目。与评选省级优秀物业管理项目相同,我公司将为该项目达到评审条件后进行申报,并取得该荣誉。

4.3　项目管理制度

1．物业管理人员配备计划

(1)管理处各岗位员工的任职要求。

[管理处经理]

大专以上学历;
具备行业岗位资格证书;
具备全国物业管理从业人员岗位证书;
熟悉物业管理的相关政策与法规,对工程设施有一定的了解和管理能力;
具有丰富的高档住宅小区管理经验;
外表端庄,思路敏捷;
有良好的团队精神和沟通技巧;
有良好的指挥能力、语言交流能力和文字表达能力。

[经理助理]

大专以上学历;
具备××房地资源行业岗位资格证书;
全国物业管理从业人员岗位证书;
具有高档住宅小区管理经验;
有良好的协调能力、语言交流能力和文字表达能力。

[业户接待]

大专以上学历；

熟练操作办公自动化软件；

熟悉高档住宅小区运作内容；

普通话标准流利；

有良好的协调能力、语言交流能力和文字表达能力；

通过××省物业培训中心专业培训。

[保安服务]

具备物业保安人员岗位上岗证书；

年龄20～35岁之间，男性；

身高不低于1.75 m；

五官端正，具有较强的敬业精神；

作风正派、无前科、身体健康、站立挺拔、无明显外观缺陷；

能吃苦耐劳，承受工作压力；

通过××物业培训中心专业培训。

[维修养护]

具备相关操作证及上岗证；

具有智能化高档住宅小区物业的工程维修及保养工作经验；

具有较强的敬业精神和吃苦耐劳精神。

[保洁保绿]

通过保洁专业化培训；

熟悉高档住宅公寓的保洁保绿工作；

身体健康；

细心、认真，能刻苦耐劳及承受工作压力。

(2) 管理处各部门岗位人员配备。

人员配备

岗位设置	人员配备	岗位设置	人员配备
管理处经理	1	设备管理部	
经理助理	1	设备部主管	1
业户服务部		强、弱电工	1
业户服务部主管	1	给排水管道	1
业户服务员(接待/财务/贯标/档案/报修)	1	房修	1
		值班电工	1
保安服务部		保洁绿化部	
保安部主管	1	保洁绿化部主管	1
门岗	2	小区范围保洁	10
巡岗	8	绿化	6
监控	2		
合计		人	

2. 物业管理相应的规章制度

第一章　经理岗位职责

经理是对公司负有全面服务的管理者，处于中心地位，起领导核心作用，负责公司的全盘工作。

一、认真学习和贯彻执行党和国家对物业管理部门制定的方针、政策、法令和上级领导的指示决定及工作安排。

二、充分发挥和调动手下管理人员和各职能部门的作用，建立健全强有力的管理机构和行之有效的规章制度，不断提高公司管理水平。

三、负责编制和审定本公司的经营决策、年度计划、员工培训计划和员工工资调整方案，及时提出各个时期的中心工作，确保各项计划和工作任务的顺利完成，使公司得到不断的发展。

四、贯彻执行安全经营管理和劳动保护条例，保证员工生命安全和身心健康。

五、加强财务管理和经济核算，不断提高经济效益。

六、抓好员工队伍建设，培养懂技术、会管理的领导队伍和技术骨干。

七、认真做好工作考核，鼓励先进，树立典型，发扬成绩，纠正错误，充分发挥员工的积极性和创造性。

八、以公司经营宗旨为使命，以业主满意为目的，搞好实质工作。

第二章　办公室职责

一、认真学习贯彻相关法律、法规，制订各项管理制度和工作计划，并检查落实。

二、负责住户的入住、装修手续办理及档案管理，严格执行文件管理程序和文档资料的分类存档及报纸杂志的征订和发放。

三、负责员工考勤工作，建立考勤制度，搞好绩效考核。

四、做好所有实物与设备的等级与库存管理及所需物品的购买计划和发放，做到"账账相符、账物相投"，物品存放及保管安全妥善。

五、组织召开例会、会议，撰拟相关材料，做好会议记录。

六、拟订员工培训计划，并定期或不定期地对员工工作进行总结，加强对员工的培训学习和业务考核。

七、负责小区的环境绿化和卫生保洁工作。

八、负责对内对外及对上对下的正常业务，保持公司形象，搞好值班工作，监督其他部门工作。

九、负责筹办各种庆典及接待活动的准备工作，搞好小区文化活动。

十、负责完成公司交办的其他各项工作任务。

第三章　办公室主任岗位职责

一、在经理的领导下，认真学习贯彻本岗位相关法律、法规和公司各项管理制度的实施。

二、负责住户的入住装修手续的办理及档案管理，严格执行文件管理程序和文档的分类存档，以及报纸杂志的征订和小区业主各类邮件的发放。

三、督促检查办公室人员工作，有权对违反劳动纪律和不能按时完成任务的员工依照制度进行处罚，严格奖惩与绩效考核的兑现。

四、负责监督检查考勤制度的实施及员工上下班签到。

五、负责公司印章的管理和使用，严格执行印章的审用规定。

六、对保洁员的工作进行监督和管理，认真负责及搞好小区的环境绿化和卫生保洁工作。

七、组织召开工作例会及日常会议，撰拟相关材料并做好会议记录。

八、加强对员工的培训学习和业务考核，搞好员工思想工作，广泛吸收员工的合理化建议。

九、负责起草工作计划和内部各项管理制度的拟订及日常业务办理与文件的打印工作。

十、做好财物登记与库存管理及所需物品的购买计划和发放，使库存的物品存放合理，保管安全妥善。

十一、负责筹办各种庆典及接待活动的准备工作，搞好小区文化活动。

十二、负责办公室全盘工作，直接对经理负责，保证完成经理交办的各项工作任务。

第四章 管理部职责

一、在物业公司经理的领导下，认真贯彻相关法律、法规和公司的规章制度，主管客服和小区治安工作。

二、负责小区物业的接管验收工作。

三、负责协调处理业主的各种投诉事件，并对其进行认证解释，做好投诉记录。

四、负责检查住户的装修、入住。保证和维护业主水、电、暖的正常使用，发生故障应及时进行维修。

五、负责公共设施、设备的管理和维修保养，保证其正常运行。

六、负责催交业主的物业管理费；水、电、暖费。

七、负责业主钥匙的管理。

八、完成公司交给的其他工作任务。

第五章 安保员岗位职责

一、门卫岗位职责

1.着装整齐、佩戴齐全，按时上岗交接班。

2.值班时不准擅自离岗、嬉笑打闹、看书报、吃东西、睡觉，不准收听录音机等与工作无关的事。

3.值勤中要讲文明、讲礼貌，不刁难业主和客户，处理问题要讲原则、讲方法，态度和蔼，不急不躁。

4.认真填写各种登记，要求字迹清楚、内容详细准确。

5.对外来人员一律进行出入登记，来访的客人得到业主或公司领导同意后方可进入。

6.严禁各类修补、买卖、收旧及搞传销的人员进入小区。

7.装修材料及专业安装队进入时应检查相关手续，未办理装修和安装手续的不允许进入。

8.业主进入小区时应检查《临时业主卡》，装修人员进入小区须检查《临时出入证》。

9.对运出小区的物品必须有物业公司签字后方可放行。

10.进入小区的车辆要详细检查，如发现有问题时应请车主（司机）在检查表上签字确认。

二、巡逻岗岗位职责

1.巡逻员要着装整洁、语言文明、礼貌待人，不喝酒、不吸烟、不闲谈。

2.负责对进入小区的可疑和闲杂人员进行盘查，并及时请其离开小区，制止小区内的打架斗殴事件。

3.严禁搞传销及做广告的人员在小区内各种公共场所、设施上散发和张贴传单。

4.熟悉小区内的楼宇结构、单元户数、人口数量、楼座排列及小区内区间道路走向，车辆和人员流动规律，系统掌握住宅区的整体情况。

5.劝说院内的过往行人不要乱丢纸屑、烟头，维护好公共区域的环境卫生。

6.指挥小区内的车辆顺序停放整齐，优先保证业主的车位。

7.装修方式时要不定时巡查施工现场，垃圾必须及时清运，倾倒到指定位置，严禁向窗外、阳台外、楼梯过道、天台等公共场所抛洒和堆放。

8.要与队友团结协作、密切配合、互相照应、共同完成巡逻任务。

第六章　水电工岗位职责

一、认真学习业务知识，明确供电系统，熟悉设备性能保证安全用电。

二、遵守公司一切规章制度，服从命令、听从指挥，不迟到早退，严格履行请假制度，坚守岗位，服从用户随叫随到，不拖拉扯皮。

三、对用电设备要定时或不定时的巡回检查，发现问题及时处理，填写好工作日志，并及时向上级详细汇报。

四、严格遵守操作规程，做到"送电时先高压再低压，停电时先低压再高压"，严禁刀开关带负荷停送电。

五、坚持劳保上岗，带电作业时，必须有人监护，确保工作人员人身安全。

六、节约用电，做到不该开的灯不开，不该送的电不送，按时开关路灯及一切用电设备，严禁私自乱挂，违章用电。

七、搞好岗位卫生，做到随脏随打扫，保持配电室内外干净、干燥、整洁，禁止闲杂人员进入配电室。

八、搞好业主用电的充电工作。

第七章　监控室规章制度

为了加强闭路电视监控系统操作室的管理，确保监控系统的正常使用和安全运作，充分发挥其作用，特制定本规则。

一、监控室值班登记制度

1.监控人员必须具有高度的工作责任心，认真落实公司赋予的安全监控任务，及时掌握各种监控信息，对在监控过程中发现的情况及时处理和上报。

2.值班人员必须严格按照规定时间上下班，不准随意离岗离位，个人需处理事务时，应征得值班领导的同意并在有人顶岗方可离开。

3.对监控到的可疑情况，及时通知巡逻人员进行跟踪，确保园区的治安稳定。

4.每天对监控的情况进行登记，并对值班登记本保留存档。

二、监控系统使用管理制度

1.监控人员服从值班领导的安排，认真落实值班期间的各项工作任务。

2.监控人员应爱护和管理好监控室的各项装配与设施，严格操作规程，确保监控系统的正常运作。

3.非工作人员未经许可不得进入监控室。公司员工和外来人员需到监控室查询情况和

观访必经值班领导同意方可进入。

4. 禁止在监控室聊天、游戏,按操作规程使用,不得随意拆装设备,做好设备日常维护保养,保持室内卫生清洁。

5. 公司领导及有关部门领导需到监控室查询情况,值班人员应及时报告值班领导,并热情做好接待工作和给予积极配合。

6. 必须保守秘密,不得在监控室以外的场所议论有关录像的内容。

三、发现案件线索登记存档制度

1. 监控人员每天对监控录像进行翻看,发现有价值案件线索及时另存入U盘保留,并做好标记,为业务部门破案提供有效线索。

2. 监控人员对园区的打架、斗殴及盗窃、交通事故、火灾等录像及时另存入U盘保留,并做好标记。

3. 对公司领导要求保留的录像及时另存入U盘,制作光盘长期存档保留,并做好标记。

第八章 财务管理制度

一、认真贯彻执行国家各项财经制度和纪律,用新型的财务管理对本公司的经济管理进行全面、准确地核算、反映、监督和控制,为提高本公司的经济效益而发挥以财务管理为龙头的作用。

二、加强财务管理核算,按期编报会计报表,全面反映公司经营活动和资金变化情况,为公司领导提供真实的会计核算资料,使公司领导经营决策有可靠的数字依据。

三、加强财务管理,认真编制执行财务计划,按时收缴小区业主的水、电、暖气费及物业管理费,管理好财产、财务资料,合理使用资金。加强现金管理和支用,及时清理债权债务,精打细算、增收节支,提高管理经济效益。

四、搞好会计监督,严格履行公司赋予的工作职权,尊重宣传和维护国家有关财经制度、法令和纪律在本公司的执行情况。

五、加强财务工作人员的专业知识学习,提高业务水平,要求每位财务人员忠于职守、秉公办事,按财务制度办事,杜绝业务差错。

六、小区内有关重大经济协议或有关经济文件拟定要以财务参与和核算为依据,进行准确分析和管理。

七、所有财务现金支出必须由经理签字后,报总公司主管领导及总经理审批。

第九章 员工宿舍管理制度

为提高员工生活质量,确保员工生活安全,避免浪费,特制定本规定。

一、宿舍应保持干净、整洁,禁止堆放垃圾。要求地面无杂物,门窗干净,被褥、衣物放置整齐,床单、被套常换洗。

二、宿舍卫生由该宿舍人员自行轮流打扫,当天值日人员负责当天宿舍卫生,主管班长负责检查落实,卫生不干净者每次处以5元罚款。

三、宿舍内不准吵闹,大声喧哗,不准随便乱丢垃圾,随身物品应安放整齐。

四、宿舍人员不得擅自调换房间或公司财产物品。

五、住宿人员如离开宿舍时必须关好门窗,切断电源(电热毯、电灯)、水源,否则对宿舍班长处以10元的罚款。

六、住宿人员必须按时就寝,除值班人员外一律在晚11:00前就寝,如有特殊原因不能就寝，需报主管领导批准。

七、宿舍内节约用水、用电，不准私接电源。

八、起床时必须整理好被褥，卫生间及时冲洗，保持室内环境整洁。

九、宿舍物品实施精细管理，做到件件有人负责看管、维护、清理。住宿人员不得损坏公司财物及公共设施（如暖气片、洗脸盆、坐便器、插座、灯具等）。

十、员工应树立安全意识，做好日常防火、防盗工作，贵重物品应注意保管好，若有丢失及时向负责人报告。如有发现公司员工偷盗他人财物者，公司有权将其除名并追究其法律责任。

十一、注意保持公共区域卫生，卫生用品用完后必须放在垃圾桶内，严禁丢入厕所的下水道内，若因此导致厕所堵塞，由当事人负责疏通并承担其费用。

十二、树立文明意识，团结意识，住宿员工之间应互相尊重、互相帮助、团结友爱、和睦相处，严禁拉帮结派搞个人主义和地方主义，严禁骂人、说脏话和打架斗殴等事件发生。

十三、任何员工未经公司许可不得擅自留宿外人，须经理同意方可留宿，否则处以30元罚款。所有员工必须严格遵守该管理制度。

4.4 公共秩序维护

(1)管理区域的门岗实行全天24小时立岗保安服务。

(2)保安人员应按公司规定统一着装、佩戴胸牌，值岗前应列队整装、仪表仪容整洁端庄；值岗时应佩带通信、警械装备，精神饱满、微笑服务。不准吸烟、闲聊、阅读书报、做与保安服务无关的事情。

(3)值岗时与业户、访客交谈应使用文明、规范用语，不得使用"命令""要求"类用语及禁忌语。

(4)为保障业户、访客的人身、财产及××××项目（＿＿＿）的安全，保安人员应认真值守，实施正常的小区公共部位的安全保卫防范性工作，尽到管理人的注意义务。对突发事件应按各类应急预案迅速作出反应，果断作出适当处置，即时报告上级，并做好记录。

(5)门岗保安人员应熟悉××××项目（＿＿＿）常住人员及私家车辆状况，并严格实行访客出入登记制度，不准拾荒者、小摊贩、推销人员及其他闲杂人员进入管理区域。

(6)雨天为业户提供方便伞等便民服务。

(7)对装修民工出入小区严格验证，对装修民工携带工具出小区，应查验由管理处签发的出门证，对携带大宗材料及贵重物品出门，应查验由业户签证的、由管理处签发的出门证，并做好相应记录。

(8)管理区域内实行全年365天24小时全天候保安巡视服务，对重点区域、重点部位每1小时至少巡查1次。

(9)为防盗、防火、防灾和维持管理区域的公共秩序，按不同方案的巡视路线，确保每小时巡遍全部公共区域。

(10)严密巡查公共区域的保安防范动态，道路畅通及车辆停放状况，各类标识、消防设备、设施完好状况，公共区域的环境卫生状况及小区周界报警系统状况。发现异常情况及时向有关部门反映，并做好巡视记录与巡视到位仪（点）的签到。夜间巡视，应佩带警棍、应急电筒，保持高度警惕性，并加强自我保护意识。并对路灯的损坏情况做好记录，及时报修。

(11)加强装修管理，阻止违规装修，制止占用公共场所任意施工的行为，确保夜间

(18：00—次日 08：00)及国定节假日不发出影响他人休息的装修、施工噪声。

(12)对进出小区的装修、家政等劳务人员实行临时出入证管理。

(13)为应对突发事件,应制定相应的应急预案并定期演习(每年1～2次)。

(14)管理区域内监控系统全天24小时开通运行,并实行24小时不间断轮岗监控值班服务,严密监视出入口探头监控屏;通过小区红外线联网、周界报警系统及业户家庭报警系统全面监视管理区域内的安全动态,发现疑问应立即定点监控录像,并对可疑情况作跟踪监视及同步录像,做好监视记录;当值人员应对监控的私密性内容及现场记录严格保密,不得泄露,未经管理处经理许可,不得擅自放映、切换监控录像资料。

(15)监控录像保存一个月,循环使用。

(16)做好监控室内务及清洁卫生工作。

(17)监控室内无关人员不得进入,有关人员进入都应做好详细记录。

4.5 消防系统维护质量标准

消防工作至关重要,我们始终保持高度警觉,将日常消防管理作为一项重要工作来抓。我们着重开展以下几项工作:

(1)坚持"预防为主,防消结合"的消防工作方针,严格实行防火安全责任制,并树立"全员防消"的管理观念,实施全员义务消防员制。

(2)加强消防教育宣传和培训演练工作。

1)消防教育宣传工作:在居住区宣传栏内不间断地传播消防法规、防火知识,并定期邀请消防中队前来举办消防知识讲座。居住区入住时,向每户业主发放一册《消防知识手册》,同时,联系部分消防器材商家到居住区定点服务,建议业主配置灭火器。

2)做好消防培训及演练工作:重点加强安保员的消防实战演练,每年组织两次义务消防队员和居住区业主共同参与的消防演练,提高全体社区成员的"自救"意识和能力,防患于"未燃"。

(3)加强二次装修的消防管理。

1)对二次装修审批时,要求装修施工单位按标准配备灭火器材方可入场施工。

2)对于复杂装修、大面积装修及相关商铺的装修,要求施工单位必须提供消防报批手续及灭火方案,方可开工。

3)在入住期间,我们将通过设专人巡逻监管、安置挡车桩、安置简明指示标识等办法,着重解决违章占用消防通道的问题,保证消防通道的顺畅。

(4)建立消防快速反应分队。结合以往的工作经验,我们将在安保员中选拔一批队员组建管理处"消防快速反应分队",以保证一旦出现火警时,我们能迅速作出反应,立足"自救",最大限度地减少火灾损失。火警应急程序如下:

1)报警。管理处所有人员均应加强消防意识,发现异常情况如烟雾、火光等,应立即向上级领导及消防部门汇报。管理处值班员接到火警报警后,应迅速通知附近人员赶往现场,查明报警地址、燃烧起因、目前火势、周边环境及人员受伤情况等。

2)召集。火警确认后,通知义务消防队员赶赴现场。管理处所有人员一旦获悉火警均应立即直赴现场,参与灭火。管理处经理接报后应赶往监控中心进行调度,经理助理接报后应赶往现场进行指挥。到达现场的人员必须听从现场指挥的调配。

3)灭火。现场指挥根据火场情况,迅速组织到场员工成立灭火组、抢救组、疏散组、警戒组及支援组等,开展灭火工作。灭火人员执行命令应迅速、准确。灭火组在现场指挥的带领下使用灭火器材进行灭火。抢救组应迅速组织人力将贵重物品及危险物品搬离现场。疏散组负责协助邻近火场的居民迅速由消防通道疏散,同时指挥停泊在危险区域内的车辆驶离。后续赶往火场的人员为支援组。按现场指挥的命令,向现场运送灭火剂、灭火器材及所需的各种物品。若火势过大且消防警已到场时,不必要的人员要迅速撤离。义务消防员继续协助消防警灭火直至火势被完全控制。

4)善后与恢复。火势完全熄灭后,安保员负责现场警戒,保护现场,并协助消防部门查明火因,统计损失,向上级提交事故报告。

4.6 清洁绿化服务方案

1. 清洁服务

(1)环境卫生管理要点。

1)全员保洁,人过地净;重点部位,重点保洁。

2)确保居住区内部的环卫设施完备及各类卫生宣传标识齐全。

3)建立专业化的保洁队伍,制订详细的操作规程及工作标准,实行每日16小时保洁服务。

4)生活垃圾和装修垃圾实行分类袋装,日产日清,收集和转运采用密闭方式。

(2)环境管理的具体措施及工作标准。

1)垃圾箱。每日清洗一次并套上黑色垃圾袋,摆放在指定位置并加盖密闭,桶外壁干净无垃圾黏附物;垃圾车、池每日冲洗,每周彻底消杀一次;垃圾车无明显附着物,垃圾池周围无积水、污渍。

2)楼道地面。

①水泥地面每日清扫一次,每隔2小时巡扫一次,每月冲洗一次;

②瓷砖地面每日用地拖擦拭一遍;

③大理石地面定期抛光打蜡;水泥地面目视无烟头、碎纸、果皮等垃圾,无积水、无尘土、无痕迹;瓷砖地面干净,无明显污迹黑印,无积水,条缝清晰;大理石地面光亮,可映出照明轮廓,干净无蜡迹。

(3)公共墙面。

1)内墙面每周彻底清洁一次,每日巡扫污染处。

2)天棚、墙角每周除尘、除蛛网;抹灰、喷涂墙面凹凸处无明显灰尘,无蛛网;瓷砖墙面目视无污迹、无尘、无乱张贴,用白纸巾擦拭表面50 cm,纸巾不被明显污染。

3)外墙光亮、整洁,无明显水渍、油渍。

(4)公共照明灯罩。每月用清洁剂清洗擦抹一次;目视灯罩表面干净,内部无积尘。

(5)消火栓、电表盖、管线等每周用清洁毛巾擦抹;玻璃明亮,目视无尘;箱顶、侧无尘,用白纸巾擦拭30 cm不被明显污染;无明显积尘、无蛛网。

(6)玻璃门、窗、幕、墙每日用清洁毛巾擦抹,每周用清洁剂彻底清洗一次;玻璃目视明亮,无灰尘、污迹、无水珠;窗台目视无积尘;镀膜玻璃半米之内可照出人影像。

(7)楼梯扶手每日用清洁毛巾擦抹;无尘,用白纸巾擦拭30 cm,纸巾不被明显污染;楼梯梯级:每天清扫,每周拖抹一次,每月冲洗一次;目视干净无垃圾,无杂物,无明显污迹(油污、黑印等)。

(8)各种指示牌、标识每周清洗擦抹一次:目视无明显积尘、无水珠、无破损。

(9)集中绿地每日清扫一次,每隔2小时巡扫一次;草坪目视干净,无明显废纸、塑料袋、瓶罐等垃圾,无砖头、大石子,配自动剪草机。

(10)宣传栏每天擦抹一次:玻璃明亮,目视无尘、无水珠,不锈钢面光亮,宣传栏内无明显的可见积尘。

(11)花池每月彻底擦抹及冲洗一次;随时清洁污染处;瓷贴片干净,无明显污迹、水垢。

(12)地面其他公共设施每月彻底擦抹一次,随时清洁污染处;无乱张贴,无乱涂划,无破损。

(13)广场地砖、小区道路每日清扫一次,每隔2小时巡扫一次,每月冲洗一次;目视干净,无杂物,无明显污迹,条缝清晰、无杂草。

(14)单车棚、地面停车设施每天用清洁毛巾擦抹一次;每季度刷漆一次;目视无明显污迹,无积尘,无生锈破损现象。

(15)雨水井、排水沟每周冲洗一次,每月彻底消杀三次;无明显垃圾、杂物及泥沙,无蚊虫滋生。

(16)不锈钢门框、扶手每周彻底清洁保养一次,随时清洁污染处;亚光不锈钢表面无污迹,无灰尘,半米内可映出人影;镜面不锈钢表面光亮,3 m内能清晰映出人物影像。

2. 绿化服务

园林绿化是有生命的,可以美化生活,陶冶情操,对实现以人为本、追求生态环境效益有重要的意义。通过建绿、护绿、养绿,加强绿化管理,创造清洁、安静、舒适、优美的生态小区,极大地提高环境效益。

(1)实行园林绿化管理。小区的绿化系统由庭院绿化的"点",道路绿化的"线",公共绿地的"面"组成。绿化本着"经济、美观"的指导思想,见缝插针,合理配置,注意景观,采取重点与一般,集中与分散,点、线、面、带相结合的方法,以自然式和混合式的格局,利用精巧的园林艺术小品和丰富多样的园林植物进行多层次的立体绿化,收到"立地成景,四季常青"的效果,从而形成优美清新、绿意盎然、赏心悦目的生态环境。园林绿化的布置注意层次的搭配,正确选择植物的品种,配置必要的速生、抗病虫的花草树木,以及水池、喷泉、花架、假山、雕塑等,做到遮阴、防尘、调节视觉效果。

(2)绿化养护管理。俗话说:"三分种树,七分养护",这说明日常养护管理十分重要。绿化养护管理工作包括除草、松土、浇水、整形、除虫等,还有防止人为的毁坏。在做好日常性的管理同时,还要针对不同花草树木的品种、不同习性、不同季节、不同生长期,对生存的客观条件的要求,进行针对性的和动态性的管理。做到树木生长茂盛无枯枝,树形美观完整无倾斜,花坛土壤疏松无垃圾,草坪平整清洁无杂草。

1)树木、草坪养护管理指标新种树苗:本地苗成活率为95%,外地苗成活率为85%,虫害的树木不超过2%;绿化建筑小品无损坏;草坪无高大杂草,绿地无家生、野生地藤蔓植物;草地整洁无砖块、垃圾。

2)树木、草坪养护管理的质量标准树木:生长态势基本正常;叶子枝干基本正常。草坪:覆盖率在90%以上;基本上无杂草;生长和颜色基本正常不枯黄;基本无病虫害。

3)绿化养护技术措施要求:树木:定期浇水、施肥、松土、修剪2次,每年喷药3次;绿篱:定期浇水、施肥、修剪3次,每年喷药3次;草坪:按期浇水、施肥、除草,每年喷药2次。

4.7 物业管理应急预案

1. 电梯困人应急预案

（1）任一员工接到业主报警或发现有乘客被困在电梯内,应立即通知保安消防监控室,同时记录接报和发现时间。

（2）保安消防监控室接报后应一方面通过监控系统或对讲机了解电梯困人发生地点、被困人数、人员情况及电梯所在楼层；另一方面通过对讲机向保安部经理或当班领班汇报,请求派人或联系工程物料部前往解救。

（3）保安部经理或当班领班接报后,立即亲自到场或派人员到场与被困乘客取得联系,安慰乘客,要求乘客保持冷静,耐心等待求援。尤其当被困乘客惊恐不安或非常急躁,试图采用撬门等非常措施逃生时,要耐心告诫乘客不要惊慌和急躁,不要盲目采取无谓的行动,以免使故障扩大,发生危险。注意在这一过程中,现场始终不能离人,要不断与被困人员对话,及时了解被困人员的情绪和健康状况,同时及时将情况向公司总经理或值班领导汇报。

（4）工程物料部经理或值班人员接报后,应立即派人前往现场解救,必要时电话通知电梯维修公司前来抢修。若自己无法解救,应设法采取措施,确保被困乘客的安全,等待电梯维修公司技工前来解救。

（5）若工程物料部和电梯维修公司都无能力解救或短期时间内解救不了,应视情况向公安部门或消防部门求助(应说明求助原因和情况)。向公安、消防部门求助前应征得公司总经理或值班领导的同意。

（6）在解救过程中,若发现被困乘客中有人晕厥、神志昏迷(尤其是老人或小孩),应立即通知医护人员到场,以便被困人员救出后即可进行抢救。

（7）被困者救出后,保安部经理或当班领班应当立即向他们表示慰问,并了解他们的身体状况和需要,同时请他们提供姓名、地址、联系电话及到本小区事由。如被困者不合作自行离去,应记录下来存档备案。

（8）被困者救出后,工程物料部应立即请电梯维修公司查明故障原因,修复后方可恢复正常运行。

（9）保安部经理或当班领班应详细记录事件经过情况,包括接报时间、保安和维修人员到达现场时间、电梯维修公司通知和到达时间、被困人员的解救时间、被困人员的基本情况、电梯恢复正常运行时间。若有公安、消防、医护人员到场,还应分别记录到场和离开时间、车辆号码；被困人员有伤者的,应记录伤者情况和被送往的医院。

（10）工程物料部经理或值班人员应详细记录故障发生时间、原因、解救办法和修复时间。

2. 突发停电应急预案

（1）在接到停电通知的情况下,管理运作部应事先将停电线路、区域、时间、电梯使用,以及安全防范要求等情况通知每个住户和商户,并在主要出入口发布停电通告；同时,工程物料部应做好停电前的应变工作。

（2）在没有接到任何通知、突然发生停电的情况下,工程物料部应立即确认是内部故障停电还是外部停电。若是内部故障停电,应立即派人查找原因采取措施,防止故障扩大；若是外部停电,一方面要防止突然来电引发事故；另一方面致电电力局查询停电情况,了解何时恢复供电,并将了解的情况通知管理运作部。

（3）保安部立即会同工程物料部派人分头前往各楼检查电梯运行情况,发现电梯关人立即按照电梯困人应急预案施救。

(4)管理运作部立即将停电情况通知小区内住户和商户,并在主要出入口发布停电通告,必要时启用紧急广播系统通知住户,要求住户保持冷静,做好防范。

(5)若突发停电时,正值晚上商场营业,保安部应协助商场维持好秩序,指导商户启用应急照明灯、蜡烛等备用照明,疏散顾客,并要注意防火,防止发生火灾。

(6)安排员工到小区各主要出入口、电梯厅维持秩序,保安加强保安措施,严防有人制造混乱,浑水摸鱼,必要时关闭大门。

(7)派人值守办公室、值班室,耐心接待住户和商户询问,做好解释和疏导工作,防止与住户、商户发生冲突。

(8)详细记录停电事故始末时间、发生原因、应对措施及造成的损失。

(9)突发停电的预防措施。

1)工程物料部应经常检查应急照明和紧急广播系统,确保正常。

2)管理运作部应提醒写字楼住户、商户备置一些应急照明灯或蜡烛,以防停电。

3)保安部、工程物料部除配置巡逻、检修用的电筒外,还应配置手提式应急照明灯,并时时充电保养,保持完好。

3. 液化气泄漏应急预案

(1)接到业主报警或发现液化气泄漏后,公司员工应立即通知保安部经理或当班领班,并马上赶到现场查看情况,必要时疏散人员,并禁用电气设备(包括手机、电话和对讲机)。

(2)保安部经理或当班领班接报后,一方面立即派人员前往现场支援,并通知工程物料部;另一方面视情况通知液化气公司和消防支队。

(3)工程物料部接到通知后,急速赶赴现场,协助保安部施救。

(4)若液化气泄漏发生在室外,应马上疏散周围人员,建立警戒线,防止围观,并严禁烟火和使用电气设备。

(5)若液化气泄漏发生在室内,要保持冷静,谨慎行事,切记现场不可按门铃、启闭照明灯、开换气扇、打报警电话、使用对讲机及关闭电闸,也不要脱换衣服,以防静电火花引爆泄漏的气体。

(6)施救人员进入室内前,应采取一定的防范措施,戴上防毒面具;没有防毒面具,则用湿毛巾捂住口鼻,尽可能屏住呼吸;进入室内后,应立即切断液化气总阀,打开门窗,加快气体扩散,并疏散现场范围内的非相关人员,协助救援、抢修的消防人员和维修人员维持现场秩序。

(7)发现有中毒、受伤者,应立即小心、妥善地将受伤人员抬离现场,送往安全地区,必要时施行人工呼吸,并通知医疗部门前来救护或将受伤人员送往医院抢救。

(8)保安部和工程物料部应详细记录液化气泄漏的时间、地点、故障情况和修复过程。若有人员伤亡,应详细记录伤亡人员的姓名、性别、年龄、时间和抢救医院。

(9)安保员和设备巡检人员在平时巡逻时应提高警惕,遇有异常气味时,应小心处理,同时应掌握液化器总闸的位置和关闭方法。

4. 盗窃和破坏事件应急预案

(1)任一员工发现盗窃和破坏事件或接到报警后,应立即查清楼号、单元号、楼层,通知保安部或当班保安领班派员前往现场查验,并通知监控值班员密切注意相关画面,监视犯罪嫌疑人动向。

(2)保安巡逻时发现有人在小区内实施盗窃或破坏行为,应马上用对讲机向保安部经理或当班领班汇报,并通知消防监控室协助监视;同时保持冷静,如能处理的可及时处理,否则监视现场,记住犯罪嫌疑人的面貌、体形、服饰和特征,防止犯罪嫌疑人逃逸,并注意自身安全。

(3)保安部经理或当班领班接报后,视情况尽快派适当数量的保安赶赴现场,尽可能制止一切盗窃和破坏行为,在力所能及的情况下堵截捉拿犯罪嫌疑人,同时向警方报警。

(4)保安人员在事件中捕获犯罪嫌疑人,应询问记录后移交警方处理,并根据警方要求提供情况和证据,严禁施刑拷打、审讯和扣押,并应劝阻业主和围观人员打骂犯罪嫌疑人。

(5)若犯罪嫌疑人在警方到来以前已逃离现场,保安人员应注意保护现场,阻止任何人员进入或接近现场,并不得触动现场任何物品和门窗,等候警方前来处理。

(6)如在作案现场发现有人受伤,应在保护好现场的基础上,通知医护人员前来救护。

(7)在抓捕犯罪嫌疑人的过程中,若有需要可临时关闭所有出入口,劝阻业主及访客暂停出入,配合防止犯罪嫌疑人乘机逃逸。

(8)警方人员到达后,安保员应清楚记下警官官衔、编号及报案编号,并积极提供线索,配合警方人员办案。

(9)在事件中涉及财产损失和人员伤害,应拍下照片或录像,留下当事人员和目击者,供警方详细调查以明确责任和落实赔偿。

5.意外伤亡应急预案

(1)小区内出现人员意外伤亡事件,保安人员应立即赶赴现场,查明情况,向保安部经理或总经理汇报。

(2)若有人受伤,应在保护现场的同时立即组织抢救,并通知医疗救护中心。对骨折伤员一定要注意尽量不要搬动,防止使伤情加重。

(3)若伤亡事故是由触电引起的,保安人员应就近切断电源或用绝缘物(如干燥的木杆、竹竿或塑料、橡胶)将电源拨离触电者,再施抢救。在没有切断电源的情况下,严禁用手直接去拉触电者或用金属杆去拨离电源,以防自身触电。

(4)若伤亡事故是由设备故障或设施损坏引起的,保安部应立即通知工程物料部经理(或主管)到场,共同制订抢救方案。

(5)若伤亡事故是由溺水引起的,保安人员或其他员工应立即抢救,若落水者喝水较多,应让伤者头朝下倒立,按压腹部,使其吐出喝入之水,必要时施行人工呼吸。

(6)若伤亡事故是由高层坠落、物品砸伤引起的,在抢救伤员的同时,应保护好现场,拍下照片或录像,留下目击者,同时向警方报警。

(7)若伤亡事故是由交通肇事引起的,应在保护好现场、抢救伤员的同时,记录肇事车辆,留下驾驶员和目击者,如有监控录像,保存相关录像,报请警方处理。若交通事故引起小区内交通堵塞,应开辟旁行通道,积极疏导交通,并设立警戒线,防止破坏现场。

(8)伤者被送往医院抢救时,应记录下救护车号码、送往的医院及伤者情况。

(9)详细记录意外伤亡经过。对由于设备故障或设施损坏引起的伤亡事故,及由于管理公司原因引起的触电事故,相关部门在事发4小时内写出书面报告给公司总经理,以便公司总经理视情况向有关方面汇报并查找原因,落实责任。

6. 水浸应急预案

(1)员工接到报警或发现小区范围内出现水浸事故，应立即将进水地点、楼层、水源、水势情况报告当值领导、工程物料部值班人员和当班保安领班，并在支援人员到达以前尽量控制现场水势，防止水浸范围扩大。

(2)相关人员接报后，立即派人员就近采用防水设施保护好受浸楼层各电梯槽口，并将电梯升上最高层，切断电源，以免电梯受损；若电梯轿厢控制面板已经进水，则应立即切断电源，切忌升降电梯，以防故障扩大。

(3)立即查明水浸原因，采取措施(包括关闭水泵、关闭水阀、封堵水管、堵塞漏洞、疏通排水管道、打开末端放水等)，切断水源，并关闭受浸区域之电闸，防止人员触电。若水源来自供水总管或工程物料部无力解决时，应立即通知自来水公司前来抢修。

(4)在水蔓延的通道上摆设拦水沙包或采取其他一切有效措施，防止水蔓延到设备房、配电室、业主室内或其他楼层。

(5)组织力量采用各种手段，包括采用扫帚、吸水机吸水，排净积水，清理现场，尽快恢复整洁。

(6)水源中断后，工程物料部应立即派人尽快修复受损设施；保安部、行政部应设法维持小区内秩序，并耐心做好住户的安慰解释工作，尽力解决水浸给住户带来的实际困难，并注意维护物业公司的形象。

(7)如在水浸事故后，有任何公共设施的正常使用受到影响或由此引发停电停水，应知会相关业主或在小区各主要出入口设置告示，知会全体业主；如有任何区域存在危险性，应在该范围内设置警告标志。

(8)召开会议，分析事故发生原因，总结经验教训，并采取措施，防止出现类似事故。

(9)详细记录水浸事故发生经过和采取的措施，以及受损情况。

(10)一些常见水浸事故的预防措施：

1)保安巡逻和设备巡检时，应留意排水渠道是否有淤泥、杂物或塑胶袋，有否堵塞，并随时加以清理疏通；清洁工定时清扫天台、排水沟，防止雨后垃圾冲入排水口造成堵塞。

2)加强对消防喷淋系统的巡视，防止碰撞、移动喷淋头或消火栓引起水浸。

3)灾害性天气(台风、暴雨、大雪)来临前，工程物料部人员应对小区内门窗、天台、排水沟渠、集水井、排水泵等进行一次全面检查，发现问题及时修复。

4)管道工在操作安装、维修时应严格按照操作规程操作，防止因操作不当引发水浸事故。

5)对业主/用户装修要加强管理，防止由于业主/用户在进行管道安装，尤其是消防喷淋系统试压时施工不当引起水浸事故。

6)平时应备足沙包作为应急使用。

7. 火灾应急预案

无论何时，一旦发现有火灾苗头，如烟、油、味、色等异常状态，每一位员工都必须立即向消防监控室报警(注意当现场异味为液化气等易燃气体时，严禁在现场用手机、对讲机、电话报警，应该脱离现场到安全区域后再报警，以防电火花引爆易燃气体)，请其派人查明真相，并做好应急准备。

(1)目击报警。小区任何区域一旦着火，发现火情的人员应保持镇静，切勿惊慌。如火势初期较小，目击者应立即就近用灭火器将其扑灭，先灭火后报警。如火势较大，自己难以扑灭，应采取最快方式用对讲机、电话或打碎附近的手动报警器向消防监控室报警。关闭火情现场附近之门窗以阻止火势蔓延,并立即关闭附近的电闸及煤气。引导火警现场附近的人员用湿毛巾捂住口鼻,迅速从安全通道撤离,同时告诉疏散人员不要使用电梯逃生,以防停电被困。

（2）消防监控室报警。消防监控室值班人员一旦发现消控设备报警或接到火警报告后,应立即通知保安人员赶赴现场确认,并通知消防专管员。火情确认后立即通报保安部经理或当班领班,由其迅速召集人员前往现场灭火、警戒、维持秩序和组织疏散。立即将火情通报物业总经理或值班领导及工程物料部经理。值班人员要坚守岗位,密切观察火警附近区域的情况,如有再次报警,应立即再次派人前往查看确认。

（3）报警要求。内部报警应讲清或问清:起火地点;起火部位;燃烧物品;燃烧范围;报警人姓名;报警人电话。向"119"报警应讲清:小区名称;火场地址（包括路名、门牌号码、附近标志物）;火灾发生部位;燃烧物品;火势状况;接应人员等候地点及接应人;报警人姓名;报警人电话。

（4）成立临时指挥部。物业总经理或值班经理接到火警报告后,应立即赶赴指定地点或火警现场,并通知相关人员到场,成立临时灭火指挥部。临时指挥部由物业总经理、保安部经理、工程物料部经理、行政部经理、消防专管员及其他相关人员组成,由物业总经理任临时总指挥。物业总经理尚未到场时,由保安部经理或值班经理代任总指挥。临时灭火指挥部职责:根据火势情况及时制定相应对策,向各部门下达救灾指令。根据火势情况确定是否疏散人员。立即集合义务消防队,指挥义务消防队员参加灭火,并保证消防用水的供应。在火势难以控制时,应及时下达向"119"报警的指令。根据火势情况,成立疏散组、抢救组、警戒组,组织救人,抢救和保管重要物资及档案,维持现场秩序。

（5）火灾扑灭后,组织各部门员工进行善后工作。小区内发生火情时,各部门员工的任务是扑救火灾、疏散人员、抢救重要物资和维持秩序,危急关头以疏散、救护人员为主。火灾发生后,每一位员工都要牢记自己的首要职责是保护业主、访客及自己的生命安全。

（6）警戒。保安部接到火警通知后,应迅速成立警戒组,布置好小区内部及外围警戒。清除小区外围和内部的路障,疏散一切无关车辆和人员,疏通车道,为消防队灭火创造有利条件。控制起火大楼底层出入口,严禁无关人员进入大楼,指导疏散人员离开,保护从火场上救出的贵重物资。保证消防电梯为消防人员专用,引导消防队员进入起火层,维持灭火行动的秩序。

第五部分　物业服务成本费用核算

物业服务成本预算细案　　　　　　　（单位:元/月）

1. 员工薪资
（1）总管理处。

总物业经理	1	×	18 000	18 000	18 000

（2）综合服务部。

综合部经理	1	×	8 000	8 000	
会计	1	×	5 000	5 000	
出纳	1	×	4 200	4 200	
行政人事专员	1	×	4 500	4 500	21 700

(3)客服部。

客服经理	1	×	8 000	8 000	
客服领班	2	×	6 000	12 000	
租务专员	1	×	5 000	5 000	
大堂前台接待	2	×	4 500	9 000	
客服助理	6	×	5 000	30 000	64 000

(4)安管部。

安管经理	1	×	8 000	8 000	
安管主管	1	×	5 500	5 500	
消防主管	1	×	5 500	5 500	
安管领班	4	×	5 000	20 000	
安管员	16	×	4 000	64 000	103 000

(5)工程维护部。

工程经理	1	×	10 000	10 000	
工程领班	2	×	5 000	10 000	
高压值班电	4	×	4 500	18 000	
空水技工	4	×	4 500	18 000	
综合维修技工	3	×	4 500	13 500	69 500

附加39.2%作为养老、医疗、公积金等保险及津贴	108 270.4
附加年终双薪(平均每月值)	22 740.47
误餐费用	14 256.00
员工薪资合计	421 466.87
2.员工制服 4 500.00	4 500.00

3.公共区域设施设备保养费

给排水系统	1 666.67	
消防系统外包维保费用	4 166.67	
电梯维保费	45 000.00	
中央空调主机维保费	7 333.33	
变配电系统	2 083.33	
中央空调水处理外包费用	1 250.00	
泛光照明灯具和外围灯具更换	3 000.00	
		64 500.00

4.公共水电费用

闭路监控系统及消防系统电费	8 748.00
室外公共照明含泛光照明	2 640.00
给水系统耗电费	4 867.50
写字楼室内公共照明	8 696.16
电梯运行电费	45 950.00
管理用房和机电设备房照明能耗、办公设备用电	7 251.20

泛光照明灯具和外围灯具更换	3 000.00	
电梯机房空调运行费用		
写字楼公共卫生间用水费用		
办公用水	431.73	
绿化用水	2 398.50	
中央空调运行费用	794 646.12	
		878 629.21
5. 清洁费用		
保洁费	81 120.12	
大堂租摆费用	1 000.00	
另计生活水箱清洗费用	250.00	
		82 370.12
6. 办公室		
固定电话费	800.00	
手机补贴	1 600.00	
招聘费用	1 000.00	
宿舍费用(含水电费,三餐)	7 500.00	
外联费用	1 500.00	
办公费用	2 160.00	
交通费	800.00	
		15 360.00
7. 节日布置费用	5 000.00	5 000.00
8. 折旧费用	6 290.95	6 290.95
9. 保险(公共财产险和公众责任险)	4 583.33	4 583.33
10. 外包外墙清洗平均每月费用(每年洗两次)		8 000.00
11. 其他(按上述支出总额计提3%不可预见之开支)		44 871.02
12. 法定税费		62 669.86
总费用		1 653 241.36

模块小结

  物业管理投标文件是物业服务企业为取得目标物业的管理权,依据招标文件和相关法律、法规,编制并递交给招标组织就目标物业服务的价格和其他责任承诺的应答文件。本模块主要介绍物业管理投标文件的组成和内容、物业管理投标编写的组织。

住宅小区投标方案提纲

思考与练习

一、填空题

1. ＿＿＿＿＿＿＿＿是物业服务企业为取得目标物业的管理权,依据招标文件和相关法律、法规,编制并递交给招标组织就目标物业服务的价格和其他责任承诺的应答文件。

2. ＿＿＿＿＿＿＿＿是投标人给招标人的信函,主要是希望通过此函向投标人表达投标意愿、投标报价及中标后的履约保证等。

3. 物业管理收费中所采用的建筑面积或套内面积,在签订合同时相应的按＿＿＿＿＿或＿＿＿＿＿＿＿,但收费的单价不变。

4. 为了保证标书的质量,一般由个人分工负责写的某一部分标书完成以后,应交换进行修改、补充、完善,然后汇总为＿＿＿＿＿＿＿＿＿。

5. 物业管理投标书的写作要求＿＿＿＿＿＿、＿＿＿＿＿＿＿、＿＿＿＿＿＿等。

二、简答题

1. 编制投标文件的准备工作包括哪些内容?
2. 投标文件由哪些部分组成?
3. 投标函的主要内容有哪些?
4. 物业管理大纲编制要求有哪些?
5. 编制投标文件标书格式的注意事项有哪些?
6. 物业管理投标书的基本要素包括哪些?
7. 简述物业管理投标书编写技巧。

学生学习情况评价表

评价模块：物业管理投标文件的编写　　　　　　　　　　　评价日期：

姓名			班级		
评价项目	评价内容	分值	自评	小组互评	教师评价
知识目标	了解物业管理投标文件及编写注意事项；掌握投标商务文件及技术文件的组成；掌握物业管理投标文件编写的组织	30			
专业能力	能够根据实际项目编写物业管理投标文件	30			
方法能力	可快速获取和接受工作所需的知识，利用工具书和专业书籍获取所需信息	20			
社会能力	具有认真细致、精益求精的职业精神，以人为本、自强不息、艰苦奋斗的工匠精神，为人民服务的责任感与使命感；具有勇于创新、求真务实的时代精神	20			
评价汇总		100			
总评分数					

注：总评成绩＝自评成绩×30％＋小组评价×20％＋指导教师评价×50％

模块六 物业管理投标报价的编写

知识目标

1. 了解物业服务费的测算概念及依据；掌握物业服务测算的内容、要求。
2. 掌握物业服务计费方式，物业服务费的测算方法。
3. 熟悉物业管理投标报价策略、投标策略；投标价的调整与确定、物业管理投标决策。

能力目标

1. 能够精确、细致测算物业服务费，精确完成物业服务成本的核算。
2. 能够运用多种投标技巧，避免报价失误。

素养目标

1. 培养廉洁奉公、爱岗敬业、淡泊名利、甘于奉献的职业品格，增强法律意识。
2. 培养学生在工作中一丝不苟、认真细致的精神。
3. 培养学生突破陈规、大胆探索、锐意进取的改革精神，具有勇于创新、求真务实的时代精神。

案例导入

物业服务测算失误导致亏损

某物业公司有这样一个高档居住物业项目，自2018年入住管理以来一直处于亏损中。他们翻开该项目的投标策划书，确认当时物业服务测算的价格中包含了10%的利润，那么又为什么会亏损呢？进一步分析后发现亏损的主要因素是"供气损耗"。

该楼盘有一项新的配套设施——向业主提供蒸汽热水，对××物业公司来说，从来没有遇到这个情况。项目投标时相关人员根本没有意识到其中的玄机，也没有进行深入、细致的调研测算，想当然的套用测算水电的方法。本身供气的损耗就非常大，加之房地产调控大环境下物业空置率高，造成的用户使用率很低，损耗就更大。

据测算,每月仅供气损耗一项就收支倒挂10万元左右,而该项目每月全部计算在内的物业服务费收入只有20万元,这样的情况,该物业管理项目不亏也难。一年后,某物业服务公司与业主大会商议预提高物业服务费标准,遭到业主大会反对,被迫撤出该项目。

(资源来源:https://www.docin.com/p-1790568718.html)

讨论:

物业企业参与项目投标时应注意什么?

单元一 熟悉物业服务费的测算

一、物业服务费的测算概念及依据

物业服务费是物业服务企业接受物业所有人或使用人的委托,依据物业服务委托合同,对物业的房屋建筑及其设备、市政公用设施、绿化、卫生、交通、治安和环境容貌等管理项目进行维护、修缮和整治,并向物业所有人或使用人提供综合性服务所收取的费用。物业服务费的测算是整个投标过程中最重要的一部分,是投标成功与否的关键所在。

物业服务费的测算依据如下:

(1)《中华人民共和国价格法》《物业服务收费管理办法》《物业管理条例》及各地方政府制定的物业服务收费管理办法;

(2)招标文件及标前会议问题答疑等招标补充通知;

(3)开发建设单位的规划假设思路及入住业主的需求;

(4)物资询价及分包询价结果,已掌握的市场价格信息;

(5)有定价权限的政府价格主管部门根据物业服务等级标准等因素,定期公布的相应基准价及其浮动幅度;

(6)竞争态势的预测和盈利期望;

(7)投标企业物业服务的成功经验。

阅读材料

投标报价的确定程序

投标报价的确定包含大量的资料收集、估算调整工作,通常是从决定参加投资开始到业主或开发商正式认可或拒绝该报价为止。

大致来讲,包括估价准备工作、服务费用估算、报价的编制与提交。

1. 估价准备工作

投标公司在决定参加投标之后,就必须立即着手开展资料的收集、整理工作,尽可能快地为估价工作做好准备工作。这些工作大致有:查阅文件,编制疑问清单;拟订设计实施计划;确定分包清单;确定设计变更方案。

2. 服务费用估算

在初步做好估价准备工作之后,就进入了详细的服务成本估算工作。估算和编制报价阶段的工作主要包括：获取信息，澄清疑问，编制管理组织安排说明书，询价，现场考察，核算人工与设备费用，物业管理成本的计算。

3. 报价的编制与提交

报价的编制与提交通常包括下列工作：召开标价审定会议，对估价进行分析调整，考虑增加总部管理费补偿，评估物业管理风险，并作为加价的因素计入投标报价；编制投标文件，提交招标委员会。这些工作的详细内容将在下一部分予以说明。

在报价编制与提交期间，总估价师或总经理应组织召开一次标价审定会议，要求所有在标价编制工作中担负过主要职责的职员都参加该会议。会议将由总估价师或总经理就估价工作的具体情况对职员进行质询，以确保该报价合理。

二、物业服务费测算的内容

（1）前期介入服务中发生的费用预算，包括办公设备购置费、工程设备购置费、清洁设备购置费、通信设备购置费、安保设备购置费、商务设备购置费、绿化设备购置费等。

（2）第一年度物业管理费用预算，包括物业管理人员的工资、福利费、办公费、邮电费、通信费、绿化清洁费、维修费、培训费、招待费等。

（3）年度能源费用测算，包括水费、电费、锅炉燃油费等。

（4）物业所具有的各项经营项目的经营收入预算，包括各项收入、利润分配等。

（5）年度经营管理支出费用预算，包括人员费用、办公及业务费、公用事业费、维修消耗费等。

三、物业服务费的测算要求

（1）能源费、修理费、排污费、垃圾清运费等要按实计算。

（2）人工费要与管理水平相一致。

（3）管理者酬金按国内外通行的做法以实际发生的管理费用乘以 10%～15% 的比率，过高或过低都将影响投标的成功。

（4）其他管理酬金可以确定一个固定数，属经营性的管理可与营业指标挂钩等。在进行前期介入费用的测算时，还要掌握勤俭节约、最低配置、急用先置的原则。

四、物业服务计费方式

《物业服务收费管理办法》规定，业主与物业服务企业可以采用包干制或酬金制等形式约定物业服务费用。

1. 物业服务费用酬金制

物业服务费用酬金制是指在预收的物业服务资金中按约定比例或约定数额提取酬金支付给物业服务企业，其余全部用于物业服务合同约定的支出，结余或者不足均由业主享有或承担。

物业服务
收费管理办法

物业服务费用酬金应以预收的物业服务资金为计提基数，计提基数和计提比例通过物业服务合同约定。在物业管理服务过程中产生的归属于业主的其他收入也可计提酬金，但应经业主大会同意并应在物业服务合同中专门约定。其他收入包括产权归全体业主的停车场收入、成本费用在物业管理项目机构列支的其他经营收入等。

在酬金制下,物业服务企业提供物业服务的经济利益仅仅局限于按固定的金额或比例收取的酬金,扣除酬金及物业服务支出后结余的资金为全体业主所有。对业主而言,物业服务费用的收支情况较为透明,避免了收费与服务不相符的情况,保护了业主合法权益;对物业服务企业而言,由于酬金是按照预收的物业服务资金提取,具有相对的固定性,可以使企业在一定程度上规避收支不平衡的经营风险。在酬金制条件下,物业服务企业应当向全体业主或者业主大会公布物业服务资金年度预决算,并每年不少于一次公布物业服务资金的收支情况。

酬金制预收的物业服务资金包括物业服务支出和物业服务企业的酬金。目前,非住宅项目或高档住宅小区多采取酬金制的收费方式。

2. 物业服务费用包干制

物业服务费用包干制是指由业主向物业服务企业支付固定物业服务费用,盈余或亏损均由物业服务企业享有或承担的物业服务计费方式。

实行包干制的物业服务企业在与业主签订物业服务合同时应明确服务费额度和服务内容、服务质量标准,并明确在此前提下的盈余或亏损是由物业服务企业承担的,企业的经济效益与其管理服务、成本控制、经营运作能力紧密相关。

在包干制下,物业服务企业作为一个独立的企业法人,自主经营、自负盈亏、风险自担、结余归己。但业主可以对物业服务企业是否按合同要求的内容和质量标准提供服务进行监督,对物业管理工作提出改进建议。物业服务企业应本着诚信公平原则,主动接受业主监督,保证服务质量并不断改进。

包干制物业服务费的构成包括物业服务成本、法定税费和物业服务企业的利润。在实践中,普通住宅小区多采用包干制的收费方式。

五、物业服务费的测算方法

下面以实行包干制的物业管理企业为例,介绍物业管理服务费的测算方法。

服务收费的测算可用一个简单的公式来表示:

$$X = \sum_{i=1}^{12} X_i (i = 1, 2, \cdots, 12)$$

式中 X——物业服务收费标准,单位为元/(月·m²);

X_i——各分项费用收费标准,单位为元/(月·m²);

i——分项项数;

$\sum$——对各分项费用算术求和。

1. 管理、服务人员的工资、社会保险和按规定提取的福利费等

工资、社会保险和按规定提取的福利费用是指物业管理企业的人员费用。其包括基本工资、按规定提取的福利费、加班费和服装费;不包括管理、服务人员的奖金。奖金应根据企业经营管理的经济效益,从赢利中提取。

(1)基本工资 F_1(元/月)。各类管理、服务人员的基本工资标准根据企业性质、参考当地平均工资水平确定。

(2)按规定提取的福利费 F_2（元/月）。包括以下 3 项：

1）福利基金。按工资总额的 14% 计算。

2）工会经费。按工资总额的 2% 计算。

3）教育经费。按工资总额的 1.5% 计算。

(3)社会保险费 F_3（元/月）。社会保险就是俗称的"五险一金"。"五险"指的是五种保险，包括养老保险、失业保险、工伤保险、医疗保险和生育保险；"一金"指的是住房公积金。其中，养老保险、医疗保险和失业保险这三种险是由企业和个人共同缴纳的保费，工伤保险和生育保险完全是由企业承担的，个人不需要缴纳。

社会保险费缴费金额＝缴费基数×缴费比例

(4)加班费 F_4（元/月）。加班费按人均月加班 2 天，再乘以日平均工资计算。日平均工资按每月 22 个工作日计算。

(5)服装费 F_5（元/月）。按每人每年 2 套服装计算，其服装标准由企业自定。住宅小区物业管理企业一般应不超过中档服装标准，计算出年服装费总额后再除以 12 个月，即得每月服装费。

工资、社会保险和福利费用的测算方法是根据所管物业的档次、类型和总建筑面积先确定各级各类管理、服务人员的编制数；然后确定各自的基本工资标准，计算出基本工资总额；再按基本工资总额计算上述各项的金额；汇总后即为每月该项费用的总金额，最后分摊到每月每平方米建筑面积。其测算公式为

$$工资、社会保险和福利费\ X_1 = \frac{月基本工资总额＋各项福利费＋社会保险费＋加班费＋服装费}{总建筑面积}$$

$$= \frac{F_1 + F_2 + F_3 + F_4 + F_5}{S}\ [元/(月 \cdot m^2)]$$

式中　S——总建筑面积(m^2)。

2. 物业共用部位、共用设施、设备日常运行、维修及保养费

物业共用部位、共用设施、设备日常运行、维修及保养费是指为保障物业管理区域内共用部位、共用设施、设备的正常使用和运行、维护保养所需的费用。该项费用包括小区楼宇内共用部位如过道、门厅、楼梯及小区道路环境内的各种土建零修费；各类公共设施、设备如室外上下水管道、电气部分、燃气部分等的日常运行、维修及保养费；小区内及楼宇内公共照明费等；不包括保修期内应由建设单位履行保修责任而支出的维修费，应由住宅专项维修资金支出的维修和更新、改造费用。

物业共用部位、共用设施设备日常运行、维修及保养费采用成本法进行测算：先分别测算各分项费用的实际成本支出，然后再求和。该项总费用大致包括以下各分项：

(1)公共建筑及道路的土建零修费 F_1（元/月）。

(2)给排水设备日常运行、维修及保养费 F_2（元/月）。包括：

$$电费 = W \times 24 \times a \times 30 \times P_电$$

式中　W——设备用电总功率；

24——每天小时数；

a——使用系数，a＝平均每天开启时间/24；

30——每月天数；

$P_电$——电费单价(元/度)。

(3)电气系统设备维修保养费 F_3 (元/月)。

(4)燃气系统设备维修保养费 F_4 (元/月)。

(5)消防系统设备维修保养费 F_5 (元/月)。

(6)公共照明费：包括大厅、门厅、走廊的照明及路灯、装饰灯(含节日装点灯)费用 F_6 (元/月)。

$$电费 = (W_1 \times T_1 + W_2 \times T_2 + \cdots) \times 30 \times P_电$$

式中　W_1——表示每天开启时间为 T_1 (小时)的照明电器的总功率(kW·h)；

　　　T_1——表示每日开启的时间(h)。

上述各项的维修保养费均是一个估算和经验值。

(7)不可预见费 F_7 (元/月)。可按 8%～10% 计算(1)～(6)项的不可预见费。

(8)易损件更新准备金 F_8 (元/月)。易损件更新准备金是指一般共用设施、设备的更新费用，如灯头、灯泡、水龙头等。不包括重大设施、设备的更新费用。其测算公式为

$$F_8 = \frac{\sum (M_i + I_i)}{12 \times Y_i}$$

式中　M_i——一般共用设施的购置费，包括照明系统、给水排水系统、电气系统、消防系统等；

　　　I_i——各设施的安装费用；

　　　Y_i——各设施的正常、安全使用年限。

此项费用也可分别计入各相关项目的维修保养费，而不单独列出。

将上述 8 项费用求和后，再除以总建筑面积，即得每月每平方米应分摊的费用。其计算公式为

$$X_2 = \frac{\sum_{i=1}^{8} F_i}{S}$$

3. 绿化养护费

绿化养护费是指小区环境内绿化的养护费用。其包括绿化工具费(如锄头、草剪、枝剪、喷雾器等)、劳保用品费(如手套、口罩、草帽等)、绿化用水费、农药化肥费用、杂草杂物清运费、补苗费、小区环境内摆设的花卉等项费用。

(1)成本法绿化养护费包括以下各分项：

1)绿化工具费 F_1 (元/年)；

2)劳保用品费 F_2 (元/年)；

3)绿化用水费 F_3 (元/年)；

4)农药化肥费 F_4 (元/年)；

5)杂草清运费 F_5 (元/年)；

6)景观再造费 F_6 (元/年)。景观再造费包括补苗费、环境内摆设花卉等费用。上述各项费用通常按年估算，除以 12 个月和总建筑面积即得出每月每平方米应分摊的绿化养护费。

$$绿化养护费\ X_3 = \frac{\sum_{i=1}^{6} F_i}{12 \times S}\ [元/(月·m^2)]$$

(2)简单测算法按每平方米绿化面积确定一个养护单价,如 0.10～0.20 元/(月·m^2),乘以总绿化面积再分摊到每平方米建筑面积。

绿化面积用总建筑面积除以容积率再乘以绿化覆盖率计算,也可按实际绿化面积计算。

绿化员工的定编人数可以根据各地实际情况确定,考虑到季节的变化、气候条件、植被树木养护的难易程度等,通常每 4 000～6 000 m^2 绿化面积设绿化工 1 人。

计算公式为

$$绿化养护费\ X_3 = \frac{绿化面积 \times 养护单价}{总建筑面积}\ [元/(月·m^2)]$$

$$绿化面积 = \frac{绿化面积 \times 养护单价}{容积率} \times 绿化覆盖率(m^2)$$

4. 清洁卫生费

清洁卫生费是指楼宇内共用部位及小区内道路环境的日常清洁保养费用。其包括以下几项:

(1)清洁工具购置费(如垃圾桶、拖把等)F_1(元/年);

(2)劳保用品费 F_2(元/年);

(3)卫生防疫消杀费 F_3(元/年);

(4)化粪池清掏费 F_4(元/年);

(5)垃圾外运费 F_5(元/年);

(6)清洁环卫所需的其他费用 F_6(元/年)。

可按实际情况计算出各项年总支出,求和后再分摊到每月每平方米建筑面积。

$$清洁卫生费\ X_4 = \frac{\sum_{i=1}^{6} 各项费用年支出}{12 个月 \times 总建筑面积} = \frac{\sum_{i=1}^{6} F_i}{12 \times S}\ [元/(月·m^2)]$$

5. 秩序维护费

秩序维护费是指封闭式小区公共秩序的维持费用。包括以下几项:

(1)保安器材装备费 F_1(元/年)。

1)保安系统日常运行电费、维修与养护费;

2)日常保安器材费(如对讲机、警棍等);

3)更新储备金计算公式为

$$更新储备金 = (M_{保} + I_{保})/y$$

式中　$M_{保}$——保安系统购置费;
　　　$I_{保}$——保安系统安装费;
　　　Y——保安系统正常使用年限。

(2)保安人员人身保险费 F_2(元/年)。

(3)保安用房及保安人员住房租金 F_3(元/年)。

按实际情况计算出各项年总支出,求和后再分摊到每月每平方米建筑面积。

$$秩序维护费\ X_5 = \frac{年总支出}{12\ 个月 \times 总建筑面积} = \frac{\sum_{i=1}^{3} F_i}{12 \times S} [元/(月 \cdot m^2)]$$

6. 办公费

办公费是指物业管理企业开展正常工作所需的有关费用。包括以下几项：
(1) 交通费（含车辆耗油、维修保养费、车辆保险费、车辆保养费等）F_1（元/年）；
(2) 通信费（电话费、传真费、上网费、电报费等）F_2（元/年）；
(3) 低值易耗办公用品费（如纸张、笔墨、打印复印费）F_3（元/年）；
(4) 书报费 F_4（元/年）；
(5) 广告宣传社区文化费 F_5（元/年）；
(6) 办公用房租金（含办公用房水电费）F_6（元/年）；
(7) 其他杂项 F_7（元/年）。

上述各项费用一般按年先进行估算，汇总后再分摊到每月每平方米建筑面积。对已实施物业管理的住宅小区，可依据上年度的年终决算数据得到该值。办公费计算公式为

$$办公费\ X_6 = \frac{年各项费用之和}{12\ 个月 \times 总建筑面积} = \frac{\sum_{i=1}^{7} F_i}{12 \times S} [元/(月 \cdot m^2)]$$

另外，办公费（包括文具、办公用品杂费、交通邮电费及公共关系费用）按管理人员年工资总额的 25% 计提。

$$办公费 = 管理人员年工资总额 \times 25\%$$

7. 物业管理企业固定资产折旧费

物业管理企业固定资产折旧费是指物业管理企业拥有的各类固定资产按其总额每月分摊提取的折旧费用。各类固定资产包括以下几项：
(1) 交通工具（汽车、摩托车、自行车）F_1（元）；
(2) 通信设备（电话机、手机、传真机等）F_2（元）；
(3) 办公设备（桌椅、沙发、计算机、复印机、空调机等）F_3（元）；
(4) 工程维修设备（管道疏通机、电焊机等）F_4（元）；
(5) 其他设备 F_5（元）。

按实际拥有的上述各项固定资产总额除以平均折旧年限，再分摊到每月每平方米建筑面积。其计算公式为

$$固定资产折旧费\ X_7 = \frac{固定资产总额}{平均折旧年限 \times 12\ 个月 \times 总建筑面积}$$

$$= \frac{\sum_{i=1}^{5} F_i}{5 \times 12 \times S} [元/(月 \cdot m^2)]$$

固定资产平均折旧年限一般为 5 年。

8. 物业共用部位、共用设施、设备及公众责任保险费用

投保物业及公众责任险的费用按保险公司有关规定计算。

$$保险费\ X_8 = \frac{年度总投保费}{12\ 个月 \times 总建筑面积} = \frac{\sum F_i}{12 \times S}$$

9. 经业主同意的其他费用

其他因物业管理而发生的合理的、必要的支出,并经业主同意的费用。

$$其他费用\ X_9 = \frac{年度其他费用}{12\ 个月 \times 总建筑面积} = \frac{\sum F_i}{12 \times S}$$

公众责任险又称普通责任险,主要承保被保险人在公共场所进行生产、经营或其他活动时,因发生意外事故而造成的他人人身伤亡和财产损失,依法应由被保险人承担的经济赔偿责任。随着我国法律制度的逐步健全,机关、企事业单位及个人在经济活动过程中常常因管理上的疏忽或意外事故造成他人人身伤亡或财产损失,依照法律须承担一定的经济赔偿责任,伴随着公众索赔意识的增强,此类索赔逐渐增多,影响当事人经济利益及正常的经营活动顺利进行。公众责任险正是为适应上述机关、企事业单位及个人转嫁这种风险的需要而产生的。公众责任险可适用于工厂、办公楼、旅馆、住宅、商店、医院、学校、影剧院、展览馆等各种公众活动的场所。

公众责任险的形式很多,主要有普通责任险、综合责任险、场所责任险、电梯责任险、承包人责任险等。

对所管辖物业共用部位、共用设施、设备,物业管理企业为其投保,即财务保险。

上述 9 项费用总和就是物业服务成本或物业服务指出总费用。即

$$物业服务成本 = (前\ 9\ 项之和) = \sum_{i=1}^{9} X_i$$

除物业服务成本外,物业管理企业还应考虑企业缴纳的法定税费及物业管理企业的利润两项内容。

10. 法定税费

物业服务费中包含的法定税费主要包括增值税、城市维护建设税和教育费附加等。目前,此项费用的计算为前 9 项费用与法定税率的乘积。法定税率总体上为 5%～6%。

(1) 增值税。增值税是以商品(含应税劳务)在流转过程中产生的增值额作为计税依据而征收的一种流转税。其计算公式如下:

应纳税额 = 当期销项税额 − 当期进项税额

销项税额 = 销售额 × 税率

销售额 = 含税销售额 ÷ (1 + 税率)

销项税额是指纳税人提供应税服务按照销售额和增值税税率计算的增值税税额。

进项税额是指纳税人购进货物或者接受加工修理修配劳务和应税服务,支付或负担的增值税税额。

提供现代服务业服务适用 6% 税率。

(2) 城市维护建设税。城市维护建设税又称城建税,是以纳税人实际缴纳的增值税税额为计税依据,依法计征的一种税。按物业服务企业所在地区是市区、县镇、农村而有所不同,纳税人所在地为城市市区的,税率为 7%;纳税人所在地为县城、建制镇的,税率为 5%;纳税人所在地不在城市市区、县城或建制镇的,税率为 1%。其计算公式如下:

年应纳税额 = 目标物业年应缴纳增值税税额 × 税率

(3)教育费附加。教育费附加的计税依据是纳税人实际缴纳增值税的税额,附加率为3%。其计算公式如下:

$$年应缴教育费附加额 = 目标物业年增值税税额 \times 税率$$

11. 企业的利润

利润也称净利润或净收益,即物业服务企业收入和费用的差额。利润是物业服务企业完成招标文件和投标文件中规定的任务应收的酬金。利润是企业最终的追求目标,企业的一切生产经营活动都是围绕着创造利润进行的。利润是企业扩大再生产、增添机械设备的基础,也是企业实行经济核算,使企业成为独立经营、自负盈亏的市场竞争主体的前提和保证。因此,对于物业服务企业来说,无论采用包干制还是酬金制,合理确定利润水平对企业的生存和发展是至关重要的。

随着市场经济的发展,将给予企业利润计算更大的自主权,按目前国内的通行做法,利润率应是实际发生服务费用的5%~15%。

在投标报价时,企业可以根据自身的实力、投标策略,以发展的眼光来确定一个合适的利润水平,既能使本企业的投标报价具有竞争力,又能保证其他各方面利益的实现。

六、物业服务费测算常用表格

投标物业单位常用的费用测算表格有前期开办费使用明细表、人工费用测算表、物业管理费用总支出预算表、物业总管理成本测算表,见表6-1~表6-4。

表6-1 前期开办费使用明细表

序号	名 称	数量	单价	总计
1	办公桌			
2	电脑桌			
3	文件柜			
4	保险柜			
5	办公椅			
6	计算机			
7	一体机			
8	电话机			
9	办公文具(批)			
10	分体空调			
11	电风扇			
12	饮水机			
13	《业主公约》《房屋质量保证书》等印刷费			
14	管理人员、保安、保洁春秋服装			
15	对讲机			
16	橡皮警棍			
17	照明工具			

续表

序号	名　称	数量	单价	总计
18	手枪钻			
19	管道试压机			
20	室外管道疏通器			
21	万用表			
22	电流表			
23	兆欧表			
24	常用维修工具			
25	低压绝缘器械			
26	高压绝缘器械			
27	小区内垃圾清运车			
28	拖把			
29	扫把			
30	大竹扫把			
31	保洁水管（米）			
32	保洁手套			
	小　计			

表 6-2　人工费用测算表

岗位	人数	工资标准	月份	年工资总额	年员工社保	年福利费	年工会经费	年教育培训费	年加班费	月总额含所有人工成本	年总额含所有人工成本
管理处经理											
客户主管											
出纳兼接待											
工程主管											
维修工											
强电工											
安保主管											
安保领班											
安保员											
清洁领班											
保洁工											
合计											

表 6-3　物业管理费用总支出预算表

序　号	项目	数量	金额	合计	富盈承担比例
一、人工费用（工资类＋福利类）					
工资类：					
管理人员					
1. 经理					
2. 助理					
客户服务人员					
3. 客服专员					
内部管理人员					
4. 会计					
5. 出纳					
6. 人事管理员					
7. 食堂人员					
机电管理人员					
8. 机电主管					
9. 工程师					
10. 技术员					
安全管理人员					
11. 安全主管					
12. 安全班长					
13. 安全员					
环境管理人员					
14. 环境主管					
15. 绿化员					
16. 保洁员					
总人数					
福利类：					
17. 保险					
18. 过节费					
19. 年终奖金					
20. 加班费（十天法定假日，加班费为 300％）					
二、行政费用					
21. 办公费用					
22. 通信费（含上网费）					
23. 人员招聘费					
24. 服装费					
25. 业务招待费					

续表

序　号	项目	数量	金额	合计	富盈承担比例
26. 交通费					
27. 管理用房水电费					
三、清洁费用					
28. 楼层走道清洁、除污用工具、清洁用剂					
29. 垃圾清运费					
四、绿化费用					
30. 草坪、草皮养护、养护定期更换					
五、保安费用					
31. 保安器材维护					
32. 保安活动费					
六、设备、设施维护费					
33. 高低压配电	(含三箱及母线)				
34. 发电机	(含试验柴油)				
35. 消防及监控	维保				
	材料				
36. 空调	水处理				
	主机系统（含水泵）				
37. 电梯	维保、年检费				
	材料				
38. 给排水	清洗水池				
	水泵房				
	下水道、化粪池				
39. 可视对讲、门禁					
40. 维修耗材					
七、社区文化					
41. 节日装饰(春节、劳动节、国庆节、元旦)					
42. 社区活动(元宵、端午、中秋、重阳)					
八、物业保险					
43. 公共责任险					
44. 设备险					
九、不可预测费用(一至八项合计×2%)					
十、合计(一至九项合计)					
十一、管理者佣金					
十二、税金					
十三、总计					

表 6-4　物业总管理成本测算表

序号	成本细项	月计划	年计划	计算依据
一	人工费用			
1	工资			
2	加班费			
3	福利费			按国家规定提取
4	工会经费			按国家规定提取
5	教育培训费			按国家规定提取
6	员工社保费			按国家规定提取
7	制服费			
8	劳动保护费			
9	其他			
二	公共设施日常维保费			
1	机电设施(备)维保费			
2	电梯维保费			
3	电梯年检费			
4	电梯电费			
5	房屋维护费			
6	户外公用设施维护费			
7	消防设备维护费			
8	公用电费			
9	生活水泵电费/维修			
10	公用水费			
11	发电机柴油			
12	其他			
三	美化绿化费用			
1	绿化维护费			
2	绿化更新改造费			
3	其他			
四	清洁服务费用			
1	清洁用品			
2	水池清洗			
3	化粪池清淤			
4	消杀费			
5	垃圾清运费			
6	其他			
五	安全防范费用			
1	人工成本			

续表

序号	成本细项	月计划	年计划	计算依据
2	安防器械			
3	安防设施维护费			
六	员工宿舍			
1	水费			
2	电费			
3	其他			
七	办公费用			
1	差旅费			
2	交际应酬费			
3	交通运输费			
4	办公用品			
5	低值易耗品			
6	邮电通信费			
7	手机通信补助费			
8	水电费			
9	其他			
八	物资装备折旧费			
九	其他管理费用			
1	审计费			
2	财产保险费			
十	社区文化			
1	节日布置			
2	文化活动			
十一	法定税费			
十二	管理酬金			
十三	其他(不可预见)			
	合　计			

【应用案例】

物业管理费用测算

测算依据：

(1)依据××花园最新提供的资料及数据；

(2)依据《物业管理条例》《物业服务收费管理办法》和实施细则及有关政策法规；

(3)没有政策规定及指导标准的按市场价测定；

(4)物业服务企业管理佣金按10%提取。

基本数据：

1.目前管理面积:240 885 m^2。

2.城市住宅小区物业服务企业人员配置参考表(表6-5)。

表6-5 物业服务企业人员配置表

小区面积/万 m²	管理人员/人	保洁人员/人	治安员/人	维修人员/人	人员总数/人
5	5	5	7	3	20
10	8	12	14	5	39
15	10	16	20	8	54
20	17	30	30	15	92

3.物业管理服务人员的基本工资、社会保险和按规定提取的福利费,共计266 040元/月。

(1)物业服务企业人员基本工资(表6-6)。

表6-6 物业服务企业人员基本工资

职务	人数/人	工资标准/元	月工资总额/元
管理人员	20	2 500	50 000
工程人员	17	2 000	34 000
安保员	35	1 600	56 000
保洁员	30	1 200	36 000
合计	102	—	176 000

(2)按规定提取的福利费。

1)福利基金。按工资总额的14%计算。

2)工会经费。按工资总额的2%计算。

3)教育经费。按工资总额的1.5%计算。

(3)社会保险费。养老保险按工资总额的20%计算;医疗保险按职工工资总额的6%计算;失业保险费按用人工资总额的0.5%计算;工伤保险费按工资总额乘以行业差别费率计算;生育保险按工资总额的1%计算。

(4)服装费。每人按冬、夏两季4套衣服平均600元/人,两年半使用期计算。

$$服装费=102×600/30=2\ 040(元)$$

4.物业共用部位、共用设施、设备的日常运行、维护费用:共计36 398元/月。

(1)公共照明系统的电费和维修费:26 188元/月。

楼内公共照明系统电费=公共区域照明灯总数(楼道灯)×功率×每日预计开启时间×30天×电价=119×7×0.04×3×30×0.486=1 457(元)

楼外公共照明系统电费=公共区域照明灯总数×功率×每日预计开启时间×30天×电价
=(58.4+3.97)×10×30×0.757=14 164(元)

路灯共计187个,总功率58.4 kW;草坪灯265个,总功率3.97 kW。

喷泉水系电费=7.5×6×3×30×5×0.757/12=1 277(元)

共14台泵,按每次启用6台泵计,每台功率7.5 kW,每年开5个月,每天平均开3小时计算。

弱电系统电费=1 000×0.5×30×0.486=7 290(元)

安防、可视对讲、温感报警等弱电设施、设备,按每户每日平均0.5度电计算。

维修费:2 000元。

(2)给排水设施的费用:6 829 元/月。

消防泵的电费=(45+45+4)×3×0.757=213(元)

按每月消防设施启动 3 小时计算,消防泵 2 台,功率 45 kW;消防稳压泵 1 台,功率 4 kW。

排污泵的电费=5.5×8×5×0.757=167(元)

按每月开启 5 小时计算,排污泵 8 台,每台功率 5.5 kW。

消防水箱清洗费=550×2.5/12=115(元)

消防水箱 500 t,每年清洗 1 次用水 50 t。

外排水清污费=200×20×2/12=667(元)

200 个下水井,每次清洗每个井约 20 元,一年 2 次。

喷泉、水系用水损耗费用=10 000×2/12=1 667(元)

损耗是指蒸发与渗漏,每年损耗约 10 000 t,所用地下水(含电费)2 元/t。

维修费:4 000 元。

(3)共用建筑、道路维修费:1 000 元。

(4)不可预见费(按上述费用总和的 5%～10%计)。

34 017×7‰=2 381(元)。

5. 物业管理公共区域清洁卫生费:共计 6 648 元/月。

(1)清洁器械、材料费(拖布、笤帚、手套、清洁剂、垃圾袋等)按价值和使用年限折算出每月值=每年 12 000 元/12 月=1 000 元/月。

(2)垃圾桶购置费=200×400/36=2 222(元)。

垃圾桶约 200 个,每个 400 元,3 年使用期。

(3)垃圾清运费=每年 36 000/12=3 000(元)。

(4)保洁用水=0.03×119×30×3.2=343(元)。

经实际测算,6 层楼道清洁一次用水 0.03 t。

(5)消杀费=每年 1 000 元/12=83(元)。

6. 物业管理公共区域绿化养护费用:共计 5 600 元/月。

(1)绿化工具费(锄头、草剪、喷雾器等)=每年 1 000/12=83(元/月)。

(2)化肥、除草剂、农药、补苗、汽油费用=每年 15 000/12=1 250(元/月)。

(3)绿化用水费:80 000/100×32×2/12=4 267(元)。

绿化面积约 80 000 m^2,经实际测算,1 t 水约浇 100 m^2 绿地,按每月浇 4 次水,本地区需浇水 8 个月计共 32 次,绿化用水约 2 元/t。

7. 物业管理公共区域秩序维护费用:共计 3 410 元/月。

(1)保安系统设备电费=(80+30)×0.486×30=1 604(元)。

监控、巡更、背景音乐、卫星接收等每天 80 度电;消防监控室每天 30 度电。

(2)保安系统日常运行费用=每年 5 000/12=417(元)。

对讲机电池、频道占用、登记表卡、停车道闸等。

(3)日常保安器材装备费=50 000/36=1 389(元)。

对讲机、消防用品、警用物品总计 50 000 元,按三年使用期计算。

8. 行政办公费:共计 24 263 元/月。

(1)通信费用:3 500元。
(2)文具、办公用品费用:5 000元。
(3)车辆使用费:6 000元。
(4)节日装饰费(含彩灯电费):500元。
(5)公共关系费:1 000元。
(6)办公室采暖费:办公面积1 085 m²(会馆地下440 m²、地上645 m²)。
1 085×23.5/12=2 125(元)
(7)书报费:100元。
(8)社区文化宣传费:800元。
(9)培训费:500元。
(10)办公区、员工生活区电费:每月3 000度。
3 000×0.486=1 458(元)
(11)办公区、员工生活区用水:每月冷水400 t,热水100 t。
400×3.2+100×10=2 280(元)
(12)其他杂费:1 000元。
9.物业服务企业固定资产折旧费:共计3 333元/月。
(1)办公设备:计算机、办公桌椅、复印机、文件档案柜、保险柜等约50 000元。
(2)工程用具:各专业用具,水工用具、电工用具约20 000元。
(3)绿化、保洁专业用具约30 000元。
(4)办公、生活用房装修费约10 000元。
(5)员工生活用具(床、床上用品、炊事用具、更衣柜等)约50 000元。
(6)其他40 000元。
以上物品按5年折旧,残值率为0%。
固定资产折旧费=200 000/60=3 333(元)

单元二 投标报价策略与决策

对于物业管理企业来说,经营的目标就是追求利润,但盈利有多种方式,掌握项目前期报价技巧非常重要,因此,在报价策略与决策时应慎重。

一、物业管理投标报价策略

投标技巧是指在投标报价中采用一定的手段和技巧使业主或开发商可以接受,而中标后能获得更好的利润。物业管理企业在投标时,主要应该在先进合理的技术方案和较低的公共服务管理费的报价上下功夫。投标报价时,常用的报价策略有不平衡报价法、多方案报价法、突然降价法、降价系数调整法、开口升级报价法、先亏后盈法、附带优惠法及争取评标奖励法。

1.不平衡报价法

不平衡报价法已被广泛应用于各行业的投标报价中,它是指一个物业项目的投标报价,

模块六 物业管理投标报价的编写

在总标价基本确定后,如何调整各项目的报价,以期既不提高总价,不影响中标,又能在结算时得到更理想的经济效益。

【例 6-1】 某房地产开发商欲通过招投标方式为 3 万 m^2 高层公寓寻找物业管理企业,在管理服务费报价时要求对已住房屋和空置房屋分别报价。房地产开发商估算空置率为 20%,但某投标企业估算实际为 15%,物业服务企业预测和判断出这一误差后,采用了不平衡报价,每年多赚取 1.8 万元(表 6-7 和表 6-8)。

表 6-7 平衡和不平衡报价表(报价时)

报价项目	房地产开发商的估算/(万 m^2)	平衡报价/万元		不平衡报价/万元	
		单价/(元·m^{-2}·月$^{-1}$)	合计/(万元·年$^{-1}$)	单价/(元·m^{-2}·月$^{-1}$)	合计/(万元·年$^{-1}$)
已住房屋	3×80%=2.4	2	57.60	2.2	63.36
空置房屋	3×20%=0.6	1	7.20	0.2	1.44
总计			64.80		64.80

表 6-8 平衡和不平衡报价表(年终结算时)

报价项目	年终结算时实际的空置面积/(万 m^2)	平衡报价/万元		不平衡报价/万元	
		单价/(元·m^{-2}·月$^{-1}$)	合计/(万元·年$^{-1}$)	单价/(元·m^{-2}·月$^{-1}$)	合计/(万元·年$^{-1}$)
已住房屋	3×85%=2.55	2	61.20	2.2	67.32
空置房屋	3×15%=0.45	1	5.40	0.2	1.08
总计			66.6		68.4

2. 多方案报价法

多方案报价法是利用招标文件或合同条款明确之处,以争取达到修改招标文件和合同为目的的一种报价方法。当招标文件或合同条款有某些不够明确之处时,往往投标企业承担着很大风险,为了减少风险就需增加"不可预见费",这样又会因报价过高而增加被淘汰的可能性。

多方案报价法就是为了应付这种两难的局面。其具体做法是在标书上报两个价,一是按招标文件或合同条款报一个价;二是加以解释:"如招标文件或合同条款可作某些改变时,则可降低一定的费用……",从而使报价成为最低,以吸引业主修改招标文件或合同条款。还有一种办法是对物业服务项目中一部分没有把握的工作,注明按成本加若干酬金结算的方法。但如果招标文件中规定只能报一个价或合同的文字是不准改动的,经过改动的报价单无效时,这个办法就不能采用了。

3. 突然降价法

报价是一件保密性很强的工作,但是对手往往会通过各种渠道、手段来刺探情报,因此,在报价时可以采用迷惑对手的手法。即先按一般情况报价或表现出自己对该物业兴趣不大,到快要投标截止时,才突然降价。采用这种方法时,一定要在准备投标报价的过程中考虑好降价的幅度,在临近投标截止日期时,根据情报信息与分析判断,再作出最后决策。采用突然降价法只降低总价,如果中标,在签订合同后可采用不平衡报价的方法调整管理收支预算表内的各项单价或价格,以期取得更高的效益。

4. 降价系数调整法

投标企业在填写管理经费收支预算报价单时,每一分项的报价都增加一定的降价系数,而在最后撰写投标函中,根据最终决策,提出某一降价指标。例如,先确定降价系数为10%,填写报价单时可将原标价除以(1−10%),得出填写价格,填入报价单并按此计算总价和编制投标文件。直至投标前数小时,才做出降价最终决定,并在投标函内声明:"出于友好的目的,本投标人决定将标价降低×%,即本投标报价的总价降为××元,投标人愿意按此价代替报价单中汇总的价格签订合同。"

5. 开口升级报价法

开口升级报价法是将报价看成是协商的开始。首先对物业的图纸或说明书进行分析,把物业管理中的一些难题抛开作为活口,将标价降至无法与之竞争的数额(在报价单中应加以说明)。利用这种"最低标价"来吸引业主,从而取得与业主商谈的机会,利用活口进行升级加价,以达到最后盈利的目的。

6. 先亏后盈法

先亏后盈报价法可通过分包一部分难度大、报价低的项目转嫁或减少风险。应当注意,分包企业在投标前可能同意接受总包的物业服务企业压低其报价的要求,但等到物业服务企业得标后,他们常以种种理由提高分包价格,这将使物业服务企业常常处于十分被动的地位。解决的办法是:物业服务企业在投标前找两三家分包企业分别报价,而后选择其中一家信誉较好、实力较强、报价合理的分包企业签订协议,同意该分包商作为本分包项目的唯一合作者,并将分包商的名称列入投标文件中,同时,要求该分包商相应地提交投标保函。这种分包企业的利益同投标人捆在一起的做法,不但可以防止分包商事后反悔和涨价,还可能迫使分包商报出较合理的价格,以便共同争取中标。

7. 附带优惠法

投标报价附带优惠条件是行之有效的一种手段。招标者评标时,除考虑报价和管理水平外,还要分析别的条件,如投标企业是否提供某种优惠服务等。所以,在投标时主动提出优惠条件吸引招标人是利于中标的辅助手段。

8. 争取评标奖励法

有时招标文件规定,对于某些技术指标的评标,投标人提供优于规定指标值时,给予适当的评标奖励。投标人应该使业主比较注重的指标适当地优于规定标准,可以获得适当的评标奖励,有利于在竞争中取胜。但需要注意的是技术性能优于招标规定将导致报价相应上涨,如果投标报价过高,即使获得评标奖励,也难以与报价上涨的部分相抵,这样评标奖励也就失去了意义。

二、物业管理投标策略

物业管理投标活动中应注意挑选骨干,精心组织,解读标书,逐条回应;项目调研,不厌其烦;市场调查,不拒其细;了解对方,全面出击;善于包装,适当投入。

1. 挑选骨干,精心组织

投标文件分商务标及技术标两大部分,制定人员不在于多,而在于精。制作人员中途不宜换人,以免脱节。财务部抽调业务骨干负责开办费用、管理成本、预期效益的测算;管理处抽调业务骨干负责日常管理工作方案、难点、重点管理方案的拟订、编制;办公室、人事部抽调业务骨干负责拟接项目的人员配置,设备、设施配置,以及编制投标方案资料的收集、提供;品质部抽调业务骨干负责管理目标、管理计划、质量保证措施、服务承诺的编制;经营部抽调业务骨干负责及时全面地收集拟接项目的信息。

2. 解读标书,逐条回应

招标文件是在招标过程中对招投标双方都具有约束力的法律文件,招标方对投标方资质的要求完全体现在招标文件中。因此,投标人在编制投标文件时,必须反复研读招标文件,仔细分析招标文件的每一项要求,揣摩招标人的意图。

要特别注意对招标文件中的实质性要求和条件作出响应。按照法律规定,如果投标方对招标文件中有关招标项目价格、项目技术规范、合同的主要条款等实质性要求和条件的某一条未作出响应,都将导致废标。因此,投标人必须对招标文件逐条进行分析判断,找出所有实质性的要求和条件,并一一作出响应。投标人如果把握不准实质与非实质性的界限,可以向招标人询问,且最好以书面方式进行。如果投标方不能完全满足这些实质要求和条件,应在招标文件中详细说明。如果偏离过大,说明这个标与本企业产品不相适应,就应考虑放弃投标。

3. 项目调研,不厌其烦

正式开始进行投标工作前要对目标物业进行详细的调研。主要考察以下几个方面:前期介入查看房屋、设施设备及图纸,已经竣工则查看项目标准,工程项目施工是否符合合同规定与设计图纸要求,技术经检验是否达到国家规定的质量标准,设备调试、试运转是否达到设计要求;确保外在质量无重大问题;周围公用设施分布情况,主要业主情况(服务策划的重点),当地的气候、地质、地理条件。掌握物业现场基础信息,拥有分析所需的、适合当地条件的经验数据。

4. 市场调查,不拒其细

市场调查是非常重要的一个步骤,它的准确与否决定了投标工作的成功与否,也决定了中标以后管理过程的顺利与否。

(1)收集招标物业相关资料,可以通过报纸杂志、网络了解。

(2)考察现场进行投标可行性分析。包括物业性质(住宅小区/服务型公寓/写字楼/商业楼宇),特殊服务要求(经营/联盟/特色服务),物业招标背景(特指性/背景),物业开发商状况(设计/施工质量/招标原因)。

(3)本公司投标条件分析:以往类似的物业管理经验,人力资源优势,技术优势(信息管理技术/绿色工程/高科技防盗安全设施),财务管理优势(核算制度/分析方法/管理流程),劣势分析(竞争分析),竞争者分析(主要是潜在竞争者,技术"黑马"/背景"黑马"),同类物业服务企业的规模及其现接管物业的数量与质量(规模大小可能影响选择判断),当地竞争者的地域优势,经营方式差异,风险分析,主要是经营风险和政策风险的分析。

5. 了解对方,全面出击

在参与投标的过程中,要想方设法了解相同类型的拟投标的物业服务企业的情况,做到知己知彼。了解的内容主要包括竞争对手的服务项目、经营项目、业绩推广、广告宣传、定价因素、价格策略、企业资质、信用状况等;还要尽可能熟悉掌握竞争对手的大致标底,从而更加全面地了解本公司在竞争中所处的地位,找出主要竞争对手及其对本次竞标的影响,以便趁早采取相应的竞争方法,掌握投标的主动权,使自己处于优势的位置。

6. 善于包装,适当投入

任何好的东西也要经过包装才能更加吸引人们的眼球,增添亮点。物业管理投标书也是一样,主要从以下几个方面进行包装:

(1)各分项之前加个引言或提要以突出主要观念及新思想,更具吸引力。

(2)版面的编排。增加开篇处的空白空间,同时用大号字作开头,能起到提高可读性,强调主题的效果。页面也不能太拥挤,应留有50%的空白在边缘和内容之间。句号、逗号和副标题等各种符号是引导阅读者注意力的路标,如果有必要区别,可变化字体和字形,但要注意不同的字体服务不同的目的。为了阅读时眼睛的舒适,可以适当增加行间距,但也不能过大而显得内容缺乏联系。

(3)图形、图片的应用。在投标书上增加图形、图片、图表是非常必要的,它可加强投标书的可读性,能够吸引阅读者的视觉兴趣,让人理解概念,提高投标书的雄辩效果。一图胜千言,也许还不仅如此。在标书中以公司标记作为背景图案为标的物业设计标志或其他图形,不仅能提高可读性,而且能够为整个投标书创造出连续性的主题。

(4)色彩的运用。有研究表明,色彩能提高和增加理解力达73%,提高阅读愿望的程度达80%。适当的色彩可体现投标书的整体性,同时营造出自己的风格,提高投标书的可读性。利用不同的色彩来标识出投标书各项目,既可帮助阅读者区别各章节内容,同时,也能提高投标书的可读性和舒适性,吸引阅读者的注意力,调整阅读过程的情绪,加强其对投标重点的记忆。

三、投标价的调整与确定

标价估算结果要成为正式投标报价,还必须经过进一步的评估调整。就其主要原因是:计价所用基础数据可能部分是实用性的,部分是经验性的,因此,计算结果应当经过校验,以求精确、可靠;标价调整的内容主要有服务项目单价调整、加价调整等。

(一)服务项目单价调整

单价调整的方法大致有服务项目单价类比法、费用组成比例比较、各专项服务费用类比。

1. 服务项目单价类比

通常招标文件都会规定以国家统一服务收费标准为依据计算单价,但某些项目也可根据具体情况进行调整。所谓单价类比,指的正是这类特定项目与行业中其他类似项目收费单价之比。适用的调整原则是单价确定不可偏高,但在服务质量较高且具有垄断性时,可以考虑价格略高于行业平均水平。

2. 费用组成比例比较

费用组成比例比较是报价内容结构的调整,应当保证服务重点突出,必要服务、关键服务的支出要占主要部分。同时,这一比例还可与以往类似中标物业的费用结构进行比较,分析差异并根据实际情况调整。

3. 各专项服务费用类比

各专项服务费用类比包括绿化、清扫环卫、保安等。这些费用应当与同等规模相同性质物业的服务费用相比较。

(二)加价调整

加价调整主要应考虑公司管理费、利润、风险等。

1. 公司管理费

公司管理费是投标公司用来维持公司正常运转和为所接管全部物业提供指导性服务的一项费用。其通常包括办公室租金、人员的工资津贴、通读费用、燃料动力费用(电费、暖气费)、修理费、维护费和折旧费等。通常,公司管理费的估算较为简单,可以通过公司财务负责人参照本公司的往年财务数据和预测期的变动来制订预测公司管理费,制订成本预算来确定。常用的预测方法有修正法、同分析法、回归趋势法、最小二乘法等。而这些方法都只是估价人员所使用的工具,而估价中最重要的问题是在分析上一年度的数据时,找出不正常的开支并进行适当调整,在预测下一年度管理费时,考虑通货膨胀和预期营业额的增减对预测数据的影响。

一般情况下,影响公司管理费的因素主要有预期营业额、市场条件和职工工资。

2. 利润

估价人员在计算标价时必须加入利润因素,只是考虑的比例大小可因人而异。通常,利润水平的预测主要是根据公司日常经营的各种支出需要来确定的。这些支出可以概括为:支付给普通股东股息(股份有限公司)、其他经营所需资金、应付的贷款利息、预计的所得税。这些因素所构成的加价利润既可以按绝对数计算,也可以按相对数计算。前者可通过先计算最低利润率再乘以预期营业额确定;后者则可按照以往中标价格的利润比率或行业平均水平确定。

3. 风险

在标价审定会议上必须对物业管理的内在风险进行评估,并最终确定报价中应该增加的风险补偿费。投标公司通常将风险划分为可定量的风险和不可定量的风险两类。可定量风险很多,如现有物业的损坏等。此时,估价人员可以进行一系列的计算,以得出在管理过程中出现这类问题时可能发生的维修服务费用。同时,再估算出为避免发生这类问题所需要的各项保证支出或预留费用,从而在标价中加上一笔适当的补偿费用。对于不可定量风险,投标人可有几种选择:一种是将这项服务分包出去,从而也就把风险分包出去,但此时,投标人仍将会就分包公司的违约行为承担责任,也是一种风险,必须谨慎从事;另一种选择是进行适当的保险,并把保险费包括到报价中。此外,投标公司还可选择一些开发商信誉好、合同条件麻烦较少的物业项目以回避风险。投标人可将这些方法综合运用,但风险毕竟是无法完全消除的,如果投标人经过仔细考虑论证,认为风险仍然过大,那么它就只能选择退出竞标。在实际操作中,通常是按照估算成本的一定百分数加入利润中,然后再把这笔补偿费用增加到利润中,这样,风险就有了风险保证金予以保证。如果发生意外事件,可以动用这笔风险保证金予以补偿,而计划利润可以不受损失;如果在实际管理中没有发生任何问题,则这笔保证金就可以转为利润。但这种方法容易导致标价抬高,投标竞争力减弱。因此,对于风险的考虑应结合成本分析,既要尽可能规避风险,又要注意限制标价。

4. 通货膨胀

根据不同的招标物业和不同时期招标的通货膨胀水平,合同中可能会包括一些关于利用已公布的物价指数和适当的计算公式计算通货膨胀补贴值的条款,保护投标公司免遭因成本升高而造成的利润损失。如果没有这种合同条款,投标公司就必须自行在编标时以各项投标价格为基础加上合理的安全系数,以保护其利益。标价审定会议在确定了管理费、利润、风险的加价幅度及其他事项调整以后,就可以商定出一个最终的报价。估价人员对服务工作量表中的各项价格进行调整,通常可采用下述方法来完成:按固定百分比增加服务工作量中所有项目的价格,同时压低其他项目的价格,但保证总标价仍然保持不变,这样可使公司在某些重要项目收到较多资金,而在其他项目中将资金减少,在投标中可突出其竞争优势和管理重点,又不会提高标价。

四、物业管理投标决策

物业管理投标决策是指针对招标项目,投标人选择和确定投标项目与制订投标行动方案的过程。投标决策的正确与否,关系到能否中标及中标后的效益多少,关系到物业服务企业的发展前景和经济利益。

(一)投标决策的含义

要深刻理解投标决策,必须从以下3个方面着手。

1. 决定是否投标

通过对招标项目物业服务内容、物业类型、设施、设备情况、客户群体、企业自身力量和实际情况等的分析,决定是否参加投标。在下列情况物业企业应放弃投标:

(1)项目规模和标书对物业服务企业资质要求超出本企业资质等级的项目;
(2)超出本企业物业管理能力或企业现有人力资源储备不足以承担管理任务的项目;
(3)招标项目盈利水平较低或经营风险较大的项目;

模块六　物业管理投标报价的编写

（4）通过投标可行性分析，本企业的技术力量、管理经验、报价、客户关系等明显不如竞争对手的项目。

2. 投哪种性质的标

物业投标按性质分为保险标和风险标。

（1）物业保险标是针对可以预见的情况，在物业管理水平、管理能力、技术装备、资金等方面实力较强或对提高管理水平、资金落实、人员储备等方面都有了解决的对策之后再投标。经济实力较弱、抗风险能力较差的企业，往往投保险标。

（2）物业风险标则是指物业管理难度大、风险大，而物业服务企业自身管理水平、管理能力、人员储备、资金运作等方面都有未解决的问题，但由于物业项目可能会给企业带来更好的经济和社会效益，或者企业为了扩大管理规模等原因而决定参加投标，同时设法解决存在的问题。投标后，如果问题解决得好，可取得较好的效益，从锻炼出一支好的物业管理队伍，使物业服务企业迈上一个新台阶；如果问题解决得不好，企业的信誉、效益就会受到影响和损害，严重的可能导致企业亏损，经营陷于困境。

3. 如何选择投标策略与技巧

物业服务企业在不同的时期，针对不同的情况应采取不同的竞争策略。新组建的物业服务企业，应从扩大市场份额、提高企业知名度等方面入手，采取低价竞争策略；对于分期开发的物业项目或大物业管理区域内的部分物业服务项目招标，应本着着眼全局、逐步介入的方针，先取得部分物业管理权，等时机成熟再争取全局以获取规模效益。

（二）影响投标决策的因素

1. 招标物业及招标单位情况

（1）物业性质。了解、区分招标物业的性质非常重要，因为不同性质的物业所要求的服务内容不同，所需的技术力量不同，物业服务企业的优劣势也有明显差异。例如，服务型公寓注重一对一的服务特色，它既要为住户提供酒店式服务，又要营造出温馨的家庭气氛，其服务内容也就更加具体化、个性化，除日常清洁、安全、绿化服务外，还应提供各种商务、医疗服务等；而写字楼管理重点则放在"安全、舒适、快捷"上，其管理内容应侧重于以下方面：加强闭路监控系统以确保人身安全，增设秩序维护员及防盗系统以保证财产安全，开辟商场、酒家、娱乐设施及生活服务设施以方便用户生活，完善通信系统建设以加强客户同外部联系。

不同的管理内容必然对物业服务企业提出不同的服务要求和技术要求，与此相适应，物业服务企业采取的措施、制订的方案也自然不同。

（2）特殊服务要求。有些物业可能会由于其特殊的地理环境、特殊的服务对象及某些特殊功用等，需要一些特殊服务。这些特殊服务很可能成为某些投标公司的竞投优势，因此，必须认真对待，考虑其支出费用、自身技术力量及可寻找的分包伙伴，从而形成优化的投标方案；反之，则应放弃竞标。

（3）物业招标背景。有时招标文件会由于招标人的利益趋向而呈现出某种明显偏向，这对于其他投标公司而言是极为不利的。因此，在阅读标书时，物业服务企业应特别注意招标公告中的一些特殊要求，作出优势、劣势判断。例如，招标书上写明必须提供某项服务，而本地又仅有一家专业服务公司可提供该项服务，则投标公司应注意招标人与该专业服务公司是否关系密切,以及其他物业服务企业与该专业服务公司是否有合作关系等。

(4)物业招标单位状况。物业招标单位状况包括招标单位的技术力量、信誉度等。物业的质量取决于开发建设单位的设计、施工质量。因此,物业服务企业通过对房地产开发商已建物业质量的调查及有关物业服务企业与之合作的情况,分析判断招标房地产开发商的可靠性,并尽量选择信誉较好、易于协调的房地产开发商,尽可能在物业开发的前期介入,既能保证物业质量,又便于日后管理。

2. 自力因素

首先投标决策应考虑自力的实力,具体表现在以下几个方面:

(1)技术方面。针对招标物业的实际情况,从招投标管理的内容、物业类型、设备功能、基础设施及配套设施等方面入手,结合本企业的各种技术力量,进行分析,决定是否投标;并且预测,如果投标,命中的可能性。

(2)经验方面。已接管物业往往可使企业具有优于其他物业服务企业的管理方法或合作经验,这在竞标中极易引起房地产开发商的注意;从成本角度考虑,以往的类似管理经验可以使现成的管理人员、设备或固定的业务联系方面节约许多开支。因此,投标者应针对招标物业的情况,分析本企业以往的类似经验,确定公司的竞争优势。

(3)管理方面。物业管理的对象是"物",服务对象是"人",对物的管理的好坏主要是通过业主的感受体现出来。所以有必要对招标物业业主的情况进行了解、分析,具体内容包括:知识结构、经济收入(外销物业的还包括民族、国籍、宗教信仰)及与原物业服务企业关系,重新选聘物业服务企业的原因等,这对于编写投标书及今后进行管理都有很大的参考价值。因为业主的满意就是物业管理高水平的体现。

(4)人力资源优势。人力资源优势是指企业是否有人才储备,在已接管物业中是否具有熟练和经验丰富的管理人员,或者是否进行了人员培训。

(5)竞争策略。对于投标企业来讲,不同时期、不同情况应采取不同的竞争策略。如果是新组建的物业服务企业,可从树立信誉、开拓市场入手,宁可少获取利润,也要争取中标;如果是一个大物业管理区域内部分物业的招标,应本着着眼全局、以丰补歉的方针。先争取局部物业的管理权,等扩大影响、树立信誉后,再各个击破,争取全局以获取规模效益;如果是新型的、特殊的管理的项目,虽然管理上有一定难度,但易获取利润,所以应积极争取,开此类物业管理的先例。

(6)资金状况。财务资金状况指企业在财务分析方面是否有完善的核算制度和先进的分析方法,是否拥有优秀的财务管理人才资源,是否能多渠道筹集资金并合理开支。

(7)劣势分析。劣势分析主要体现在与竞争者的劣势对比,包括企业实力、管理经验、地域优势等。

3. 客观因素

客观因素主要包括招投标的公正性、合理性,竞争对手因素,风险因素。

(1)招投标过程的公正性、合理性。招标单位的工作方法和作风,其他投标单位的投标手段,都可能对物业管理招标过程的公正性、合理性产生影响。对于招标单位来讲,只有确保招标过程及评标、决标的公正性、合理性,才能在物业管理市场上选聘到价廉质优的物业服务企业。

(2)竞争对手因素。竞争对手形势是决定是否投标的一个重要内容。竞争对手的数量、质量和投标的积极性,直接关系到本公司要不要投标、如何投标及采取何种投标策略等问题。

如果本公司在资质等级、信誉、技术力量及管理水平等方面明显差于竞争对手,而自己又没有具体措施改变这种状况,就需要慎重考虑是否投标,应主要考虑潜在竞争者、同类物业服务企业的规模及其现有接管物业的数量与质量,当地竞争者的地域优势及经营方式差异。

(3)风险因素。不同物业管理招标项目可能获利的机会是不同的。有些管理项目甚至会亏损。一般来说,高级商务楼、办公楼、涉外商品房、高级花园、别墅等物业可赢利,风险相对较小;而像已售公房的物业管理,则风险相对较大。这主要是由于对不同的物业,政府有着不同的定价政策及定价水平。因此,投标的物业服务企业对自己已管的各类物业要统筹考虑,对欲投标的物业从经营管理成本、利润等进行测算,以供决策之用。通常,物业管理投标考虑的风险主要有通货膨胀风险、经营风险、自然条件等。

阅读材料

物业投标策略和投标决策的意义

随着物业服务市场的逐渐成熟,招投标方式将逐渐成为物业服务企业取得物业服务项目的主要手段。目前,我国的物业管理市场是买方市场,竞争十分激烈。在这种情况下,制定正确的投标决策和投标策略便显得尤为重要,这主要表现在以下三个方面:

(1)争取竞标成功。投标策略是物业服务企业在投标竞争中成败的关键。正确的投标策略,能够扬长避短,发挥自身优势,在竞争中立于不败之地。

(2)获取经营收益。投标决策和投标策略是影响物业服务企业经济效益的重要因素。物业服务企业如果能采用正确的报价策略,以合理价格中标,就有可能获得既定的经营收益。

(3)实现经营目标。正确的投标决策和投标策略,能够保证物业服务企业扩大市场份额,达到规模经济,实现企业发展战略。

模块小结

物业管理投标报价的核心是确定物业服务成本、测算物业服务费。物业服务费用的构成包括物业服务成本、法定税费和物业服务企业的利润。物业服务计费方式通常采用包干制和酬金制。本模块主要介绍物业服务费的测算、投标报价策略与决策。

物业费收取标准、测算流程、依据与自动公式

思考与练习

一、填空题

1. 业主与物业服务企业可以采用_____或_____等形式约定物业服务费用。
2. 物业服务费中包含的法定税费主要包括_____、_____和_____等。
3. 城市维护建设税的计税依据是_____。

4. 教育费附加的计税依据是_____，附加率为3%。

5. _____是指在投标报价中采用一定的手段和技巧使业主或开发商可以接受，而中标后能获得更好的利润。

6. _____可通过分包一部分难度大、报价低的项目转嫁或减少风险。

7. _____是指针对招标项目，投标人选择和确定投标项目与制订投标行动方案的过程。

8. 物业投标按性质分为_____和_____。

9. 投标单位资格审查方法分为_____和_____。

二、选择题

1. 物业服务费测算要求包括( )。
   A. 能源费、修理费、排污费、垃圾清运费等要按实计算
   B. 人工费要与管理水平相一致
   C. 管理者酬金按国内外通行的做法以实际发生的管理费用乘以10%～15%的比率，过高或过低都将影响投标的成功
   D. 其他一些管理酬金可以确定一个固定数，属经营性的管理可与营业指标挂钩等。在进行前期介入费用的测算时，还要掌握勤俭节约、最低配置、急用先置的原则
   E. 有定价权限的政府价格主管部门根据物业服务等级标准等因素，定期公布的相应基准价及其浮动幅度

2. 一般考虑在以下( )方面采用不平衡报价。
   A. 暂定项目又叫任意项目或选择项目，对这类项目要作具体分析
   B. 单价与包干混合制合同中，招标人要求有些项目采用包干报价时，宜报高价
   C. 有时招标文件要求投标人对工程量大的项目报"综合单价分析表"，投标时可将单价分析表中的人工费及机械设备费报得较高，而材料费报得较低
   D. 设计图纸不明确，估计修改后工程量要增加的，可以提高单价，而工程内容说明不清楚的，则可以降低一些单价，在工程实施阶段通过索赔再寻求提高单价的机会
   E. 经过工程量复核，预计今后工程量会减少的项目，单价适当减低，这样在最终结算时可多盈利，而将业工程量有可能减少的项目单价降低，工程结算时损失减少

3. 单价调整的方法大致有( )。
   A. 服务项目单价类比法　　　　B. 费用组成比例的比较
   C. 各专项服务费用类比　　　　D. 成本汇总比较法
   E. 各专项服务费利润比较法

三、简答题

1. 物业服务费的测算依据有哪些？
2. 物业服务费的测算主要包含哪些内容？
3. 投标报价时常用的报价策略有哪些？
4. 投标单位资格预审公告具体包括哪些内容？资格预审文件要求有哪些？
5. 影响投标决策的因素有哪些？

模块六 物业管理投标报价的编写

学生学习情况评价表

评价模块：物业管理招标实施　　　　　　　　　　　　　　　评价日期：

姓名			班级		
评价项目	评价内容	分值	自评	小组互评	教师评价
知识目标	了解物业服务费测算的概念、依据、内容、要求；掌握物业服务费的测算方法；熟悉物业管理投标报价策略、投标价的调整与确定、物业管理投标决策等	30			
专业能力	能够精确、细致测算物业服务费，精确完成物业服务成本的核算；能够运用多种投标技巧，避免报价失误	30			
方法能力	可快速获取和接受工作所需的知识，利用工具书和专业书籍获取所需信息	20			
社会能力	廉洁奉公、爱岗敬业、淡泊名利、甘于奉献的职业品格；工作中一丝不苟、认真细致的精神；突破陈规、大胆探索、锐意进取的改革精神，具有勇于创新、求真务实的时代精神	20			
评价汇总		100			
总评分数					

注：总评成绩＝自评成绩×30％＋小组评价×20％＋指导教师评价×50％

模块七 物业服务合同

知识目标

1. 了解合同的分类；掌握物业服务合同的特征及物业服务合同的主要内容。
2. 熟悉合同订立的程序；掌握物业服务合同的订立原则、合同效力及合同履行中的三种抗辩权。
3. 熟悉合同变更、合同解除的形式；掌握物业服务合同违约责任的构成要件及承担方式。

能力目标

1. 能够参照物业服务合同示范文本拟订一份比较规范的住宅小区物业服务合同。
2. 能够运用《民法典》《物业管理条例》等法律、法规对常见物业服务合同案件进行合理评析和纠纷调解。

素养目标

1. 培养廉洁奉公、爱岗敬业、淡泊名利、甘于奉献的职业品格，增强法律意识。
2. 培养学生在工作中一丝不苟、认真细致的精神。
3. 培养学生锐意进取的改革精神，培养学生的契约精神、诚实信用的时代精神。

案例导入

小区业主委员会是否有权单方解除物业服务合同？

某建行住宅小区业委会与××物业服务公司签订了三年期限的物业服务合同，2016年6月××物业服务公司由于公司内部经营不善和对外债务纠纷致使对该小区的服务质量严重不达标，至此，物业服务合同刚过一年。后小区业委会多次对××物业服务公司进行催促，四个月过去了，××物业服

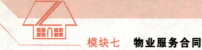

模块七　物业服务合同

务公司仍未能按约履行义务，且服务质量越来越差。2016年11月，小区业委会另行聘用一家物业公司，同时告知××物业服务公司之前所签订的合同已解除并要求尽快完成物业交接工作。××物业服务公司不认可业委会的做法，也拒绝办理交接手续，同时要求业委会承担违约责任。

讨论：

小区业委会是否可以单方解除合同？

单元一　认知物业服务合同

一、物业服务合同的概念与特征

物业服务合同是物业服务人在物业服务区域内，为业主提供建筑物及其附属设施的维修养护、环境卫生和相关秩序的管理维护等物业服务，业主支付物业费的合同。

业主与物业服务企业建立委托聘用关系的法律形式，是双方签订物业服务合同。只有签订了物业服务合同，才能将各方享有的权利和应履行的义务确定。物业服务企业通过提供合同约定的物业服务取得经营收益，业主通过支付物业服务费用而享受物业管理服务。

在物业管理活动中，物业服务合同的地位十分重要。合同是否依法订立、合同内容是否详细、合同是否具有可操作性，对于维护双方在物业管理活动中的合法权益举足轻重。目前，在物业管理活动中出现的许多纠纷与合同的不规范具有很大关系。

作为一种具体的委托合同，物业服务合同主要具有以下几个特征。

1. 当事人是特定的

在物业管理活动中，业主和物业服务企业是最主要的两个主体。业主是物业的所有权人，有权自由选聘物业服务企业为其进行物业管理服务。物业服务企业是具有独立企业法人资格的经济实体，自主经营，自负盈亏，遵从市场规则获取物业管理项目。之所以说物业服务合同的当事人是特定、特殊的，是因为业主大会成立后，物业服务合同的委托方不是业主也不是建设单位而是业主委员会，实践中不可能由每个业主和物业服务企业签订一份合同，只能由其代表代为签订。业主委员会由业主大会选举产生，代表和维护全体业主在物业管理活动中的合法权益。

2. 物业服务合同是一种劳务合同

所谓劳务合同，是指合同标的符合一定要求的劳务，而非物质成果，且合同约定的劳务是通过履行义务一方特定的行为表现出来的。物业服务合同中约定的物业管理服务实质上就是一种劳务，是一种带有管理性质的劳务，同时，也是通过物业服务企业的特定行为表现出来。如保证共用设施、设备及时维修，保持环境整洁、交通秩序良好等。

3. 物业服务合同是诺成合同

物业服务合同一旦经过业主委员会与物业服务企业就有关物业服务事项、服务期限、收费标准等达成一致意愿即告成立，而无须当事人之间转移特定标的物，事实上也不可能实现。

模块七 物业服务合同

【小提示】诺成合同与实践合同的区别

依据合同成立是否以交付标的物为要件,合同可以分为诺成合同与实践合同。诺成合同又称为不要物合同,是指只要行为人意思表示一致就能成立的合同;实践合同又称为要物合同,是指除意思表示一致外,还需以标的物的交付为成立要件的合同。

4.物业服务合同是双务合同

双务合同区别于单务合同。双务合同是指双方当事人相互享有权利和义务,取得权利是以承担一定义务为前提的。在物业服务合同中,业主享有物业服务企业提供的服务是以支付相应的物业服务费用为前提的;物业服务企业享有收取物业服务费的权利是以提供符合要求的物业管理服务的义务为前提的。

5.物业服务合同是有偿合同

有偿合同区别于无偿合同。有偿合同是指当事人取得权利必须付出一定的代价的合同,否则为无偿合同。物业服务企业作为营利性企业法人必然追求一定的经济利润,这是由其本质属性决定的。所以,物业服务企业在提供服务时不可能是无偿的、免费的,享受物业服务的业主一方必须支付一定的物业服务费用。

6.物业服务合同是要式合同

要式合同区别于不要式合同。要式合同是指法律要求或当事人约定必须具备一定形式的合同。基于物业管理服务的复杂性、涉及业主的广泛性,《民法典》第3编《合同编》第24章对物业服务合同进行了明确的法律规定,物业服务合同应当采用书面形式。

二、物业服务合同订立的原则

物业服务合同作为一种《民法典》规定的有名合同,其订立应遵循以下几个原则。

拓展阅读:
业主入住

1.平等原则

物业服务合同中业主和物业服务企业在法律地位上是平等的,其合法权益应当受到法律的平等保护。即在物业管理实践中,对于业主与物业服务企业是"雇主与仆人"或"管理者与被管理者"的关系这一认识是错误的。

2.合同自由原则

物业服务合同中业主和物业服务企业在合同中的权利义务关系只有基于当事人的自由意志而产生时才对当事人具有约束力。具体可体现为缔约自由;选择相对人的自由;合同内容自由;变更合同自由;解除合同自由;合同形式自由等。

3.公平原则

物业服务合同中业主和物业服务企业要按照价值规律的要求进行等价交换,实现各自的合法利益。此外,将显失公平作为合同可变更、可撤销的条件。

4.诚实信用原则

在物业服务合同中,业主和物业服务企业在订立、履行物业服务合同时不能有欺诈、胁迫和乘人之危的行为,否则合同可撤销或可变更,以及在物业服务合同中,权利人应当以善意的方式行使权利,义务人应当积极地履行合同义务。

模块七　物业服务合同

5. 守法原则

在物业服务合同中,业主和物业服务企业不得违反法律、法规、相关政策订立合同及在合同中不得有破坏公序良俗、扰乱经济秩序、有损社会公共利益等条款。

三、物业服务合同的内容

《物业管理条例》第 34 条规定:"业主委员会应当与业主大会选聘的物业服务企业订立书面的物业服务合同。物业服务合同应当对物业管理事项、服务质量、服务费用、双方的权利义务、专项维修资金的管理与使用、物业管理用房、合同期限、违约责任等内容进行约定。"《民法典》第 938 条规定:"物业服务合同的内容一般包括服务事项、服务质量、服务费用的标准和收取办法、维修资金的使用、服务用房的管理和使用、服务期限、服务交接等条款。"一份具体的物业服务合同应由合同的首部、正文和结尾三部分组成。

(一)合同首部

合同首部主要由合同当事人的姓名、名称、住所、联系方式以及缔约事由等组成。合同首部不涉及当事人的权利和义务,但在合同中具有重要的地位。

(二)合同正文

合同正文是物业服务合同最主要、最核心的组成部分,是当事人就物业管理事务协商一致的意思表示。其主要包括以下几项。

1. 物业基本情况

物业基本情况主要包括物业名称、类型、坐落位置、权属范围、占地面积、建筑面积、设施设备、建成年代等。

2. 物业管理事项

物业管理事项主要是指业主与物业服务企业签订合同时已经协商一致的物业管理服务具体内容。通常包括物业共用部位的维修、养护与管理;物业共用设施、设备、市政公用设施、附属建筑物、构筑物的维修、养护和管理;公共环境卫生、绿化的养护与管理;物业区域内公共秩序、消防及交通的管理;物业工程图纸、用户档案等资料的管理;开展社区文化娱乐活动;对业主的违规行为采取相应措施及其他委托事项。

3. 物业服务质量和标准

物业服务质量就是约定各项具体服务内容应达到的标准或要求,也是衡量物业服务企业履行合同好坏的重要依据,因此,双方当事人应当对此进行协商并在合同中作出具体、细致、明确的约定。只约定物业服务事项不约定物业服务质量,或者约定服务质量不明确,会造成合同履行争议。业主与物业服务企业可以参照《普通住宅小区物业管理服务等级标准》及本地区物业服务指导标准,结合物业项目情况、物业收费标准及业主对物业服务的需求,协商确定物业服务质量标准。

4. 双方的权利和义务

双方的权利、义务是指法定的权利、义务之外的其他需要约定的权利、义务,是物业服务合同的核心。例如,业主委员会享有代表权、管理规约制定权、监督权等权利,负有协助物业服务企业开展工作、约束业主的违规行为等义务;业主享有对物业服务企业服务质量的监督权,负有遵守物业管理区域内各项规章制度等义务;物业服务企业享有分包专项服务事项的权利,负有公示服务项目和标准、收费标准等义务。

5.物业服务费用

物业服务费用是业主享有物业服务所必须支付的代价,也是物业服务企业提供服务应获取的基本酬劳。实践中很多物业管理纠纷的导火线源于物业服务费用约定不清晰。因此,签订合同首先要明确物业服务的收费方式,选择包干制还是酬金制,或者是其他收费方式。然后根据不同收费形式明确收费标准、酬金数额或酬金比例、交费时间、交费方式及结算方式等。

6.专项维修资金的使用

关于住宅专项维修资金的使用约定,在遵守相关法规政策的前提下,物业服务合同应当约定物业服务企业申请、使用和结算专项维修资金的方式,以及业主大会、业主委员会监督权利的行使等内容。

7.合同期限

合同期限主要约定物业服务合同的有效期及起止时间。

8.违约责任

为了维护当事人的合法权益、保证合同义务的切实履行,当事人需要依据法律规定及自身情况,对不履行合同义务或履行义务不符合约定等的违约责任、承担方式、责任范围、损害赔偿等作出具体的约定。

通常,物业服务合同正文除需要明确上述八项内容外,当事人还可就交易习惯或特别需求商定补充其他条款,如免责条款、合同解除条件、合同生效条件、后合同义务、资料移交等作出约定。

(三)合同结尾

合同结尾和首部是相对应的,通过物业服务合同双方当事人的签名和盖章表明所订立的合同是各自真实意思的表示。合同结尾部分一般包括:合同订立时间;合同生效时间;当事人的签名或盖章;合同的页数及正副本的份数。

四、物业服务合同类型

现实中存在两种物业服务合同,即广义的物业服务合同包括前期物业服务合同和物业服务合同。

1.前期物业服务合同

前期物业服务合同是指物业建设单位与物业服务企业就前期物业管理阶段双方的权利义务所达成的协议,是物业服务企业被授权开展物业管理服务的依据。《物业管理条例》第21条规定:"在业主、业主大会选聘物业服务企业之前,建设单位选聘物业服务企业的,应当签订书面的前期物业服务合同。"虽然前期物业服务合同的当事人双方是建设单位和物业服务企业,业主并非当事人,但是在业主大会成立并选聘物业服务企业之前,该合同对业主具有约束力。《物业管

模块七 物业服务合同

理条例》第 25 条规定:"建设单位与物业买受人签订的买卖合同应当包含前期物业服务合同约定的内容。"《物业管理条例》第 26 条规定:"前期物业服务合同可以约定期限;但是,期限未满、业主委员会与物业服务企业签订的物业服务合同生效的,前期物业服务合同终止。"

2. 物业服务合同

物业服务合同是物业服务企业与业主之间就物业管理服务及相关的特定管理活动所达成的权利义务关系协议。《物业管理条例》第 34 条规定:"业主委员会应当与业主大会选聘的物业服务企业订立书面的物业服务合同。物业服务合同应当对物业管理事项、服务质量、服务费用、双方的权利义务、专项维修资金的管理与使用、物业管理用房、合同期限、违约责任等内容进行约定。"

两种合同的主要区别是:第一,合同委托主体不同。前期物业服务合同的委托方是建设单位,物业服务合同的委托方是业主委员会。第二,合同的内容不同。前期物业服务合同的内容具有特殊性,除规定日常物业服务外,还对物业服务企业的早期介入、物业共用部位、共用设施、设备的承接查验、开发建设遗留问题的解决、保修责任及入住管理服务等内容作出约定;物业服务合同则主要对物业管理区域内的房屋及附属设施设备的维修、养护、管理,以及环境卫生和公共秩序的维护活动作出约定。第三,存在阶段不同。前期物业服务合同仅存在于前期物业管理阶段,即在前;物业服务合同则存在于建筑物生命周期的绝大多数时间,即在后。第四,合同履行期限不同。前期物业服务合同可以约定期限,但是只要业主委员会与物业服务企业签订的物业服务合同生效,则前期物业服务合同即行终止。而物业服务合同的期限由双方当事人协商确定,无法定提前终止条件。

【应用案例】

××住宅小区预售房子时,开发商在售房合同中承诺该小区的物业服务费标准为 $1.2 元/m^2$。可是当业主办理入住手续时,负责该小区的××物业服务公司则要求业主按照 $2.2 元/m^2$ 的标准缴费。小区业主认为这不合理,要求按照原购房合同中的约定收取物业服务费。××物业服务公司则认为,购房合同是业主与开发商签订的,而提供物业服务的是××物业服务公司,开发商承诺的与物业公司无关,就此业主与××物业服务公司发生了纠纷。请问开发商与业主签订的物业服务收费协议是否生效,业主该如何缴费?

【分析】

按照《物业管理条例》的规定,商品房预售前,开发商与物业服务公司签订的前期物业服务合同在购房合同签订时作为附件合同需要购房人签字确认,一经签字确认即发生法律效力,对各方当事人产生约束力。在本案例中,××物业服务公司增加物业费的做法显然构成违约,必须依法承担违约责任,业主应当按照 $1.2 元/m^2$ 的标准缴纳物业费。实践中,条件成熟,业主可尽快组织成立业主大会,重新选聘物业服务公司,签订物业服务合同,则前期物业服务合同随时终止。

单元二　熟悉物业服务合同的订立、效力与履行

一、物业服务合同的订立

《民法典》第471条规定:"当事人订立合同,可以采取要约、承诺方式或者其他方式。"

(一)要约

1. 要约的认知

《民法典》第472条规定:"要约是希望与他人订立合同的意思表示,该意思表示应当符合下列条件:(一)内容具体确定;(二)表明经受要约人承诺,要约人即受该意思表示约束。"

一个意思表示要成为要约需要满足的几个条件:第一,要约必须是特定人的意思表示。即要约人必定是订立合同的一方当事人,是合同约束的主体之一。第二,要约必须向希望与之缔结合同的受要约人发出。需要说明的是,受要约人可以是特定的也可以是不特定的。第三,要约必须要有订立合同的意图。也就是一旦对方承诺,合同即告成立。第四,要约的内容必须具体。即要约的内容是可以构成合同的主要条款。第五,要约人须有受约束的意思表示。即表明一旦对方作出承诺,要约人立即与之缔结合同并履行合同。

【小提示】要约与要约邀请的区别

要约邀请又称为要约引诱,是希望他人向自己发出要约的意思表示。要约是向不特定的多数人发出,且要约邀请人无须表明愿意接受约束的意思。《民法典》中规定:寄送的价目表、拍卖公告、招标公告、招股说明书和商业广告等都视为要约邀请。但商业广告在符合特定条件时,也可以视为要约。

2. 要约的生效

《民法典》第137条规定:"以对话方式作出的意思表示,相对人知道其内容时生效。以非对话方式作出的意思表示,到达相对人时生效。以非对话方式作出的采用数据电文形式的意思表示,相对人指定特定系统接收数据电文的,该数据电文进入该特定系统时生效;未指定特定系统的,相对人知道或者应当知道该数据电文进入其系统时生效。当事人对采用数据电文形式的意思表示的生效时间另有约定的,按照其约定。"由上可知要约生效时间采用到达主义,要约一经送达受要约人便产生以下效力:第一,对要约人而言,自此有接受受要约人承诺的义务,且不得随意撤回、撤销和变更要约。第二,对受要约人而言,主要取得了对要约作出承诺的权利。

3. 要约的撤回、撤销与失效

(1)要约撤回。要约撤回是对尚未发生效力的要约阻止其生效的意思表示。《民法典》第475条规定:"要约可以撤回。要约的撤回适用本法第141条的规定"。第141条规定:"行为人可以撤回意思表示。撤回意思表示的通知应当在意思表示到达相对人前或者与意思表示同时到达相对人。"

(2)要约撤销。要约撤销是指对已经生效但尚未获得承诺的要约消灭其约束力的意思表

示。《民法典》第476条规定"要约可以撤销,但是有下列情形之一的除外:
(一)要约人以确定承诺期限或者其他形式明示要约不可撤销;
(二)受要约人有理由认为要约是不可撤销的,并已经为履行合同做了合理准备工作。"
第477条规定"撤销要约的意思表示以对话方式作出的,该意思表示的内容应当在受要约人作出承诺之前为受要约人所知道;撤销要约的意思表示以非对话方式作出的,应当在受要约人作出承诺之前到达受要约人。"

(3)要约失效。要约失效是指已经生效的要约由于法定事由的发生而丧失法律约束力。《民法典》第478条规定:"有下列情形之一的,要约失效:
(一)要约被拒绝;
(二)要约被依法撤销;
(三)承诺期限届满,受要约人未作出承诺;
(四)受要约人对要约的内容作出实质性变更。"

(二)承诺

1. 承诺的认知

承诺是受要约人同意要约的意思表示。一个意思表示要成为承诺,必须满足以下几个条件:第一,承诺人必须为受要约人。即非受要约人向要约人发出接受要约的意思表示不能成为承诺,而是另一个要约。第二,承诺原则上应该以通知的方式作出。但有时依照交易习惯,也可以行为方式作出。第三,承诺必须在要约规定的期限内到达要约人处。第四,承诺的内容应与要约相一致,也就是承诺未对要约的内容作出实质性的变更,否则构成一个新要约。

2. 承诺的生效

承诺的生效也就是合同成立。依据《民法典》第484条规定:"以通知方式作出的承诺,生效的时间适用本法第137条的规定。承诺不需要通知的,根据交易习惯或者要约的要求作出承诺的行为时生效。"第137条规定:"以对话方式作出的意思表示,相对人知道其内容时生效。以非对话方式作出的意思表示,到达相对人时生效。以非对话方式作出的采用数据电文形式的意思表示,相对人指定特定系统接收数据电文的,该数据电文进入该特定系统时生效;未指定特定系统的,相对人知道或者应当知道该数据电文进入其系统时生效。当事人对采用数据电文形式的意思表示的生效时间另有约定的,按照其约定。"

在以招投标的方式签订物业服务合同的过程中,业主或业主委员会发布招标公告的过程,相当于向不特定的物业服务企业发出要约邀请,有投标意愿的物业服务企业购买招标文件,按照要求准备并投递标书的活动相当于向特定的业主或业主委员会发出要约,业主或业主委员会组织开标、评标、定标活动,并向中标的物业服务企业发出中标通知书的活动,相当于对物业服务企业发出要约所做的承诺。经过这一个完整的过程,一份物业服务合同即告成立。

3. 承诺的撤回

承诺的撤回是指对尚未生效的承诺阻止其生效的意思表示。《民法典》第485条规定:"承诺可以撤回。承诺的撤回适用本法第141条的规定。"第141条规定:"行为人可以撤回意思表示。撤回意思表示的通知应当在意思表示到达相对人前或者与意思表示同时到达相对人。"

【应用案例】

甲物业公司向乙建材商发去一函,称"小区道路修缮急需要硅酸盐水泥 1 000 袋,单价为 20 元/袋,货到付款"。乙建材商收到甲物业公司的来函后,立即回函"同意发货,但是需要款到交货"。甲物业公司后来先行付款 2 万元至乙方银行账户。请问:乙方回函是对甲方要约作出的承诺吗?甲乙之间是否成立合同关系?

【分析】

乙方回函不是对甲方要约的承诺,因为乙方称"款到交货"对甲方要约的"货到付款"作出了实质性变更,属于新要约。甲乙合同关系能够成立,因为甲方的付款行为是对乙方新要约作出的承诺。

(三)物业服务合同的续订

《民法典》第 947 条规定:"物业服务期限届满前,业主依法共同决定续聘的,应当与原物业服务人在合同期限届满前续订物业服务合同。物业服务期限届满前,物业服务人不同意续聘的,应当在合同期限届满前 90 日书面通知业主或者业主委员会,但是合同对通知期限另有约定的除外。"

第 948 条规定:"物业服务期限届满后,业主没有依法作出续聘或者另聘物业服务人的决定,物业服务人继续提供物业服务的,原物业服务合同继续有效,但是服务期限为不定期。"

二、物业服务合同生效及其效力

(一)物业服务合同的生效

合同成立不等于合同生效,合同成立是合同生效的前提条件。物业服务合同生效是指已经成立的物业服务合同因具备法定生效条件而在业主(业主委员会)与物业服务企业之间产生一定的法律约束力。物业服务合同的生效需要具备以下几个条件。

1. 行为人具备相应的民事行为能力

行为人具备相应的民事行为能力是法律对包括物业服务合同在内的所有合同主体所做的要求,如果订立合同的主体不合格,其所订立的合同就不能生效。如单个业主与物业服务企业订立的合同;不具备法人地位的物业服务机构与业主委员会订立的合同。

2. 行为人意思表示真实

行为人意思表示真实是民法意思自由原则的必然体现,是指行为人所做的订立合同的意思表示是其自由决定的内心意思的真实体现,双方不存在欺诈、胁迫等行为。行为人表达出来的发生法律后果的意思与其内心的真实意思是一致的。如物业服务收费标准、收费项目的确定。

3. 行为不违反法律和社会公共利益

行为不违反法律是指物业服务合同内容及订立程序不与国家法律法规相抵触,包括不违反法律强制性规定和禁止性规定。同时,为了维护社会公序良俗,也要求合同行为不损害社会公共利益。如不得约定业主委员会享有单方选聘、解聘物业服务企业的权利。

(二)物业服务合同的效力

物业服务合同的效力是指物业服务合同生效以后,在合同当事人及第三人之间所产生的法律约束力。《民法典》第939条规定:"建设单位依法与物业服务人订立的前期物业服务合同,以及业主委员会与业主大会依法选聘的物业服务人订立的物业服务合同,对业主具有法律约束力。"物业服务合同效力的产生是以合同生效而非合同成立为前提条件的。不同的合同往往具有不同的法律效力,物业服务合同的效力最直接的表现是业主享有物业服务的权利和按时足额缴纳物业服务费用的义务;物业服务企业享有收取物业服务费的权利和提供符合合同要求的物业维修养护的义务。

按照合同所产生的约束力,合同可分为有效合同、无效合同、效力待定合同和可变更合同。

1. 有效合同

所谓有效合同,是指依照法律的规定,经当事人协商一致取得合意而成立并在当事人之间产生法律约束力的合同。

2. 无效合同

所谓无效合同,是相对于有效合同而言的,凡不符合法律规定的要件的合同,不能产生合同的法律效力,都属于无效合同。

3. 效力待定合同

所谓效力待定合同,是指合同虽然已经成立,但因其不完全符合法律有关生效要件的规定,因此,其发生效力与否尚未确定,一般需要相关权利人表示承认或追认才能生效。其主要包括以下三种情况:

(1)无行为能力人订立的和限制行为能力人依法不能独立订立的合同,必须经其法定代理人的承认才能生效;

(2)无权代理人以本人名义订立的合同,必须经过本人追认才能对本人产生法律约束力;

(3)无处分权人处分他人财产权利而订立的合同,未经权利人追认,合同无效。

4. 可变更合同

所谓可变更合同,是指合同已经成立,因为存在法定事由,允许当事人申请变更全部合同或部分条款。

《民法典》第543条规定:"当事人协商一致,可以变更合同。"

第544条规定:"当事人对合同变更的内容约定不明确的,推定为未变更。"

三、物业服务合同的履行

(一)物业服务合同的履行原则

物业服务合同的履行是指合同当事人按照合同约定或法律的规定,完成各自在合同中所负担的义务,以使对方当事人的权利得以实现的过程。物业服务合同履行应遵循以下几个原则。

1. 全面履行的原则

合同订立后,当事人应当按照合同的约定全面履行自己所承担的各项义务,包括履行义务的主体、标的、数量、质量、价款或者报酬及履行期限、地点、方式等。不履行或不适当履行的行为,例如,物业服务企业擅自提高收费标准;业主不按规定时间缴纳物业服务费等。由于不履行或不适当履行合同义务而给守约一方造成损失的,应赔偿对方的损失,并依法承担违约责任。

2. 诚实信用的原则

当事人履行物业服务合同要遵循诚实信用的原则,要守信用、讲实话、办实事,要有善意。双方当事人在合同履行中要相互配合协作、配合,以利于合同更好地履行。

3. 实际履行的原则

实际履行的原则要求物业服务合同当事人应当按照合同约定的标的履行义务,不能用其他标的物代替,也不能用交付违约金或赔偿金的方式来代替履行。《民法典》第580条规定:"当事人一方不履行非金钱债务或者履行非金钱债务不符合约定的,对方可以请求履行,但是有下列情形之一的除外:

(一)法律上或者事实上不能履行;

(二)债务的标的不适于强制履行或者履行费用过高;

(三)债权人在合理期限内未请求履行。"

只有这样才能约束物业服务企业按照合同约定提供服务,订立物业服务合同的意义才能实现。

【应用案例】

一天,××小区业主刘某回家发现其居室户门被撬,丢失现金、笔记本电脑等财物,折合人民币6 000余元,事后刘某与本小区物业公司就赔偿事宜发生纠纷。物业公司辩称刘某不应将贵重物品存放在家中,由于刘某自行保管不善导致丢失,应当承担一部分责任;同时,物业公司认为其单独聘用的保安公司未能履行24小时安保巡逻服务,致使业主家中被盗,应承担主要责任,所以,刘某应该找保安公司讨要赔偿金。刘某则认为,其与物业公司存在物业服务合同关系,并未与保安公司存在合同关系,同时刘某已经按时足额缴纳了物业费,理应由物业公司给付赔偿。请运用相关法律法规对本案例进行分析。

【分析】

本案例中可以肯定的是刘某和物业服务公司存在着物业服务合同关系。首先,物业服务合同对双方当事人都产生效力,双方都应当按照合同约定履行各自的义务。其次,物业公司违反合同履行中的实际履行原则,未能就安保服务切实履行义务而是在未经业主大会同意的前提下擅自委托保安公司提供服务,退一步讲,物业公司也应对保安公司的服务履行情况好坏承担连带责任。最后,保安公司未能24小时安保巡逻,也存在违反实际履行原则。因此,本案例中的物业服务公司对业主刘某承担主要赔偿责任,此后可根据保安公司是否是实际履职对其进行追偿。

4. 公平合理的原则

在订立物业服务合同时,可能由于双方当事人的疏忽,有些问题没有约定或者约定不明确,应以公平合理的原则采取补救措施,由双方当事人协商一致,签订补充条款加以解决;若当事人协商不成,就应按照有关条款或者交易习惯来确定,确保双方利益平衡。

(二)物业服务合同主体的义务

1. 物业服务人的一般义务

物业服务人的一般义务物业服务人应当按照约定和物业的使用性质,妥善维修、养护、清洁、绿化和经营管理物业服务区域内的业主共有部分,维护物业服务区域内的基本秩序,采取合理措施保护业主的人身、财产安全。

对物业服务区域内违反有关治安、环保、消防等法律法规的行为,物业服务人应当及时采取合理措施制止、向有关行政主管部门报告并协助处理。

2. 物业服务人信息公开义务

物业服务人应当定期将服务的事项、负责人员、质量要求、收费项目、收费标准、履行情况,以及维修资金使用情况、业主共有部分的经营与收益情况等以合理方式向业主公开并向业主大会、业主委员会报告。

3. 业主支付物业费义务

业主应当按照约定向物业服务人支付物业费。物业服务人已经按照约定和有关规定提供服务的,业主不得以未接受或者无须接受相关物业服务为由拒绝支付物业费。

业主违反约定逾期不支付物业费的,物业服务人可以催告其在合理期限内支付;合理期限届满仍不支付的,物业服务人可以提起诉讼或者申请仲裁。

物业服务人不得采取停止供电、供水、供热、供燃气等方式催交物业费。

4. 业主告知、协助义务

业主装饰装修房屋的,应当事先告知物业服务人,遵守物业服务人提示的合理注意事项,并配合其进行必要的现场检查。

业主转让、出租物业专有部分、设立居住权或者依法改变共有部分用途的,应当及时将相关情况告知物业服务人。

(三)物业服务合同履行中的抗辩权

物业服务合同作为合同的一种形式,必然符合《民法典》第3编第4章关于抗辩权的规定。抗辩权是一种与支配权、请求权和形成权相并列的民事权利,具体包括以下三种。

1. 同时履行抗辩权

同时履行抗辩权,俗称"一手交钱,一手交货",同时履行抗辩权一经行使,便发生阻却对方请求权的效力,但不能消灭对方的请求权。如在物业服务合同中,未约定提供服务和缴纳物业费的履行顺序,可推定为同时履行,业主就物业服务企业尚未提供服务的时间段的缴费要求可行使同时履行抗辩权。

2. 先履行抗辩权

先履行抗辩权一经行使,便阻却对方请求权的效力,且不承担违约责任。如在物业服务合同中,约定业主先行缴纳车位管理费,则物业服务企业就业主尚未缴费要求提供车位管理服务的要求可行使先履行抗辩权。

3. 不安抗辩权

应当先履行债务的当事人,有确切证据证明对方有下列情形之一的,可以中止履行:

(1)经营状况严重恶化;
(2)转移财产、抽逃资金,以逃避债务;
(3)丧失商业信誉;
(4)有丧失或者可能丧失履行债务能力的其他情形。当事人没有确切证据中止履行的,应当承担违约责任。

不安抗辩权的行使一方必定为先履行义务的一方,不安抗辩权行使一方有权终止履行合同但应及时告知对方,同时,其对相对人不能履约负有举证责任,否则承担违约责任。如在物业服务合同中,约定业主先行缴纳物业费,但是业主有充分理由认定物业服务企业经营状况严重恶化、严重丧失履约能力,则业主就物业服务企业提出的物业费缴纳要求行使不安抗辩权,若物业服务企业能够提供适当担保,则业主应立即恢复履行。

(四)物业服务合同的保全

合同的保全也称为债的保全,是指为防止因债务人的财产不当减少给债权人债权的实现带来危害,赋予债权人为保护其债权实现的法律措施,具体包括代位权和撤销权。合同的保全往往涉及第三人的利益,这与合同的相对性原则相悖,所以,合同保全行使必须满足特定的条件。

1. 代位权

代位权也称为代位求偿权,是指因债务人怠于行使其对第三人享有的到期债权,对债权人造成损害的,债权人为保全其债权,可以向人民法院请求以自己的名义代位行使债务人的债权。简而言之,代位权是指债权人以自己的名义行使债务人的债权的一种权利。

2. 撤销权

撤销权是指因债务人使其财产不当减少的行为危害债权人债权的实现时,债权人享有的请求人民法院撤销债务人与第三人的民事行为的权利。债务人使其财产不当减少的行为主要包括三类:第一,债务人放弃到期债权;第二,债务人无偿转让财产;第三,债务人以明显低价转让财产且受让人知情的。撤销权的行使以债权数额为限,不能超过债务人的债务,其发生的费用由债务人承担。撤销权的诉讼时效期间为一年,自知道或者应当知道撤销事由之日起计算;除斥期间为五年,自债务人的不当行为发生之日起计算。

单元三 熟悉物业服务合同的变更、解除与终止

一、物业服务合同的变更

物业服务合同的变更是指在物业服务合同存续期间,基于业主或业主委员会和物业服务企业双方的约定或一定法律事实的出现而导致的合同主体、内容等发生变化。其主要包括合同主体变更和合同客体变更两个方面,均可基于双方约定或法律规定。

(一)合同主体变更

物业服务合同主体的变更是指合同的权利和义务的承担主体即业主或物业服务企业发

生变化的情况,主要包括债权让与、债务承担和合同的概括承受三种情形。

1. 债权让与

债权让与是指物业服务合同的内容不改变,合同中的权利人将其权利转移给第三人的行为。债权人让与债权的应当通知债务人。未经通知,该债权让与行为对债务人不发生效力。基于债权让与行为会对债务人及第三人的权利和义务产生重大的影响。

2. 债务承担

债务承担是指物业服务合同的内容不改变,债务人将其合同中的义务全部或部分转移至第三人的行为。基于债务人转移债务的行为可能对债权人债权的实现产生很大的影响及防止债务人借债务转移逃避合同义务,同时,确保债务受让人的履约能力,《民法典》第551条规定:"债务人将债务的全部或者部分转移给第三人的,应当经债权人同意。债务人或者第三人可以催告债权人在合理期限内予以同意,债权人未作表示的,视为不同意。"债务一经转移,其义务和抗辩权也一并转移给第三人。如物业服务企业在经过业主大会同意后,可将保洁、绿化、安保等合同义务委托他方履行。

3. 合同的概括承受

合同的概括承受是指物业服务合同的一方当事人将其债权和债务通过协议一并转移给第三人的行为。当事人将合同的权利和义务一并转让给第三人,须经对方当事人同意。

业主或物业服务企业作为物业服务合同的一方当事人,有权将合同中的部分权利和义务转移给第三人,如业主将权利义务转移给承租人;物业服务企业将权利义务转移给分包公司等。但是,物业服务合同是一种委托合同,合同主体涉及面较广,且合同标的物是一种带有管理性质的劳务,合同成立往往建立在双方当事人相互信任的基础之上,具有很强的人身性质。因此,《民法典》第941条规定:"物业服务人将物业服务区域内的部分专项服务事项委托给专业性服务组织或者其他第三人的,应当就该部分专项服务事项向业主负责。物业服务人不得将其应当提供的全部物业服务转委托给第三人,或者将全部物业服务肢解后分别转委托给第三人。"

(二)合同内容的变更

1. 物业服务合同内容变更的概念

物业服务合同内容变更是指当事人通过协商一致,就合同的权利和义务所做的变更,如标的的数量、质量、价款或报酬,履行的期限、地点及方式等的变更。法律、行政法规规定变更合同应当办理批准、登记手续的,依照其规定。此外,当存在重大误解、显失公平、欺诈、胁迫、乘人之危等情形时,当事人可以提请法院或仲裁机构变更合同。例如,某住宅小区的物业服务企业在与业主委员会签订合同时约定,物业服务费用按照2.4元/m²的标准收取,服务质量按照当地一级标准执行。但在实际服务中,物业服务企业由于能力所限未能达到一级标准,故业主委员会与物业服务企业协商一致,将收费降为1.8元/m²,执行二级标准。像这样的变动就是物业服务合同的变更。

2. 物业服务合同内容变更的特征

(1)合同的变更狭义仅指合同内容发生变化,而非主体变化。广义的合同变更如前所述,包括主体变更和内容变更,但在实践中物业服务合同发生主体变更的情况非常少见,更常见的是合同内容变更。

（2）合同内容变更是合同内容的局部变化，而非根本性内容变化。合同变更通常只是对合同内容进行局部修改或补充，而不是对合同内容的全部变更。

（3）合同内容变更包括约定变更和法定变更。根据当事人之间的约定对合同进行的变更，即约定变更；根据当事人依法律规定请求人民法院或仲裁机构进行的变更，即法定变更。

（4）合同内容变更发生在合同成立且尚未履行或尚未完全履行之前。如果合同尚未成立或合同履行完毕，则当事人之间不存在合同关系或合同关系消灭，也就不存在变更的问题。

二、物业服务合同的解除与终止

（一）物业服务合同的解除

物业服务合同的解除是指在物业服务合同的存续期间，业主委员会和物业服务企业，通过协商或法定事由的出现，一方当事人通过行使解除权使双方的合同关系提前灭失。合同解除具体分为协议解除和单方解除两种方式。

1. 协议解除

协议解除又称双方解除。《民法典》第 562 条规定："当事人协商一致，可以解除合同。"因此，在不违反法律规定的前提下，只要物业服务合同双方当事人就解除物业服务合同达成一致意思表示，可以协议解除合同，终止一切权利义务。

2. 单方解除

单方解除可分为单方约定解除和单方法定解除。

（1）单方约定解除。单方约定解除是指物业服务合同中约定的解除事由出现时，享有解除权的一方当事人解除合同的意思表示。《民法典》第 562 条规定："当事人可以约定一方解除合同的事由。解除合同的事由发生时，解除权人可以解除合同。"当合同约定的解除条件成立时，享有解除权的一方以单方意思表示即可解除合同，而不必征得对方同意。如某小区业主委员会与物业服务企业签订的物业服务合同中约定，若物业服务企业未能达到合同约定的服务质量标准，业主委员会会要求其限期整改，逾期未整改的，业主委员会有权解除合同。

（2）单方法定解除。单方法定解除是指法律规定的解除事由出现时，物业服务合同中享有解除权的一方当事人解除合同的意思表示。《民法典》第 563 条规定："有下列情形之一的，当事人可以解除合同：

（一）因不可抗力致使不能实现合同目的；

（二）在履行期限届满前，当事人一方明确表示或者以自己的行为表明不履行主要债务；

（三）当事人一方迟延履行主要债务，经催告后在合理期限内仍未履行；

（四）当事人一方迟延履行债务或者有其他违约行为致使不能实现合同目的；

（五）法律规定的其他情形。

以持续履行的债务为内容的不定期合同，当事人可以随时解除合同，但是应当在合理期限之前通知对方。"

3. 解除物业服务合同的相关法律规定

《民法典》第 946 条规定："业主依照法定程序共同决定解聘物业服务人的，可以解除物业服务合同。决定解聘的,应当提前60日书面通知物业服务人,但是合同对通知期限另有约定的除外。依据前款规定解除合同造成物业服务人损失的,除不可归责于业主的事由外,业主应当赔偿损失。"

第947条规定:"物业服务期限届满前,业主依法共同决定续聘的,应当与原物业服务人在合同期限届满前续订物业服务合同。物业服务期限届满前,物业服务人不同意续聘的,应当在合同期限届满前90日书面通知业主或者业主委员会,但是合同对通知期限另有约定的除外。"

第948条规定:"当事人可以随时解除不定期物业服务合同,但是应当提前60日书面通知对方。"

(二)物业服务合同的终止

物业服务合同终止是指基于一定法律事实的发生,物业服务合同中的权利和义务在客观上归于消灭,即业主和物业服务企业之间的权利和义务关系不复存在。《民法典》第940条规定:"建设单位依法与物业服务人订立的前期物业服务合同约定的服务期限届满前,业主委员会或者业主与新物业服务人订立的物业服务合同生效的,前期物业服务合同终止。"

第949条规定:"物业服务合同终止的,原物业服务人应当在约定期限或者合理期限内退出物业服务区域,将物业服务用房、相关设施、物业服务所必需的相关资料等交还给业主委员会、决定自行管理的业主或者其指定的人,配合新物业服务人做好交接工作,并如实告知物业的使用和管理状况。原物业服务人违反前款规定的,不得请求业主支付物业服务合同终止后的物业费;造成业主损失的,应当赔偿损失。"

第950条规定:"物业服务合同终止后,在业主或者业主大会选聘的新物业服务人或者决定自行管理的业主接管之前,原物业服务人应当继续处理物业服务事项,并可以请求业主支付该期间的物业费。"

三、物业服务合同的违约责任

(一)违约责任的认知

违约责任是指物业服务合同的一方或双方当事人不履行合同义务或者履行合同义务不符合约定时,依照法律规定或合同的约定所应承担的法律责任。违约责任是合同的灵魂,目的即在于对合同正确履行进行制度保障,法律往往通过违约者承担一定的法律责任的方式对其进行制裁。

违约责任具有以下特点:首先,违约责任以物业服务合同有效成立为前提。若物业服务合同不生效,也就谈不上违约与否的问题。其次,违约责任以当事人违约为前提。物业服务合同有效成立后,一方或双方当事人有拒绝履行、延迟履行、不完全履行等违约行为或事实出现才会发生违约责任。最后,违约责任的效力原则上只及于合同当事人,不涉及第三人。

物业服务合同作为一种具体的委托合同,采用过错责任原则,过错必定是其构成的要件之一,此外,违约责任的构成要件,还取决于违约责任的承担形式。如果采用继续履行,采取补救措施、违约金、定金等形式,则违约责任的构成要件包括过错和违约行为。如果采用损害赔偿金的违约责任承担形式,则违约责任的构成要件包括违约方存在过错、违约行为、损害结果、违约行为与损害结果存在因果。

(二)违约责任承担的主要形式

《民法典》第 577 条规定:"当事人一方不履行合同义务或者履行合同义务不符合约定的,应当承担继续履行、采取补救措施或者赔偿损失等违约责任。"

第 578 条规定:"当事人一方明确表示或者以自己的行为表明不履行合同义务的,对方可以在履行期限届满前请求其承担违约责任。"

依照《民法典》的规定,违约责任的承担形式主要包括以下几种。

1. 继续履行

继续履行是指违约方不履行物业服务合同义务时,另一方当事人有权要求违约方按照合同约定履行义务,违约方应该继续履行。如在物业管理实践中,业主委员会在未到期的情况下,非法解除物业服务合同,物业服务企业有权要求对方继续履行合同。

2. 采取补救措施

采取补救措施是适用于违约方履行义务存在瑕疵时的违约责任承担方式。如在物业管理实践中,业主要求物业服务企业对其有瑕疵的服务采取修理、更换、重做、退货、减价等补救措施。

3. 赔偿损失

物业服务合同一方当事人不履行合同义务或履行合同义务不符合约定的,在继续履行或采取补救措施后,仍造成对方损失的违约方应赔偿损失。赔偿的数额以造成的损失为限,带有明显的补偿性质。

【应用案例】

某小区业主刘先生搬进其所购买的精装房不到两个月,便发现其房子吊顶有水滴滴下,大部分吊顶返潮严重而且出现不同程度的变形。刘先生所居楼层在顶楼,物业公司在排查问题时发现屋顶檐沟有堵塞物,致使屋顶雨水不能排走,长期积水浸泡导致漏水是直接原因。后刘先生认为是物业公司未能履行檐沟疏通义务,给自己造成损失,要求物业公司赔偿装修损坏的损失。物业公司则认为屋顶堵塞物是由于刮风使得树枝、枯草等聚集,属于自然原因,不予赔偿。双方几经协商未能达成一致意见,无奈,刘先生将物业公司告上法庭。请对本案例进行分析,物业公司是否需要赔偿刘先生。

【分析】

刘先生的房子被水浸泡,原因在于屋顶檐沟堵塞。从房屋结构上看,屋顶乃至檐沟属于物业共用部位,显然属于物业公司维修、养护、管理的对象,按照《物业管理条例》规定:"物业服务企业未能履行物业服务合同约定,导致业主人身、财产安全受到损害的,应当依法承担相应的法律责任。"因此,本案例中的物业公司未尽到对共用部位的维修、养护责任,致使产生安全隐患,物业公司应当就刘先生损失依法承担赔偿责任。

4. 支付违约金

违约金是指当事人在物业服务合同中约定的,一方违约时,应向对方当事人支付一定的货币额。《民法典》第 585 条规定:"当事人可以约定一方违约时应当根据违约情况向对方支付一定数额的违约金,也可以约定因违约产生的损失赔偿额的计算方法。约定的违约金低于造成的损失的,人民法院或者仲裁机构可以根据当事人的请求予以增加;约定的违约金过分

高于造成的损失的,人民法院或者仲裁机构可以根据当事人的请求予以适当减少。

当事人就迟延履行约定违约金的,违约方支付违约金后,还应当履行债务。"

5. 定金罚则

定金罚则是指物业服务合同当事人为了确保合同的履行,依据法律规定或双方约定,由当事人一方在合同订立时或订立后、履行前,预先给付对方一定的货币额。交付定金的一方违约时,无权要求返还定金;收受定金的一方违约时,应双倍返还定金。对此,《民法典》规定:当事人可以约定一方向对方给付定金作为债权的担保。定金合同自实际交付定金时成立;定金的数额由当事人约定;但是,不得超过主合同标的额的20%,超过部分不产生定金的效力。实际交付的定金数额多于或者少于约定数额的,视为变更约定的定金数额。债务人履行债务的,定金应当抵作价款或收回。给付定金的一方不履行债务或者履行债务不符合约定,致使不能实现合同目的的,无权请求返还定金;收受定金的一方不履行债务或者履行债务不符合约定,致使不能实现合同目的的,应当双倍返还定金。当事人既约定违约金,又约定定金的,一方违约时,对方可以选择适用违约金或者定金条款。定金不足以弥补一方违约造成的损失的,对方可以请求赔偿超过定金数额的损失。

四、物业服务合同的其他法律规定

1. 不定期物业服务合同

物业服务期限届满后,业主没有依法作出续聘或者另聘物业服务人的决定,物业服务人继续提供物业服务的,原物业服务合同继续有效,但是服务期限为不定期。

当事人可以随时解除不定期物业服务合同,但是应当提前60日书面通知对方。

2. 物业服务人的移交义务及法律责任

物业服务合同终止的,原物业服务人应当在约定期限或者合理期限内退出物业服务区域,将物业服务用房、相关设施、物业服务所必需的相关资料等交还给业主委员会、决定自行管理的业主或者其指定的人,配合新物业服务人做好交接工作,并如实告知物业的使用和管理状况。

原物业服务人违反前款规定的,不得请求业主支付物业服务合同终止后的物业费;造成业主损失的,应当赔偿损失。

3. 物业服务人的后合同义务

物业服务合同终止后,在业主或者业主大会选聘的新物业服务人或者决定自行管理的业主接管之前,原物业服务人应当继续处理物业服务事项,并可以请求业主支付该期间的物业费。

【应用案例】

不坐电梯可以少交物业费吗?

案情:小李在某房地产开发商处购置了一套位于一楼的商品房。装修完毕后,小李一家搬入新房,其乐融融。某日,小李接到物业公司信件,通知小李缴纳物业费。小李发现,物业费的构成包括了电梯使用费,但小李一家住在一楼,从未使用过电梯。小李请物业公司免除其电梯使用费被拒,为此小李拒交物业费。此后,物业公司向小李多次发出物业费催交通知,并警告小李,若不交费,后果自负,但小李始终置之不理。某日,小李带着妻儿回家后发现家里停水、停电。他联系物业才知道,因未缴纳物业费,物业公司对小李房屋采取断水、断电措施。请问,小李有权要求减免物业费吗?物业公司的做法合法吗?

【业主支付物业费义务】

《民法典》第944条规定:业主应当按照约定向物业服务人支付物业费。物业服务人已经按照约定和有关规定提供服务的,业主不得以未接受或者无须接受相关物业服务为由拒绝支付物业费。

业主违反约定逾期不支付物业费的,物业服务人可以催告其在合理期限内支付;合理期限届满仍不支付的,物业服务人可以提起诉讼或者申请仲裁。物业服务人不得采取停止供电、供水、供热、供燃气等方式催交物业费。

【分析】 物业服务公司为小区居民提供物业服务,维护小区的秩序和小区居民的正常生活。物业服务合同几乎涉及每家每户。对此,《民法典》第三编第24章,系统规定了与物业服务合同相关的内容。

根据《民法典》第944条第1款的规定,业主不得以未接受或无须接受相关物业服务为由拒绝支付物业费。具体到本案例中,小李无权以未使用电梯为由,要求减少物业费,因此,小李拒绝缴纳物业费的行为属于违约行为。但是即便如此,物业公司也只得采取合理措施要求小李缴纳物业费。根据《民法典》第944条第3款规定,物业公司在催交物业费时,必须采取合理措施提醒和催交物业费,不得采取停止供电、供水、供热、供燃气等方式。就本案例来说,物业公司采取的断水、断电的措施是违法的,小李有权就造成的损失向物业公司主张赔偿。

模块小结

物业服务合同是物业服务人在物业服务区域内,为业主提供建筑物及其附属设施的维修养护、环境卫生和相关秩序的管理维护等物业服务,业主支付物业费的合同。物业服务合同是物业服务企业和与业主之间关于物业服务的法律依据。本模块主要介绍了物业服务合同的概念、特征、合同的主要内容,以及物业服务合同的订立、效力、履行和物业服务合同的变更、解除、终止、违约责任等。

关于物业服务合同纠纷的若干裁判规则

思考与练习

一、填空题

1. _____是物业服务人在物业服务区域内,为业主提供建筑物及其附属设施的维修养护、环境卫生和相关秩序的管理维护等物业服务,业主支付物业费的合同。

2. 物业服务合同的内容一般包括服务事项、服务质量、服务费用的标准和收取办法、维修资金的使用、服务用房的管理和使用、_____、服务交接等条款。

3. 在业主、业主大会选聘物业服务企业之前,建设单位选聘物业服务企业的,应当签订书面的_____。

4. 物业服务期限届满前,业主依法共同决定续聘的,应当与_____在合同期限届满前续订物业服务合同。

模块七 物业服务合同

5.物业服务期限届满后,业主没有依法作出续聘或者另聘物业服务人的决定,物业服务人继续提供物业服务的,原物业服务合同_____,但是服务期限为不定期。

6.物业服务期限届满前,物业服务人不同意续聘的,应当在合同期限届满前_____书面通知业主或者业主委员会,但是合同对通知期限另有约定的除外。

7.物业服务合同终止后,在业主或者业主大会选聘的新物业服务人或者决定自行管理的业主接管之前,原物业服务人应当_____物业服务事项,并可以请求业主支付该期间的物业费。

8.当事人可以随时解除不定期物业服务合同,但是应当提前_____书面通知对方。

二、选择题

1."合同当事人的法律地位平等,一方不得将自己的意志强加给另一方。"体现为合同订立的(　　)原则。

A.合法　　　　　　　　B.平等　　　　　　　　C.合同自由　　　　　　D.诚实信用

2.《民法典》规定:当事人互负债务,没有先后履行顺序的,应当同时履行。一方在对方履行之前有权拒绝其履行要求。一方在对方履行债务不符合约定时,有权拒绝其相应的履行要求。这项规定描述的是(　　)。

A.后履行抗辩权　　　　　　　　　　　　B.先履行抗辩权
C.不安履行抗辩权　　　　　　　　　　　D.同时履行抗辩权

3.前期物业服务合同的委托方一般是(　　)。

A.个别业主　　　　B.开发商　　　　C.业主委员会　　　　D.物业公司

4.下列不属于物业服务合同生效条件的是(　　)。

A.行为人具备相应的民事行为能力　　　　B.行为人意思表示真实
C.行为不违反法律和社会公共利益　　　　D.合同不可以变更

5.订立合同应当遵循的原则不包括(　　)。

A.平等原则　　　　　　　　　　　　　　B.合同自由原则
C.诚实信用原则　　　　　　　　　　　　D.全面履行原则

6.现实中存在两种物业服务合同,即广义的物业服务合同包括(　　)。

A.早期介入服务合同　　　　　　　　　　B.物业管理合同
C.前期物业服务合同　　　　　　　　　　D.狭义物业服务合同
E.绿化分包合同

7.物业服务合同与前期物业服务合同的主要区别包括(　　)。

A.合同委托方不同　　　　　　　　　　　B.合同的内容不同
C.存在阶段不同　　　　　　　　　　　　D.合同履行期限不同
E.都是有偿合同

8.一个意思表示要成为要约需要满足的条件有(　　)。

A.要约必须是特定人的意思表示
B.要约必须向希望与之缔结合同的受要约人发出
C.要约必须要有订立合同的意图
D.要约的内容必须具体
E.要约人须有受约束的意思表示

9.合同的首部主要由当事人的( )构成。

A.权利义务 B.名称

C.住所 D.订约理由

E.姓名

三、简答题

1.物业服务合同的特征是什么?

2.导致要约失效的情形包括哪些?

3.当事人可以依法解除合同的情形包括哪些?

4.物业服务合同履行应遵循哪些原则?

5.合同的内容由当事人约定,一般包括哪些内容?

模块七　物业服务合同

学生学习情况评价表

评价模块：物业服务合同　　　　　　　　　　　　　　　　　　评价日期：

姓名			班级		
评价项目	评价内容	分值	自评	小组互评	教师评价
知识目标	掌握物业服务合同的特征及主要内容；熟悉合同订立的程序；掌握物业服务合同的订立原则及合同履行中的抗辩权；熟悉合同变更、合同解除的形式；掌握物业服务合同违约责任的构成要件及承担方式	30			
专业能力	能够参照物业服务合同示范文本拟订住宅小区物业服务合同；能够运用相关法律、法规对常见物业服务合同案件进行评析和纠纷调解	30			
方法能力	可快速获取和接受工作所需的知识，利用工具书和专业书籍获取所需信息	20			
社会能力	廉洁奉公、爱岗敬业、淡泊名利、甘于奉献的职业品格；在工作中一丝不苟、认真细致的精神；契约精神、诚实信用的时代精神	20			
	评价汇总	100			
	总评分数				

注：总评成绩＝自评成绩×30％＋小组评价×20％＋指导教师评价×50％

模块八 物业管理招投标争议及解决方式

知识目标

1. 熟悉有关索赔的争议、投标有效性的争议、中标有效性的争议；
2. 了解物业管理招投标中的监督管理、法律责任；
3. 掌握物业管理招投标争议的解决方式。

能力目标

能够结合实际案例背景，解决物业管理招投标中常见的争议、纠纷。

素养目标

1. 培养学生科学严谨、实事求是、爱岗敬业、团结协作的工作作风。
2. 培养学生良好的职业道德、公共道德、健康的心理和乐观的人生态度、遵纪守法和社会责任感。
3. 培养学生锐意进取的改革精神，培养学生的契约精神、诚实信用的时代精神。

案例导入

物业服务合同纠纷如何规避？

物业纠纷虽然金额小，但范围广泛，几乎涉及生活中的每一个人。一个小区生活环境的好坏，物业服务占有相当大的比重，随着网络的普及，基本上每个小区都建有业主群，拒交物业费也成群体性现象，有的小区甚至80%以上拒交物业管理费，如此一来物业公司因经费不足导致服务质量不断下降，业主越发不满意，造成恶性循环。因此，在司法实践中，物业服务合同纠纷也呈爆发式增长，现就未经招投标签订的前期物业服务合同效力问题做如下探讨：

《物业管理条例》第24条第2款规定：住宅物业的建设单位，应当通过招投标的方式选聘物业服务企业，投标人少于3个或者住宅规模较小的，经物业所在地的区、县人民政府房地产行政主管部门批准，可以采用协议方式选聘物业服务企业。而在实践中有出现开发商通过招投标选聘物业

模块八 物业管理招标投标争议及解决方式

服务企业后,在交房之前又另行自行选聘其他物业服务企业并重新签订前期物业服务合同,而且在交房时要求购房户均各自与该物业服务企业签订物业服务合同。购房户对招投标选聘物业一般是不知情的,且交房时均是由开发商提供的格式合同,一旦发生物业服务合同纠纷时,有些业主通过相关部门发现物业服务企业并不是招投标选聘的企业时,就提出合同无效的抗辩。就该问题司法实践中有不同的意见,一种意见认为,该前期物业服务合同违反了《物业管理条例》第24条的强制性规定,应属无效合同;另一种意见认为《物业管理条例》第24条是管理性规定,合同有效。

讨论:

针对这样的合同问题,你是怎么认为的呢?

单元一 认知物业管理招投标常见的争议形式

招投标作为一种公开公正的竞争方式,其运作建立在一整套完备制度基础之上,但由于招投标双方总是出于自身利益考虑,加之各自对制度的了解程度与理解不同,使得双方在招投标活动中难免会发生各种各样的争议或纠纷,严重的甚至可能影响整个招投标活动的顺利进行。因此,如何处理矛盾,妥善解决纠纷,避免争议的发生,成为招投标双方共同关注的问题。

一、招投标过程中的争议

(一)有关索赔的争议

索赔是承包项目中最常见的一种争议。

物业管理招投标索赔,是指物业服务企业对由于非自身原因而发生的委托管理合同规定之外的额外支出或损失,向招标方提出给予合理弥补损失的要求。在其他项目招投标活动中,通常索赔的方式既可以是经济补偿,也可以是工期延长,但由于物业管理招投标标的——物业管理服务的特殊性,使得其索赔只能要求招标方进行经济补偿。必须注意的是,提出索赔的依据只是物业服务企业就某一事实的单方认定,至于它能否真正得到补偿则取决于业主委员会对这一认定确认与否。若业主委员会认为这一损失的形成是由于物业服务企业自身原因所致,或者甚至认为这一损失还影响了自己权益的实现,那么他们不仅不会承诺赔偿,反而还可能向物业管理公司提出赔偿经济损失的要求,这通常又被称为反索赔。然而无论索赔还是反索赔,双方的出发点都是在合法的前提下尽可能多地为自己争取利益。

由此可见,招投标双方争议的焦点主要集中在对造成损失事实原因的认定之上。因此,研究索赔事项的种类对于招投标各方保护自己,并争取正当合法的利益是非常有用的。

通常,在物业管理招投标中存在的可能导致索赔的事项主要有:投标书的遗漏错误、增加的服务量、增加的材料数量、增加的材料单价、增加的分包商的费用等。当然,不同的物业管理招标可能出现的相应索赔事项是不同的。招投标各方务必小心谨慎,尽可能争取有利于自己的条件,避免失误或损失。

(二)有关投标有效性的争议

投标作为一种规范的制度性活动,对投标人的行为有着严格的限制。无论是对投标人的资格审查还是对投标书的填写报送，投标制度都作出了详尽的规定。但是，这些规定并不能将所有在招标中可能出现的问题全部涵盖；而且即使投标制度涵盖了所有情况，仍有可能出现招标方或投标方由于疏忽或对制度了解不够，导致双方对投标有效性的认识呈现差异，争议由此产生。

这种类型争议产生的原因多种多样，既可以是由于招标人误将投标人的合规行为判断为无效行为，也可以是招标人判断正确而投标人认识不清所致。由于招投标工作量大而烦琐，出现纷争的事项多而且复杂，下面介绍几种常见的典型争议类型。

1. 代理有效性问题

在招投标中具体涉及代理业务时，往往会出现对代理业务范围等认识不清的误区。例如，同一代理人同时对若干家投标公司开展代理注册、递送标书、参加开标会等业务是否符合招标规定？所递送的标书是否有效？同一代理人同时为若干家投标公司代为编制的投标书是否有效？为物业招标提供代理服务的投标公司的投标是否有效？等。这些都是容易为人们所混淆的事实，自然也容易引起争议。

2. 标书有效性问题

标书有效性问题包含的内容十分广泛，既有时效问题，又有格式问题，还有内容是否规范的问题。应当说，对于一些招标文件中有着明确规定的事项（如有效期），通常不太容易引起争议，而大多数争议都是发生在一些难以界定、界限模糊的规定事项上。典型的一个例子，就是标书遗漏差错是否导致标书失效的判定标准问题。按招投标国际惯例，如果标书的偏差属于实质性内容的差错，则该标书属于无效标书；反之，招标方可根据具体情况决定是由投标方予以澄清补充，继续竞标，还是宣布该标书无效。在这一例子中，虽然"实质性内容"的规定看似很清晰，但在实践中却难以界定，因为它只是一个概括的描述，对于"该变动是否会影响中标后义务的履行"的判断取决于招标方的主观判定，这难免会导致由于招标方与投标方认定的不同而产生争议。

3. 联合体投标问题

所谓联合体投标，即由两个以上法人或其他组织组成一个联合体，以一个投标人身份共同投标的行为。在联合体投标中，联合体各方应当签订共同投标协议，明确约定双方的工作和责任，并将其共同投标协议连同投标文件一并提交招标人。联合体中标的，将由联合体各方共同与招标人签订合同，并就中标物业项目的管理承担连带责任。

联合体投标的行为与代理人同时代理两家以上投标公司的行为，以及两家独立的投标公司递送同一份标书参与投标的行为，乃至物业管理分包行为都有形式上的相似，容易混淆，也容易导致招标方的错误判断。

4. 标书修改有效性问题

标书修改是否有效应当视修改时间而定。如果修改是在招标文件要求提交投标文件的截止时间之前进行的，则修改后标书仍然有效，但投标人的这一行为应当通知招标人；反之，则该标书当视为无效标书。但在具体操作中，很可能会出现招标方将有效修改确定为无效修改的情况。

5. 其他情况

如对招投标中分包服务项目的确定差异、对投标文件封送规定上的认识差异等。

（三）有关中标有效性的争议

中标有效性的争议多是针对招标评标工作人员的职业操守和投标人员的诚实信用而言

的。常见的争议主要有以下几种情况。

1. 招标工作人员未能严守秘密

保密是招标工作人员应具备的最基本的职业素质,但在实践中却常常会发生招标工作人员将招标过程中一些可能影响公平竞争的有关情况向他人透露,从而导致获知内情的投标公司轻易夺标。这种情形显失公平,中标自然无效。

2. 评标工作人员违反规定

评标工作人员是招标制度中最为关键的一环,因为将要由他们来确定最终的中标者。如果他们的行为与法律或惯例相违背,即使他们并没有因此而影响评标的公平性,但由于独立性丧失,其公正性很难让人信服,竞标结果不应生效。

3. 投标人弄虚作假,串通报价

这种情形在竞标过程中时常会出现。几个投标公司为了共同夺标,串通好报价标底即报价策略,人为设置进入障碍,从而达到排挤其他竞标者的目的。这是一种破坏公平竞争的行为。

4. 投标人故意压价,恶性竞争

这是另一种破坏公平竞争的行为。投标人低于成本投标报价以实现其夺标目的,其出发点不外有二:一是新进入者为站稳脚跟而破釜沉舟;二是实力雄厚者抢夺市场份额以实现其垄断地位。但无论其源于何种考虑,这种做法都必将导致获胜者接管本物业后在项目经营中亏损或者降低服务质量,而原本有机会获利的投标公司却无法得到该项目,行业的有序发展必然受到威胁。因此,招标制度必须对这种行为予以禁止。

二、有关物业服务合同的争议

有关物业服务合同的争议通常包括谈判和签订物业服务合同时期招标方与投标方之间所发生的争议,以及合同签订之后招投标双方在履行义务期间所发生的争议。

1. 合同签订谈判期间的争议

招投标双方在签订合同之前仍需经历谈判阶段。此时,其谈判重点集中在一些关键性条款上,如标价、服务内容等。双方都是在为争取自身利益做最后努力,甚至一些违规行为也会出现。例如,业主委员会可能会要求中标公司降低收费,可能会修改原合同规定的服务内容,甚至会增加服务量;同样,这种情况也可能会发生在物业管理公司身上。此时,矛盾冲突显得尤为激烈,争议主要体现为双方对合同有关条款修改变更的不同主张。

2. 合同履行期间的争议

合同履行期间的争议体现为一方对另一方在履行已签订的合同条款时的认定差异。其主要包括双方在合同履行的方式、时间等方面的认识偏差。

三、监督管理

(一)行政监督

行政监督应建立健全部门间协作机制,加强沟通协调,维护和促进招投标法制的统一。

1. 行政监督要求

行政监督部门及其工作人员应当依法履行职责,不得违法增设审批环节,不得以要求履行资质验证、注册、登记、备案、许可等手续的方式,限制或者排斥本地区、本系统以外的招标代理机构和投标人进入本地区、本系统市场;不得采取暗示、授意、指定、强令等方式,干涉招标人选择招标代理机构、划分标段或者合同包、发布资格预审公告或者招标公告、编制招标文件、组织投标资格审查、确定开标的时间和地点、组织评标、确定中标人等招投标活动;不得违法收费、收受贿赂或者其他好处。

【小提示】行政监督部门不得作为本部门负责监督项目的招标人,组织开展招投标活动。行政监督部门的人员不得担任本部门负责监督项目的评标委员会成员。

2. 行政监督措施

行政监督部门在进行监督检查时,有权调取和查阅有关文件,调查、核实有关情况,相关单位和人员应当予以配合。根据实际情况,不采取必要措施将会造成难以挽回后果的,行政监督部门可以采取责令暂停招投标活动、封存招投标资料等强制措施。

行政监督部门对招投标违法行为作出处理决定后,应当按照政府信息公开有关规定及时公布处理结果。

(二)异议

投标人或者其他利害关系人认为招投标活动不符合有关规定的,有权向招标人提出异议。招标人应当在收到异议后5个工作日内作出答复。

投标人或者其他利害关系人认为招投标活动不符合有关规定的,可以向有关行政监督部门投诉。投诉应当自知道或者应当知道违法行为之日起10日内提起,应有明确的请求和必要的合法证明材料。

行政监督部门按照职责分工受理投诉并负责处理。行政监督部门处理投诉时,应当坚持公平、公正、高效原则,维护国家利益、社会公共利益和招投标当事人的合法权益。

四、法律责任

(1)招标人有下列限制或者排斥潜在投标人行为之一的,可以处一万元以上五万元以下的罚款:

1)依法应当公开招标的项目不按照规定在指定媒介发布资格预审公告或者招标公告;

2)在不同媒介发布的同一招标项目的资格预审公告或者招标公告的内容不一致,影响潜在投标人申请资格预审或者投标。

(2)依法必须进行招标的项目的招标人不按照规定发布资格预审公告或者招标公告,构成规避招标的,责令限期改正,可以处项目合同金额5‰以上10‰以下的罚款。

(3)依法必须进行招标的项目的招标人向他人透露已获取招标文件的潜在投标人的名称、数量或者可能影响公平竞争的有关招投标的其他情况的,或者泄露标底的,给予警告,可以并处一万元以上十万元以下的罚款;对单位直接负责的主管人员和其他直接责任人员依法给予处分;构成犯罪的,依法追究刑事责任。前款所列行为影响中标结果的,中标无效。

模块八 物业管理招标投标争议及解决方式

(4)依法必须进行招标的项目的招标人有下列情形之一的,由有关行政监督部门责令改正,可以处中标项目金额10‰以下的罚款;给他人造成损失的,依法承担赔偿责任;对单位直接负责的主管人员和其他直接责任人员依法给予处分:

1)无正当理由不发出中标通知书;
2)不按照规定确定中标人;
3)中标通知书发出后无正当理由改变中标结果;
4)无正当理由不与中标人订立合同;
5)在订立合同时向中标人提出附加条件。

(5)招投标活动依法负有行政监督职责的国家机关工作人员徇私舞弊、滥用职权或者玩忽职守,构成犯罪的,依法追究刑事责任;不构成犯罪的,依法给予行政处分。

单元二 熟悉物业管理招投标争议的处理和防范

一、物业管理招投标争议的处理

对于物业管理招投标过程中产生的争议,应当及时处理。如果这些矛盾得不到及时正确地处理,矛盾就会激化形成纠纷,严重影响物业服务项目的正常管理。因此,正确处理管理工作中遇到的各种矛盾,以避免造成更大的纠纷,是物业管理的基本任务之一。

(一)物业管理招投标争议的处理原则

1. 合法性原则

合法性原则是指在处理解决物业管理招投标争议时应当符合有关法律的规定。《民法典》规定了民事活动应当遵守国家法律、行政法规,同时,还要尊重当事人依法设定的合同约定。

2. 地域管辖原则

地域管辖原则是指以当事人的所在地有关机关为主处理纠纷。《中华人民共和国民事诉讼法》第22条规定,对公民提起的民事诉讼,由被告住所地人民法院管辖;第24条规定,因合同纠纷提起的诉讼,由被告住所地或者合同履行地人民法院管辖。由此可见,人民法院管辖民事诉讼的以被告所在地为一般管辖原则。而物业服务纠纷呈现的是被告所在地与合同履行地统一的特点,因而更加适用地域管辖原则。仲裁庭受案的依据是当事人之间的约定,所以不受地域限制。

3. 尊重协议和合同的原则

在不违反法律和社会公共利益的前提下,当事人享有充分的合同自由,合同能完全体现当事人自己的意志,任何单位和个人不得非法干涉,应尊重和维护当事人的自由。当事人之间对于争议纠纷解决处理的方式是可以约定的,既可以约定法院解决,也可以约定仲裁委员会解决,只要不与有关法律相冲突,就可以作为调解和处理纠纷的依据。

4. 着重调解的原则

调解是指通过说服、疏导等方法,促使当事人在平等协商基础上自愿达成调解协议,解决民间纠纷的活动。调解是结案的一种有效方式,同判决具有同等重要地位。调解一般应当遵循"在当事人自愿、平等的基础上进行调解"的原则;"不违背法律、法规和国家政策"的原则;"尊重当事人的权利,不得因调解而阻止当事人依法通过仲裁、行政、司法等途径维护自己的权利"的原则。坚持调解原则,必须反对两种错误倾向:一是忽视调解的意义,把调解工作看成可有可无;二是滥用调解,久调不决。第二种倾向时有发生,必须坚决克服。依据调解原则,法院在调解过程中,不得久调不决。调解不成的,应当及时判决。

(二)物业管理民事纠纷的处理方式和程序

根据《中华人民共和国消费者权益保护法》《中华人民共和国人民调解法》《中华人民共和国民事诉讼法》《中华人民共和国仲裁法》等有关法律的规定,物业管理招投标争议引起的物业管理纠纷可以通过下列途径解决。

1. 和解

当业主或物业使用人和物业服务企业因物业服务发生争议时,协商和解应作为首选方式,特别是因误解产生的争议,通过解释、谦让及其他补救措施,便可化解矛盾,平息争议。协商和解必须在自愿平等的基础上进行。重大纠纷,因双方立场对立严重,要求相距甚远,应寻求其他解决方式。

2. 请求第三方调解

调解是指当事人之间发生物业管理民事纠纷时,由国家规定的有管辖权的第三人来主持引导当事人进行协商活动,坚持自愿原则和合法原则,运用对当事人进行利害分析、说服教育的方法,促使当事人双方相互谅解,自愿达成协议,平息纠纷争端的一种方式。调解按调解主持人的身份不同可分为民间调解、行政调解和司法调解三种。调解达成协议的,调解主持人应制作调解书,在调解书中写明当事人的情况,纠纷的主要事实和责任,协议的内容和责任的承担方式、承担者,然后由当事人签字盖章,主持调解人员署名并加盖公章。双方当事人对送达的调解书都要自觉履行。

(1)民间调解。广义的民间调解包括人民调解委员会调解、律师调解、当事人请调停人调解;狭义的民间调解仅指人民调解委员会调解民间纠纷,具有民间性质。其调解虽有一定约束力,但要靠当事人自觉履行,一方不履行调解书内容,人民调解委员会和另一方当事人皆不能强制其执行。

(2)行政调解。行政调解是指在特定的国家行政主管机关主持下进行的调解,具有行政性质。行政调解书具有法律效力,若一方不执行,主管机关虽无权强制其执行,但另一方当事人可以持行政调解书向有管辖权的法院申请强制执行;若达成调解协议的一方反悔,要推翻行政调解书写明的协议,就必须到法院起诉,如不经过司法程序,就不能推翻原来的行政调解。

(3)司法调解。广义的司法调解包括仲裁调解和法院调解;狭义的司法调解仅指法院调解,又称诉讼内调解,具有司法性质。法院受审案件中的民事部分,可以在审判人员主持下进行调解,一般只有在调解不成时,才依法作出判决。即使一审作了判决,到了上诉二审的时候还是可以调解的,如果调解成立,一审判决即视为撤销。司法调解书与判决具有同等效力,一经送达生效就产生以下法律后果:当事人不能就法院已调解解决的案件以同一事实和理由对另一方再行起诉；当事人不能对调解提出上诉；当事人一方不履行调解书内容，法院可以强制执行。

民间调解和行政调解不是法定的诉讼前必经程序，如果当事人不愿调解或对调解不服，或调解成立后又反悔，仍有权起诉。同时，民间的调解和行政调解与仲裁或诉讼程序中的调解是不同的。仲裁或诉讼中的调解是仲裁或诉讼程序中的一个环节，不具有独立性。

各级消费者协会、物业管理协会、人民调解委员会都是依法成立的可以对物业管理民事纠纷进行调解处理的社会团体。《中华人民共和国消费者权益保护法》第5章专章规定了"消费者组织"，并明确消费者协会具有7项职能，其中之一是对消费者的投诉事项进行调查、调解。消费者协会作为保护消费者权益的社会团体，调解经营者和消费者之间的争议，应依照法律、行政法规及公认的商业道德行事，并由双方自愿接受和执行。《中华人民共和国人民调解法》第1条规定："为了完善人民调解制度，规范人民调解活动，及时解决民间纠纷，维护社会和谐稳定，根据宪法，制定本法。"第4条规定："人民调解委员会调解民间纠纷，不收取任何费用。"

3. 向有关行政部门申诉

政府有关行政部门依法具有规范经营者的经营行为，维护消费者合法权益和市场经济秩序的职能。业主权益争议涉及的领域很广，当权益受到侵害时，业主可根据具体情况，向不同的行政部门（如物价部门、市场监督管理部门等）提出申诉，求得行政救济。

4. 提请仲裁

仲裁是指由物业管理民事纠纷当事人依据仲裁法，双方自愿达成协议选定仲裁机构并由其主持调解或对纠纷作出裁决的一种处理纠纷方式。依据《中华人民共和国仲裁法》规定，仲裁委员会不按行政区划层层设立，可以在设区的市、省级人民政府所在地的市设立，并且仲裁不实行级别管辖和地域管辖。仲裁委员会只受理平等主体的公民、法人和其他组织之间发生的合同纠纷和其他财产权益纠纷。

可以通过仲裁途径解决的应是民事性质的争议，主要是基于合同的纠纷或财产权益纠纷。依据《中华人民共和国仲裁法》的规定："平等主体的公民、法人和其他组织之间发生的合同纠纷和其他财产权益纠纷，可以仲裁。"

仲裁庭管辖物业管理民事纠纷的依据是当事人认定的仲裁协议。仲裁协议有两种方式：一种方式是在订立合同时就约定一个条款，说明一旦有争议就提交仲裁，这叫作仲裁条款；另一种方式是双方当事人出现纠纷后临时达成提交仲裁庭仲裁的书面协议。仲裁协议要写明以下内容：第一，请求仲裁的意思表示；第二，仲裁事项；第三，选定的仲裁委员会。如一个在广州履行的合同写明："有关本合同的争议，双方应协商解决，无法协商时提交广州仲裁委员会仲裁。"则该合同的争议依法应由广州仲裁委员会处理。达成仲裁协议的争议，不得向法院起诉；即使起诉，法院也不会受理。

物业管理民事纠纷仲裁处理的一般程序如下：

（1）一方当事人向选定的仲裁委员会提交仲裁申请书。

（2）仲裁委员会收到申请书后5日内决定是否立案。

（3）立案后在规定期限内将仲裁规则和仲裁员名册送申请人，并将仲裁申请书副本和仲裁规则、仲裁员名册送达被申请人。

（4）被申请人在规定期限内答辩，双方按名册选定仲裁员。普通程序审理时由3名仲裁员组成,双方各选一名仲裁员,仲裁委员会指定一名任首席仲裁员;案情简单、争议小的,可以适用简易程序,由一名仲裁员审理。

(5)开庭庭审调查质证、辩论、提议调解。

(6)制作调解书或调解不成时制作裁决书。

(7)当事人向法院申请执行。

与司法审判的两审终审制不同,仲裁裁决是一裁终局。除当事人有《中华人民共和国仲裁法》第58条所规定的理由,可以自收到裁决书之日起6个月内提出撤销裁决申请外,否则当事人应当履行裁决。一方当事人不履行的,另一方当事人可以依照民事诉讼法的有关规定向法院申请执行。

由仲裁机构解决争端,在国际国内商贸活动中被广泛采用。物业管理纠纷仲裁也可通过仲裁途径予以解决。但是需要注意的是,仲裁必须具备的前提条件是双方订有书面仲裁协议(或书面仲裁条款)。在一般的物业管理纠纷仲裁活动中,人们不习惯、大多数情况下没有必要也没有时间和条件签订仲裁协议。因此,在物业管理纠纷仲裁领域,鲜有以仲裁方式解决争议的。

5.向人民法院提起诉讼

《中华人民共和国消费者权益保护法》及相关法律都规定,消费者权益受到损害时,可径直向人民法院起诉;也可因不服行政处罚决定而向人民法院起诉。司法审判具有权威性、强制性,是解决各种争议的最后手段。消费者为求公正解决争议,可依法行使诉权。

诉讼是法院在物业管理纠纷诉讼当事人和其他诉讼参加人的参加下,依法审理和解决物业管理纠纷案件的活动,以及在该活动中形成的各种关系的总和。其可分为民事诉讼和行政诉讼两大类。诉讼是解决争议纠纷的最基本的方式,也是最后的方式。诉讼的管辖机关是人民法院。与仲裁明显不同,人民法院依法对已提交诉讼的当事人的管辖是强制性的。按照诉讼程序向法院对一定的人提出一定的权益主张,并要求法院予以保护的请求,叫作诉。向法院对一定的人提出诉这种请求的权利,叫作诉权。程序意义上的诉权,又叫作起诉权,它是请求法院对权益的争议进行审判的一种权利;实体意义上的诉权,是提请法院适用审判这一特殊手段,强制实现权益请求的权利,也就是要求明确被诉一方的义务和强制其履行义务的权利。权利主体从实体(权利义务)法律关系发生时起,就享有实体意义上的诉权。但要实现这一权利,还必须具有程序意义上的诉权。二者都具备,即可胜诉。只有起诉权,没有实体意义上的诉权,就会导致败诉;没有起诉权,法院则不予受理或作出驳回起诉的裁定。每一个诉的具体内容都由两个必不可少的要素构成,即诉的标的和诉的理由(包括提出诉讼请求的事实根据和法律根据)。

根据不同的诉的不同的直接目的和内容,可将诉分为三类:第一,给付之诉,是要求法院判决责令对方当事人履行相应的义务(包括作为和不作为)。如果对方败诉又不自动履行义务,可以依法强制执行。因此,给付之诉又称执行之诉。第二,确认之诉,是要求法院查明和确定当事人之间是否存在一定的法律关系,从而作出肯定的或否定的确认裁判。确认判决虽然不直接确定给付的义务,但对以后可能发生的给付之诉,具有预决的效力。第三,变更及撤销之诉,是要求法院根据新发生的一定法律事实,查明是否已经发生或形成一定的法律关系,或者原来存在的法律关系是否已经变更或终止,从而相应作出是否变更或撤销的裁判。

物业管理民事纠纷的诉讼程序大体上有以下几个步骤:

(1)当事人一方(原告)提交起诉状,起诉至法院。

(2)法院审查立案后将起诉状副本送达被告。

(3)被告提交答辩状。

(4)开庭:法院调查、辩论、调解。

(5)制作调解书或一审判决书。

(6)双方均不上诉,则判决书生效;或一方不服提起上诉,进入第二审程序。

(7)第二审审理:制作二审调解书或下达二审判决书,此为终审判决,不得上诉。

(8)执行。

(9)审判监督程序,如申诉。

无论仲裁还是司法诉讼,均应贯彻合法公正的原则,即以事实为根据,以法律为准绳。由于物业管理法规规章不健全,实践中应注重《民法典》中与物业管理专门法规及地方性法规规章的衔接,并依据宪法的原则处理好法规的效力认定和冲突的解决;同时,在诉讼或仲裁活动中,对业主、业主大会、业主委员会的代表地位和诉权、请求权行使要有明确的了解和认可,处理好单个业主的意见与小区业主集中意志的关系,确认业主委员会在物业管理纠纷中的代表地位,以便及时处理纠纷,理顺关系,建立良好的物业管理秩序和符合法律原则的权利义务关系。

(三)物业管理行政纠纷的处理方式和程序

1.行政复议

行政复议是指公民、法人或者其他组织认为行政机关的具体行政行为侵犯其合法权益,依法向上级行政机关提出申请,由受理申请的行政机关对具体行政行为依法进行审查并作出处理决定的活动。对于行政机关来说,行政复议是行政机关系统内部自我监督的一种重要形式;对于行政相对方来说。行政复议是对其被侵犯的权益的一种救济手段或途径。

(1)行政复议的特征。行政复议具有以下特征:

1)行政复议是行政机关的行政行为。行政复议是行政机关行使职权的行为,是上级行政机关对下级行政机关行使监督权的一种形式。因此,行政复议是一种行政行为。

2)行政复议是以行政争议为处理对象的行为。行政争议是由于相对人认为行政机关行使行政管理权,侵犯其合法权益而引起的争议。行政复议只以行政争议为处理对象,它不解决民事争议和其他争议。

3)行政复议是由行政相对人提起的一种依申请而产生的行为。行政复议应由行政相对人提出,行政相对人不提出复议申请,行政机关不能自主启动行政复议程序。

(2)行政复议的程序。行政复议的具体程序分为申请、受理、审理、决定4个步骤。

1)申请。申请人申请行政复议,应当在知道被申请人行政行为作出之日起60日内提出(法律另有规定的除外)。因不可抗力或者其他正当理由耽误法定申请期限的,申请期限自障碍消除之日起继续计算。申请行政复议应符合下列条件:

①申请人是认为行政行为侵犯其合法权益的相对人;

②有明确的被申请人;

③有具体的复议请求和事实根据;
④属于依法可申请行政复议的范围;
⑤相应行政复议申请属于受理行政复议机关管辖;
⑥符合法律、法规规定的其他条件。

2)受理。行政复议机关收到行政复议申请后,应当在5日内进行审查,对不符合行政复议法规定的行政复议申请,决定不予受理,并书面告知申请人。

3)审理。行政复议机构应当自行政复议申请受理之日起7日内,将行政复议申请书副本或者行政复议申请笔录复印件发送被申请人。被申请人应当自收到申请书副本或者行政复议申请笔录复印件之日起10日内,向行政复议机关提出书面答复,并提交当初作出具体行政行为的证据、依据和其他有关材料。行政复议机构应当着重审阅复议申请书、被申请人作出具体行政行为的书面材料(如农业行政处罚决定书等)、被申请人作出具体行政行为所依据的事实和证据、被申请人的书面答复。行政复议机构调查取证,收集证据,通知符合条件的人参加复议活动。行政复议原则上采取书面审查的办法,但是申请人提出要求或者行政复议机构认为有必要时,可以向有关组织和个人调查情况,听取申请人、被申请人和第三人的意见。

4)决定。复议决定作出时限。行政复议机关应当自受理行政复议申请之日起60日内作出行政复议决定;但是法律规定的行政复议期限少于60日的除外。情况复杂,不能在规定期限内作出行政复议决定的,经行政复议机关的负责人批准,可以适当延长,并告知申请人和被申请人。但是延长期限最多不超过30日。

2. 行政诉讼

行政诉讼是指公民、法人或者其他组织认为,行政机关和法律、法规授权的组织的具体行政行为侵犯其合法权益,依法向人民法院起诉,人民法院在当事人和其他诉讼参与人的参加下,对具体行政行为进行审理并作出裁决的活动。通俗地说,行政诉讼也就是"民告官"的诉讼。

(1)行政诉讼的特征。行政诉讼具有以下特征:

1)行政诉讼是解决行政管理纠纷的一种诉讼活动。公民、法人或者其他组织认为行政机关和行政机关工作人员的具体行政行为侵犯其合法权益,可以寻求司法保护。

2)行政诉讼的原告是认为行政机关及法律、法规授权的组织作出的具体行政行为侵犯其合法权益的公民、法人或者其他组织。

3)行政诉讼的被告是行使国家行政管理权的行政机关及法律、法规授权的组织。首先,行政机关或经法律法规授权的组织在实施具体行政行为的过程中,处于主导地位,行政相对人必须服从,它不需要以原告身份提起诉讼的方式来实现具体行政行为。其次,作出具体行政行为的虽是行政机关工作人员,但因其职务行为是代表行政机关作出的,也不能成为行政诉讼的被告。

(2)行政诉讼的程序。行政诉讼的程序如下:

1)起诉。依据《中华人民共和国行政诉讼法》第67条,人民法院应当在立案之日起5日内,将起诉状副本发送被告。被告应当在收到起诉状副本之日起15日内向人民法院提交作

模块八 物业管理招标投标争议及解决方式

出行政行为的证据和所依据的规范性文件,并提出答辩状。人民法院应当在收到答辩状之日起 5 日内,将答辩状副本发送原告。

2)受理。人民法院经审查认为符合起诉条件的,应当在 7 日内立案受理。经审查不符合起诉条件的,在法定期限内裁定不予受理。

3)组成合议庭。由审判员组成合议庭,或者由审判员、陪审员组成合议庭。

4)审理。人民法院审理的主要内容是对具体行政行为的合法性进行审查。人民法院审理行政案件,不适用调解。

5)宣判。当庭宣判的,应当在 10 日内发送判决书;定期宣判的,宣判后立即发给判决书。

6)履行义务。依据《中华人民共和国行政诉讼法》规定如下:

①人民法院经过审理,查明被告不履行法定职责的,判决被告在一定期限内履行。

②人民法院经过审理,查明被告依法负有给付义务的,判决被告履行给付义务。

二、物业管理纠纷的防范措施

1. 完善相关立法工作

物业管理行业在我国属于新兴行业,目前,尚未有专门的物业管理法。虽有《物业管理条例》,但其层级属于行政法规,效力低于其他法律。因此,在许多方面和问题上缺乏法律规定,有待立法完善。

2. 加大行业规范化管理力度

物业管理行政主管部门加强对有关法律法规的贯彻执行,并督促行业协会拟定服务标准。及时处理有关投诉,规范物业服务企业行为。帮助物业服务企业建立健全有关制度,检查制度中存在的问题和不足。

3. 培育和完善物业管理市场

物业管理市场、物业服务企业、业主及相关部门单位目前尚都不成熟,各种问题仍然频出。通过完善物业企业信用档案,起草物业管理若干意见,简化物业费催缴程序,建立违规信息共享机制;加强老旧小区改造,开展电梯加装工程,实施住宅小区消防设施维修改造工程,开展自来水"一户一表"改造;利用互联网技术,开通业主便捷支付通道,推广智能快递专柜、引进一批资质高、管理优的物业公司等工作,加快培育完善物业服务市场。

4. 签订物业管理合同

业主和物业公司通过签订一份具体明确、内容详尽的物业管理合同来规范双方的行为。《物业服务合同》是规定双方权利和义务的法律文件,是业主和物业服务企业行为的指南。一个好的合同对于减少和避免纠纷能够起到很重要的作用。在物业服务合同签订前,由熟悉物业管理相关法律制度的律师对合同进行审查,对合同中不明确、不合理的条款进行修订,可以有效防止物业管理纠纷的产生。

5. 物业服务企业提升法律意识和服务水平

物业管理工作是具有专业性的工作,许多物业企业中缺少熟悉物业管理法规的专业人员,因此,在处理物业管理纠纷时往往会出现各种问题。物业服务企业领导和工作人员的学法、懂法、用法对于正确处理纠纷起到至关重要的作用。同时,不断提升物业服务水平,为业主提供更优质的物业服务,这是解决物业管理纠纷的重要途径。

模块小结

招投标作为一种公开公正的竞争方式,其运作建立在一整套完备制度基础之上,但由于招投标双方总是出于自身利益考虑,加之各自对制度的了解程度与理解不同,使得双方在招投标活动中难免会发生各种各样的争议或纠纷,严重的甚至可能影响整个招标活动的顺利进行。因此,如何处理矛盾,妥善解决纠纷,避免争议的发生,成为招投标双方共同关注的问题。本模块主要介绍了物业管理招投标常见的争议形式及解决方式。

前期物业服务合同招投标、备案的法律问题

思考与练习

一、填空题

1. _____ 是指当事人之间发生物业管理民事纠纷时,由国家规定的有管辖权的第三人来主持引导当事人进行协商活动,坚持自愿原则和合法原则,运用对当事人进行利害分析、说服教育的方法,促使当事人双方相互谅解,自愿达成协议,平息纠纷争端的一种方式。

2. 当业主或物业使用人和物业服务企业因物业服务发生争议时,_____ 应作为首选方式,特别是因误解产生的争议,通过解释、谦让及其他补救措施,便可化解矛盾,平息争议。

3. _____ 原则是指在处理解决物业管理招投标争议时应当符合有关法律的规定。

4. 依法必须招标项目的招标人虚假招标的,由有关行政监督部门责令限期改正,处项目合同金额 _____ 的罚款。

5. 物业管理招投标 _____ ,是指物业管理公司对由于非自身原因而发生的委托管理合同规定之外的额外支出或损失,向招标方提出给予合理弥补损失的要求。

二、选择题

1. 通过人民法院解决物业管理纠纷的方式是( )。
   A. 仲裁　　　　B. 调解　　　　C. 诉讼　　　　D. 和解

2. 行政复议是指公民、法人或者其他组织认为行政机关的具体行政行为侵犯其合法权益,依法向( )提出申请,由受理申请的行政机关对具体行政行为依法进行审查并作出处理决定的活动。
   A. 上级行政机关　　　　　　　　B. 同级行政机关
   C. 下级行政机关　　　　　　　　D. 其他行政机关

3. 以下属于物业管理的合同纠纷的是（　　）。
   A. 物业服务合同纠纷　　　　　　B. 商品房买卖合同纠纷
   C. 财产损失保险合同纠纷　　　　D. 责任保险合同纠纷
4. 广义的民间调解包括（　　）。
   A. 人民调解委员会调解　　　　　B. 律师调解
   C. 法院调解　　　　　　　　　　D. 当事人请调停人调解

三、简答题

1. 物业管理招投标常见的争议有哪些？
2. 常见中标有效性的争议主要有哪几种情况？
3. 物业管理招投标争议的解决方式有哪些？
4. 当事人申请行政复议需要满足哪些条件？
5. 当事人提出行政赔偿请求必须满足哪些条件？

学生学习情况评价表

评价模块：物业管理招投标争议及解决方式　　　　　　　　　　评价日期：

姓名			班级		
评价项目	评价内容	分值	自评	小组互评	教师评价
知识目标	熟悉有关索赔、投标有效性及中标有效性的争议；了解物业管理招投标中的监督管理、法律责任；掌握物业管理招投标争议的解决方式	30			
专业能力	结合实际案例背景，解决物业管理招投标中常见的争议、纠纷	30			
方法能力	可快速获取和接受工作所需的知识，利用工具书和专业书籍获取所需要的信息	20			
社会能力	科学严谨、实事求是、爱岗敬业、团结协作的工作作风；良好的职业和公共道德、健康的心理和乐观的人生态度、遵纪守法和社会责任感；具有契约精神、诚实守信的时代精神	20			
评价汇总		100			
总评分数					

注：总评成绩＝自评成绩×30％＋小组评价×20％＋指导教师评价×50％

附录一 中华人民共和国招标投标法

(1999年8月30日第九届全国人民代表大会常务委员会第十一次会议通过 根据2017年12月27日第十二届全国人民代表大会常务委员会第三十一次会议《关于修改〈中华人民共和国招标投标法〉〈中华人民共和国计量法〉的决定》修正)

目 录

第一章 总则
第二章 招标
第三章 投标
第四章 开标、评标和中标
第五章 法律责任
第六章 附则

第一章 总则

第一条 为了规范招标投标活动,保护国家利益、社会公共利益和招标投标活动当事人的合法权益,提高经济效益,保证项目质量,制定本法。

第二条 在中华人民共和国境内进行招标投标活动,适用本法。

第三条 在中华人民共和国境内进行下列工程建设项目包括项目的勘察、设计、施工、监理以及与工程建设有关的重要设备、材料等的采购,必须进行招标:

(一)大型基础设施、公用事业等关系社会公共利益、公众安全的项目;

(二)全部或者部分使用国有资金投资或者国家融资的项目;

(三)使用国际组织或者外国政府贷款、援助资金的项目。

所列项目的具体范围和规模标准,由国务院发展计划部门会同国务院有关部门制订,报国务院批准。

法律或者国务院对必须进行招标的其他项目的范围有规定的,依照其规定。

第四条 任何单位和个人不得将依法必须进行招标的项目化整为零或者以其他任何方式规避招标。

第五条 招标投标活动应当遵循公开、公平、公正和诚实信用的原则。

第六条 依法必须进行招标的项目,其招标投标活动不受地区或者部门的限制。任何单位和个人不得违法限制或者排斥本地区、本系统以外的法人或者其他组织参加投标,不得以任何方式非法干涉招标投标活动。

第七条 招标投标活动及其当事人应当接受依法实施的监督。

有关行政监督部门依法对招标投标活动实施监督,依法查处招标投标活动中的违法行为。

对招标投标活动的行政监督及有关部门的具体职权划分,由国务院规定。

第二章 招标

第八条 招标人是依照本法规定提出招标项目、进行招标的法人或者其他组织。

第九条 招标项目按照国家有关规定需要履行项目审批手续的,应当先履行审批手续,取得批准。

招标人应当有进行招标项目的相应资金或者资金来源已经落实,并应当在招标文件中如实载明。

第十条 招标分为公开招标和邀请招标。

公开招标,是指招标人以招标公告的方式邀请不特定的法人或者其他组织投标。

邀请招标,是指招标人以投标邀请书的方式邀请特定的法人或者其他组织投标。

第十一条 国务院发展计划部门确定的国家重点项目和省、自治区、直辖市人民政府确定的地方重点项目不适宜公开招标的,经国务院发展计划部门或者省、自治区、直辖市人民政府批准,可以进行邀请招标。

第十二条 招标人有权自行选择招标代理机构,委托其办理招标事宜。任何单位和个人不得以任何方式为招标人指定招标代理机构。

招标人具有编制招标文件和组织评标能力的,可以自行办理招标事宜。任何单位和个人不得强制其委托招标代理机构办理招标事宜。

依法必须进行招标的项目,招标人自行办理招标事宜的,应当向有关行政监督部门备案。

第十三条 招标代理机构是依法设立、从事招标代理业务并提供相关服务的社会中介组织。

招标代理机构应当具备下列条件:

(一)有从事招标代理业务的营业场所和相应资金;

(二)有能够编制招标文件和组织评标的相应专业力量。

第十四条 招标代理机构与行政机关和其他国家机关不得存在隶属关系或者其他利益关系。

第十五条 招标代理机构应当在招标人委托的范围内办理招标事宜,并遵守本法关于招标人的规定。

第十六条 招标人采用公开招标方式的,应当发布招标公告。依法必须进行招标的项目的招标公告,应当通过国家指定的报刊、信息网络或者其他媒介发布。

招标公告应当载明招标人的名称和地址、招标项目的性质、数量、实施地点和时间以及获取招标文件的办法等事项。

第十七条 招标人采用邀请招标方式的,应当向三个以上具备承担招标项目的能力、资信良好的特定的法人或者其他组织发出投标邀请书。

投标邀请书应当载明本法第十六条第二款规定的事项。

第十八条 招标人可以根据招标项目本身的要求,在招标公告或者投标邀请书中,要求潜在投标人提供有关资质证明文件和业绩情况,并对潜在投标人进行资格审查;国家对投标人的资格条件有规定的,依照其规定。

附录一 中华人民共和国招标投标法

招标人不得以不合理的条件限制或者排斥潜在投标人,不得对潜在投标人实行歧视待遇。

第十九条 招标人应当根据招标项目的特点和需要编制招标文件。招标文件应当包括招标项目的技术要求、对投标人资格审查的标准、投标报价要求和评标标准等所有实质性要求和条件以及拟签订合同的主要条款。

国家对招标项目的技术、标准有规定的,招标人应当按照其规定在招标文件中提出相应要求。

招标项目需要划分标段、确定工期的,招标人应当合理划分标段、确定工期,并在招标文件中载明。

第二十条 招标文件不得要求或者标明特定的生产供应者以及含有倾向或者排斥潜在投标人的其他内容。

第二十一条 招标人根据招标项目的具体情况,可以组织潜在投标人踏勘项目现场。

第二十二条 招标人不得向他人透露已获取招标文件的潜在投标人的名称、数量以及可能影响公平竞争的有关招标投标的其他情况。

招标人设有标底的,标底必须保密。

第二十三条 招标人对已发出的招标文件进行必要的澄清或者修改的,应当在招标文件要求提交投标文件截止时间至少十五日前,以书面形式通知所有招标文件收受人。该澄清或者修改的内容为招标文件的组成部分。

第二十四条 招标人应当确定投标人编制投标文件所需要的合理时间;但是,依法必须进行招标的项目,自招标文件开始发出之日起至投标人提交投标文件截止之日止,最短不得少于二十日。

第三章 投标

第二十五条 投标人是响应招标、参加投标竞争的法人或者其他组织。

依法招标的科研项目允许个人参加投标的,投标的个人适用本法有关投标人的规定。

第二十六条 投标人应当具备承担招标项目的能力;国家有关规定对投标人资格条件或者招标文件对投标人资格条件有规定的,投标人应当具备规定的资格条件。

第二十七条 投标人应当按照招标文件的要求编制投标文件。投标文件应当对招标文件提出的实质性要求和条件作出响应。

招标项目属于建设施工的,投标文件的内容应当包括拟派出的项目负责人与主要技术人员的简历、业绩和拟用于完成招标项目的机械设备等。

第二十八条 投标人应当在招标文件要求提交投标文件的截止时间前,将投标文件送达投标地点。招标人收到投标文件后,应当签收保存,不得开启。投标人少于三个的,招标人应当依照本法重新招标。

在招标文件要求提交投标文件的截止时间后送达的投标文件,招标人应当拒收。

第二十九条 投标人在招标文件要求提交投标文件的截止时间前,可以补充、修改或者撤回已提交的投标文件,并书面通知招标人。补充、修改的内容为投标文件的组成部分。

第三十条 投标人根据招标文件载明的项目实际情况,拟在中标后将中标项目的部分非主体、非关键性工作进行分包的,应当在投标文件中载明。

第三十一条 两个以上法人或者其他组织可以组成一个联合体,以一个投标人的身份共同投标。

联合体各方均应当具备承担招标项目的相应能力;国家有关规定或者招标文件对投标人资格条件有规定的,联合体各方均应当具备规定的相应资格条件。由同一专业的单位组成的联合体,按照资质等级较低的单位确定资质等级。

联合体各方应当签订共同投标协议,明确约定各方拟承担的工作和责任,并将共同投标协议连同投标文件一并提交招标人。联合体中标的,联合体各方应当共同与招标人签订合同,就中标项目向招标人承担连带责任。

招标人不得强制投标人组成联合体共同投标,不得限制投标人之间的竞争。

第三十二条 投标人不得相互串通投标报价,不得排挤其他投标人的公平竞争,损害招标人或者其他投标人的合法权益。

投标人不得与招标人串通投标,损害国家利益、社会公共利益或者他人的合法权益。

禁止投标人以向招标人或者评标委员会成员行贿的手段谋取中标。

第三十三条 投标人不得以低于成本的报价竞标,也不得以他人名义投标或者以其他方式弄虚作假,骗取中标。

第四章 开标、评标和中标

第三十四条 开标应当在招标文件确定的提交投标文件截止时间的同一时间公开进行;开标地点应当为招标文件中预先确定的地点。

第三十五条 开标由招标人主持,邀请所有投标人参加。

第三十六条 开标时,由投标人或者其推选的代表检查投标文件的密封情况,也可以由招标人委托的公证机构检查并公证;经确认无误后,由工作人员当众拆封,宣读投标人名称、投标价格和投标文件的其他主要内容。

招标人在招标文件要求提交投标文件的截止时间前收到的所有投标文件,开标时都应当众予以拆封、宣读。

开标过程应当记录,并存档备查。

第三十七条 评标由招标人依法组建的评标委员会负责。

依法必须进行招标的项目,其评标委员会由招标人的代表和有关技术、经济等方面的专家组成,成员人数为五人以上单数,其中技术、经济等方面的专家不得少于成员总数的三分之二。

前款专家应当从事相关领域工作满八年并具有高级职称或者具有同等专业水平,由招标人从国务院有关部门或者省、自治区、直辖市人民政府有关部门提供的专家名册或者招标代理机构的专家库内的相关专业的专家名单中确定;一般招标项目可以采取随机抽取方式,特殊招标项目可以由招标人直接确定。

与投标人有利害关系的人不得进入相关项目的评标委员会;已经进入的应当更换。

评标委员会成员的名单在中标结果确定前应当保密。

第三十八条 招标人应当采取必要的措施,保证评标在严格保密的情况下进行。

任何单位和个人不得非法干预、影响评标的过程和结果。

第三十九条 评标委员会可以要求投标人对投标文件中含义不明确的内容作必要的澄清或者说明,但是澄清或者说明不得超出投标文件的范围或者改变投标文件的实质性内容。

第四十条 评标委员会应当按照招标文件确定的评标标准和方法,对投标文件进行评审和比较;设有标底的,应当参考标底。评标委员会完成评标后,应当向招标人提出书面评标报告,并推荐合格的中标候选人。

招标人根据评标委员会提出的书面评标报告和推荐的中标候选人确定中标人。招标人也可以授权评标委员会直接确定中标人。

国务院对特定招标项目的评标有特别规定的,从其规定。

第四十一条 中标人的投标应当符合下列条件之一:

(一)能够最大限度地满足招标文件中规定的各项综合评价标准;

(二)能够满足招标文件的实质性要求,并且经评审的投标价格最低;但是投标价格低于成本的除外。

第四十二条 评标委员会经评审,认为所有投标都不符合招标文件要求的,可以否决所有投标。

依法必须进行招标的项目的所有投标被否决的,招标人应当依照本法重新招标。

第四十三条 在确定中标人前,招标人不得与投标人就投标价格、投标方案等实质性内容进行谈判。

第四十四条 评标委员会成员应当客观、公正地履行职务,遵守职业道德,对所提出的评审意见承担个人责任。

评标委员会成员不得私下接触投标人,不得收受投标人的财物或者其他好处。

评标委员会成员和参与评标的有关工作人员不得透露对投标文件的评审和比较、中标候选人的推荐情况以及与评标有关的其他情况。

第四十五条 中标人确定后,招标人应当向中标人发出中标通知书,并同时将中标结果通知所有未中标的投标人。

中标通知书对招标人和中标人具有法律效力。中标通知书发出后,招标人改变中标结果的,或者中标人放弃中标项目的,应当依法承担法律责任。

第四十六条 招标人和中标人应当自中标通知书发出之日起三十日内,按照招标文件和中标人的投标文件订立书面合同。招标人和中标人不得再行订立背离合同实质性内容的其他协议。

招标文件要求中标人提交履约保证金的,中标人应当提交。

第四十七条 依法必须进行招标的项目,招标人应当自确定中标人之日起十五日内,向有关行政监督部门提交招标投标情况的书面报告。

第四十八条 中标人应当按照合同约定履行义务,完成中标项目。中标人不得向他人转让中标项目,也不得将中标项目肢解后分别向他人转让。

中标人按照合同约定或者经招标人同意,可以将中标项目的部分非主体、非关键性工作分包给他人完成。接受分包的人应当具备相应的资格条件,并不得再次分包。

中标人应当就分包项目向招标人负责,接受分包的人就分包项目承担连带责任。

第五章 法律责任

第四十九条 违反本法规定,必须进行招标的项目而不招标的,将必须进行招标的项目化整为零或者以其他任何方式规避招标的,责令限期改正,可以处项目合同金额千分之五以上千分之十以下的罚款;对全部或者部分使用国有资金的项目,可以暂停项目执行或者暂停资金拨付;对单位直接负责的主管人员和其他直接责任人员依法给予处分。

第五十条 招标代理机构违反本法规定,泄露应当保密的与招标投标活动有关的情况和资料的,或者与招标人、投标人串通损害国家利益、社会公共利益或者他人合法权益的,处五万元以上二十五万元以下的罚款;对单位直接负责的主管人员和其他直接责任人员处单位罚款数额百分之五以上百分之十以下的罚款;有违法所得的,并处没收违法所得;情节严重的,禁止其一年至二年内代理依法必须进行招标的项目并予以公告,直至由工商行政管理机关吊销营业执照;构成犯罪的,依法追究刑事责任。给他人造成损失的,依法承担赔偿责任。

前款所列行为影响中标结果的,中标无效。

第五十一条 招标人以不合理的条件限制或者排斥潜在投标人的,对潜在投标人实行歧视待遇的,强制要求投标人组成联合体共同投标的,或者限制投标人之间竞争的,责令改正,可以处一万元以上五万元以下的罚款。

第五十二条 依法必须进行招标的项目的招标人向他人透露已获取招标文件的潜在投标人的名称、数量或者可能影响公平竞争的有关招标投标的其他情况的,或者泄露标底的,给予警告,可以并处一万元以上十万元以下的罚款;对单位直接负责的主管人员和其他直接责任人员依法给予处分;构成犯罪的,依法追究刑事责任。

前款所列行为影响中标结果的,中标无效。

第五十三条 投标人相互串通投标或者与招标人串通投标的,投标人以向招标人或者评标委员会成员行贿的手段谋取中标的,中标无效,处中标项目金额千分之五以上千分之十以下的罚款,对单位直接负责的主管人员和其他直接责任人员处单位罚款数额百分之五以上百分之十以下的罚款;有违法所得的,并处没收违法所得;情节严重的,取消其一年至二年内参加依法必须进行招标的项目的投标资格并予以公告,直至由工商行政管理机关吊销营业执照;构成犯罪的,依法追究刑事责任。给他人造成损失的,依法承担赔偿责任。

第五十四条 投标人以他人名义投标或者以其他方式弄虚作假,骗取中标的,中标无效,给招标人造成损失的,依法承担赔偿责任;构成犯罪的,依法追究刑事责任。

依法必须进行招标的项目的投标人有前款所列行为尚未构成犯罪的,处中标项目金额千分之五以上千分之十以下的罚款,对单位直接负责的主管人员和其他直接责任人员处单位罚款数额百分之五以上百分之十以下的罚款;有违法所得的,并处没收违法所得;情节严重的,取消其一年至三年内参加依法必须进行招标的项目的投标资格并予以公告,直至由工商行政管理机关吊销营业执照。

第五十五条 依法必须进行招标的项目,招标人违反本法规定,与投标人就投标价格、投标方案等实质性内容进行谈判的,给予警告,对单位直接负责的主管人员和其他直接责任人员依法给予处分。

前款所列行为影响中标结果的,中标无效。

第五十六条 评标委员会成员收受投标人的财物或者其他好处的,评标委员会成员或者参加评标的有关工作人员向他人透露对投标文件的评审和比较、中标候选人的推荐以及与评标有关的其他情况的,给予警告,没收收受的财物,可以并处三千元以上五万元以下的罚款,对有所列违法行为的评标委员会成员取消担任评标委员会成员的资格,不得再参加任何依法必须进行招标的项目的评标;构成犯罪的,依法追究刑事责任。

第五十七条 招标人在评标委员会依法推荐的中标候选人以外确定中标人的,依法必须进行招标的项目在所有投标被评标委员会否决后自行确定中标人的,中标无效,责令改正,可

附录一 中华人民共和国招标投标法

以处中标项目金额千分之五以上千分之十以下的罚款；对单位直接负责的主管人员和其他直接责任人员依法给予处分。

第五十八条 中标人将中标项目转让给他人的，将中标项目肢解后分别转让给他人的，违反本法规定将中标项目的部分主体、关键性工作分包给他人的，或者分包人再次分包的，转让、分包无效，处转让、分包项目金额千分之五以上千分之十以下的罚款；有违法所得的，并处没收违法所得；可以责令停业整顿；情节严重的，由工商行政管理机关吊销营业执照。

第五十九条 招标人与中标人不按照招标文件和中标人的投标文件订立合同的，或者招标人、中标人订立背离合同实质性内容的协议的，责令改正；可以处中标项目金额千分之五以上千分之十以下的罚款。

第六十条 中标人不履行与招标人订立的合同的，履约保证金不予退还，给招标人造成的损失超过履约保证金数额的，还应当对超过部分予以赔偿；没有提交履约保证金的，应当对招标人的损失承担赔偿责任。

中标人不按照与招标人订立的合同履行义务，情节严重的，取消其二年至五年内参加依法必须进行招标的项目的投标资格并予以公告，直至由工商行政管理机关吊销营业执照。

因不可抗力不能履行合同的，不适用前两款规定。

第六十一条 本章规定的行政处罚，由国务院规定的有关行政监督部门决定。本法已对实施行政处罚的机关作出规定的除外。

第六十二条 任何单位违反本法规定，限制或者排斥本地区、本系统以外的法人或者其他组织参加投标的，为招标人指定招标代理机构的，强制招标人委托招标代理机构办理招标事宜的，或者以其他方式干涉招标投标活动的，责令改正；对单位直接负责的主管人员和其他直接责任人员依法给予警告、记过、记大过的处分，情节较重的，依法给予降级、撤职、开除的处分。

个人利用职权进行前款违法行为的，依照前款规定追究责任。

第六十三条 对招标投标活动依法负有行政监督职责的国家机关工作人员徇私舞弊、滥用职权或者玩忽职守，构成犯罪的，依法追究刑事责任；不构成犯罪的，依法给予行政处分。

第六十四条 依法必须进行招标的项目违反本法规定，中标无效的，应当依照本法规定的中标条件从其余投标人中重新确定中标人或者依照本法重新进行招标。

第六章 附则

第六十五条 投标人和其他利害关系人认为招标投标活动不符合本法有关规定的，有权向招标人提出异议或者依法向有关行政监督部门投诉。

第六十六条 涉及国家安全、国家秘密、抢险救灾或者属于利用扶贫资金实行以工代赈、需要使用农民工等特殊情况，不适宜进行招标的项目，按照国家有关规定可以不进行招标。

第六十七条 使用国际组织或者外国政府贷款、援助资金的项目进行招标，贷款方、资金提供方对招标投标的具体条件和程序有不同规定的，可以适用其规定，但违背中华人民共和国的社会公共利益的除外。

第六十八条 本法自2000年1月1日起施行。

附录二 中华人民共和国招标投标法实施条例

(2011年12月20日中华人民共和国国务院令第613号公布　根据2017年3月1日《国务院关于修改和废止部分行政法规的决定》第一次修订　根据2018年3月19日《国务院关于修改和废止部分行政法规的决定》第二次修订　根据2019年3月2日《国务院关于修改部分行政法规的决定》第三次修订)

第一章　总则

第一条　为了规范招标投标活动,根据《中华人民共和国招标投标法》(以下简称招标投标法),制定本条例。

第二条　招标投标法第三条所称工程建设项目,是指工程以及与工程建设有关的货物、服务。

前款所称工程,是指建设工程,包括建筑物和构筑物的新建、改建、扩建及其相关的装修、拆除、修缮等;所称与工程建设有关的货物,是指构成工程不可分割的组成部分,且为实现工程基本功能所必需的设备、材料等;所称与工程建设有关的服务,是指为完成工程所需的勘察、设计、监理等服务。

第三条　依法必须进行招标的工程建设项目的具体范围和规模标准,由国务院发展改革部门会同国务院有关部门制订,报国务院批准后公布施行。

第四条　国务院发展改革部门指导和协调全国招标投标工作,对国家重大建设项目的工程招标投标活动实施监督检查。国务院工业和信息化、住房城乡建设、交通运输、铁道、水利、商务等部门,按照规定的职责分工对有关招标投标活动实施监督。

县级以上地方人民政府发展改革部门指导和协调本行政区域的招标投标工作。县级以上地方人民政府有关部门按照规定的职责分工,对招标投标活动实施监督,依法查处招标投标活动中的违法行为。县级以上地方人民政府对其所属部门有关招标投标活动的监督职责分工另有规定的,从其规定。

财政部门依法对实行招标投标的政府采购工程建设项目的政府采购政策执行情况实施监督。

监察机关依法对与招标投标活动有关的监察对象实施监察。

第五条　设区的市级以上地方人民政府可以根据实际需要,建立统一规范的招标投标交易场所,为招标投标活动提供服务。招标投标交易场所不得与行政监督部门存在隶属关系,不得以营利为目的。

国家鼓励利用信息网络进行电子招标投标。

第六条 禁止国家工作人员以任何方式非法干涉招标投标活动。

第二章 招标

第七条 按照国家有关规定需要履行项目审批、核准手续的依法必须进行招标的项目，其招标范围、招标方式、招标组织形式应当报项目审批、核准部门审批、核准。项目审批、核准部门应当及时将审批、核准确定的招标范围、招标方式、招标组织形式通报有关行政监督部门。

第八条 国有资金占控股或者主导地位的依法必须进行招标的项目，应当公开招标；但有下列情形之一的，可以邀请招标：

（一）技术复杂、有特殊要求或者受自然环境限制，只有少量潜在投标人可供选择；

（二）采用公开招标方式的费用占项目合同金额的比例过大。

有前款第二项所列情形，属于本条例第七条规定的项目，由项目审批、核准部门在审批、核准项目时作出认定；其他项目由招标人申请有关行政监督部门作出认定。

第九条 除招标投标法第六十六条规定的可以不进行招标的特殊情况外，有下列情形之一的，可以不进行招标：

（一）需要采用不可替代的专利或者专有技术；

（二）采购人依法能够自行建设、生产或者提供；

（三）已通过招标方式选定的特许经营项目投资人依法能够自行建设、生产或者提供；

（四）需要向原中标人采购工程、货物或者服务，否则将影响施工或者功能配套要求；

（五）国家规定的其他特殊情形。

招标人为适用前款规定弄虚作假的，属于招标投标法第四条规定的规避招标。

第十条 招标投标法第十二条第二款规定的招标人具有编制招标文件和组织评标能力，是指招标人具有与招标项目规模和复杂程度相适应的技术、经济等方面的专业人员。

第十一条 国务院住房城乡建设、商务、发展改革、工业和信息化等部门，按照规定的职责分工对招标代理机构依法实施监督管理。

第十二条 招标代理机构应当拥有一定数量的具备编制招标文件、组织评标等相应能力的专业人员。

第十三条 招标代理机构在招标人委托的范围内开展招标代理业务，任何单位和个人不得非法干涉。

招标代理机构代理招标业务，应当遵守招标投标法和本条例关于招标人的规定。招标代理机构不得在所代理的招标项目中投标或者代理投标，也不得为所代理的招标项目的投标人提供咨询。

第十四条 招标人应当与被委托的招标代理机构签订书面委托合同，合同约定的收费标准应当符合国家有关规定。

第十五条 公开招标的项目，应当依照招标投标法和本条例的规定发布招标公告、编制招标文件。

招标人采用资格预审办法对潜在投标人进行资格审查的，应当发布资格预审公告、编制资格预审文件。

依法必须进行招标的项目的资格预审公告和招标公告，应当在国务院发展改革部门依法指定的媒介发布。在不同媒介发布的同一招标项目的资格预审公告或者招标公告的内容应当一致。指定媒介发布依法必须进行招标的项目的境内资格预审公告、招标公告，不得收取费用。

编制依法必须进行招标的项目的资格预审文件和招标文件，应当使用国务院发展改革部门会同有关行政监督部门制定的标准文本。

第十六条 招标人应当按照资格预审公告、招标公告或者投标邀请书规定的时间、地点发售资格预审文件或者招标文件。资格预审文件或者招标文件的发售期不得少于5日。

招标人发售资格预审文件、招标文件收取的费用应当限于补偿印刷、邮寄的成本支出，不得以营利为目的。

第十七条 招标人应当合理确定提交资格预审申请文件的时间。依法必须进行招标的项目提交资格预审申请文件的时间，自资格预审文件停止发售之日起不得少于5日。

第十八条 资格预审应当按照资格预审文件载明的标准和方法进行。

国有资金占控股或者主导地位的依法必须进行招标的项目，招标人应当组建资格审查委员会审查资格预审申请文件。资格审查委员会及其成员应当遵守招标投标法和本条例有关评标委员会及其成员的规定。

第十九条 资格预审结束后，招标人应当及时向资格预审申请人发出资格预审结果通知书。未通过资格预审的申请人不具有投标资格。

通过资格预审的申请人少于3个的，应当重新招标。

第二十条 招标人采用资格后审办法对投标人进行资格审查的，应当在开标后由评标委员会按照招标文件规定的标准和方法对投标人的资格进行审查。

第二十一条 招标人可以对已发出的资格预审文件或者招标文件进行必要的澄清或者修改。澄清或者修改的内容可能影响资格预审申请文件或者投标文件编制的，招标人应当在提交资格预审申请文件截止时间至少3日前，或者投标截止时间至少15日前，以书面形式通知所有获取资格预审文件或者招标文件的潜在投标人；不足3日或者15日的，招标人应当顺延提交资格预审申请文件或者投标文件的截止时间。

第二十二条 潜在投标人或者其他利害关系人对资格预审文件有异议的，应当在提交资格预审申请文件截止时间2日前提出；对招标文件有异议的，应当在投标截止时间10日前提出。招标人应当自收到异议之日起3日内作出答复；作出答复前，应当暂停招标投标活动。

第二十三条 招标人编制的资格预审文件、招标文件的内容违反法律、行政法规的强制性规定，违反公开、公平、公正和诚实信用原则，影响资格预审结果或者潜在投标人投标的，依法必须进行招标的项目的招标人应当在修改资格预审文件或者招标文件后重新招标。

第二十四条 招标人对招标项目划分标段的，应当遵守招标投标法的有关规定，不得利用划分标段限制或者排斥潜在投标人。依法必须进行招标的项目的招标人不得利用划分标段规避招标。

第二十五条 招标人应当在招标文件中载明投标有效期。投标有效期从提交投标文件的截止之日起算。

第二十六条 招标人在招标文件中要求投标人提交投标保证金的，投标保证金不得超过招标项目估算价的2%。投标保证金有效期应当与投标有效期一致。

依法必须进行招标的项目的境内投标单位，以现金或者支票形式提交的投标保证金应当从其基本账户转出。

招标人不得挪用投标保证金。

第二十七条 招标人可以自行决定是否编制标底。一个招标项目只能有一个标底。标底必须保密。

接受委托编制标底的中介机构不得参加受托编制标底项目的投标,也不得为该项目的投标人编制投标文件或者提供咨询。

招标人设有最高投标限价的,应当在招标文件中明确最高投标限价或者最高投标限价的计算方法。招标人不得规定最低投标限价。

第二十八条 招标人不得组织单个或者部分潜在投标人踏勘项目现场。

第二十九条 招标人可以依法对工程以及与工程建设有关的货物、服务全部或者部分实行总承包招标。以暂估价形式包括在总承包范围内的工程、货物、服务属于依法必须进行招标的项目范围且达到国家规定规模标准的,应当依法进行招标。

前款所称暂估价,是指总承包招标时不能确定价格而由招标人在招标文件中暂时估定的工程、货物、服务的金额。

第三十条 对技术复杂或者无法精确拟定技术规格的项目,招标人可以分两阶段进行招标。

第一阶段,投标人按照招标公告或者投标邀请书的要求提交不带报价的技术建议,招标人根据投标人提交的技术建议确定技术标准和要求,编制招标文件。

第二阶段,招标人向在第一阶段提交技术建议的投标人提供招标文件,投标人按照招标文件的要求提交包括最终技术方案和投标报价的投标文件。

招标人要求投标人提交投标保证金的,应当在第二阶段提出。

第三十一条 招标人终止招标的,应当及时发布公告,或者以书面形式通知被邀请的或者已经获取资格预审文件、招标文件的潜在投标人。已经发售资格预审文件、招标文件或者已经收取投标保证金的,招标人应当及时退还所收取的资格预审文件、招标文件的费用,以及所收取的投标保证金及银行同期存款利息。

第三十二条 招标人不得以不合理的条件限制、排斥潜在投标人或者投标人。

招标人有下列行为之一的,属于以不合理条件限制、排斥潜在投标人或者投标人:

(一)就同一招标项目向潜在投标人或者投标人提供有差别的项目信息;

(二)设定的资格、技术、商务条件与招标项目的具体特点和实际需要不相适应或者与合同履行无关;

(三)依法必须进行招标的项目以特定行政区域或者特定行业的业绩、奖项作为加分条件或者中标条件;

(四)对潜在投标人或者投标人采取不同的资格审查或者评标标准;

(五)限定或者指定特定的专利、商标、品牌、原产地或者供应商;

(六)依法必须进行招标的项目非法限定潜在投标人或者投标人的所有制形式或者组织形式;

(七)以其他不合理条件限制、排斥潜在投标人或者投标人。

第三章 投标

第三十三条 投标人参加依法必须进行招标的项目的投标,不受地区或者部门的限制,任何单位和个人不得非法干涉。

第三十四条 与招标人存在利害关系可能影响招标公正性的法人、其他组织或者个人,不得参加投标。

单位负责人为同一人或者存在控股、管理关系的不同单位,不得参加同一标段投标或者未划分标段的同一招标项目投标。

违反前两款规定的,相关投标均无效。

第三十五条 投标人撤回已提交的投标文件,应当在投标截止时间前书面通知招标人。招标人已收取投标保证金的,应当自收到投标人书面撤回通知之日起 5 日内退还。

投标截止后投标人撤销投标文件的,招标人可以不退还投标保证金。

第三十六条 未通过资格预审的申请人提交的投标文件,以及逾期送达或者不按照招标文件要求密封的投标文件,招标人应当拒收。

招标人应当如实记载投标文件的送达时间和密封情况,并存档备查。

第三十七条 招标人应当在资格预审公告、招标公告或者投标邀请书中载明是否接受联合体投标。

招标人接受联合体投标并进行资格预审的,联合体应当在提交资格预审申请文件前组成。资格预审后联合体增减、更换成员的,其投标无效。

联合体各方在同一招标项目中以自己名义单独投标或者参加其他联合体投标的,相关投标均无效。

第三十八条 投标人发生合并、分立、破产等重大变化的,应当及时书面告知招标人。投标人不再具备资格预审文件、招标文件规定的资格条件或者其投标影响招标公正性的,其投标无效。

第三十九条 禁止投标人相互串通投标。

有下列情形之一的,属于投标人相互串通投标:

(一)投标人之间协商投标报价等投标文件的实质性内容;

(二)投标人之间约定中标人;

(三)投标人之间约定部分投标人放弃投标或者中标;

(四)属于同一集团、协会、商会等组织成员的投标人按照该组织要求协同投标;

(五)投标人之间为谋取中标或者排斥特定投标人而采取的其他联合行动。

第四十条 有下列情形之一的,视为投标人相互串通投标:

(一)不同投标人的投标文件由同一单位或者个人编制;

(二)不同投标人委托同一单位或者个人办理投标事宜;

(三)不同投标人的投标文件载明的项目管理成员为同一人;

(四)不同投标人的投标文件异常一致或者投标报价呈规律性差异;

(五)不同投标人的投标文件相互混装;

(六)不同投标人的投标保证金从同一单位或者个人的账户转出。

第四十一条 禁止招标人与投标人串通投标。

有下列情形之一的,属于招标人与投标人串通投标:

(一)招标人在开标前开启投标文件并将有关信息泄露给其他投标人;

(二)招标人直接或者间接向投标人泄露标底、评标委员会成员等信息;

(三)招标人明示或者暗示投标人压低或者抬高投标报价;

(四)招标人授意投标人撤换、修改投标文件;

(五)招标人明示或者暗示投标人为特定投标人中标提供方便;

(六)招标人与投标人为谋求特定投标人中标而采取的其他串通行为。

第四十二条 使用通过受让或者租借等方式获取的资格、资质证书投标的,属于招标投标法第三十三条规定的以他人名义投标。

投标人有下列情形之一的,属于招标投标法第三十三条规定的以其他方式弄虚作假的行为:

(一)使用伪造、变造的许可证件;

(二)提供虚假的财务状况或者业绩;

(三)提供虚假的项目负责人或者主要技术人员简历、劳动关系证明;

(四)提供虚假的信用状况;

(五)其他弄虚作假的行为。

第四十三条 提交资格预审申请文件的申请人应当遵守招标投标法和本条例有关投标人的规定。

第四章 开标、评标和中标

第四十四条 招标人应当按照招标文件规定的时间、地点开标。

投标人少于3个的,不得开标;招标人应当重新招标。

投标人对开标有异议的,应当在开标现场提出,招标人应当当场作出答复,并制作记录。

第四十五条 国家实行统一的评标专家专业分类标准和管理办法。具体标准和办法由国务院发展改革部门会同国务院有关部门制定。

省级人民政府和国务院有关部门应当组建综合评标专家库。

第四十六条 除招标投标法第三十七条第三款规定的特殊招标项目外,依法必须进行招标的项目,其评标委员会的专家成员应当从评标专家库内相关专业的专家名单中以随机抽取方式确定。任何单位和个人不得以明示、暗示等任何方式指定或者变相指定参加评标委员会的专家成员。

依法必须进行招标的项目的招标人非因招标投标法和本条例规定的事由,不得更换依法确定的评标委员会成员。更换评标委员会的专家成员应当依照前款规定进行。

评标委员会成员与投标人有利害关系的,应当主动回避。

有关行政监督部门应当按照规定的职责分工,对评标委员会成员的确定方式、评标专家的抽取和评标活动进行监督。行政监督部门的工作人员不得担任本部门负责监督项目的评标委员会成员。

第四十七条 招标投标法第三十七条第三款所称特殊招标项目,是指技术复杂、专业性强或者国家有特殊要求,采取随机抽取方式确定的专家难以保证胜任评标工作的项目。

第四十八条 招标人应当向评标委员会提供评标所必需的信息,但不得明示或者暗示其倾向或者排斥特定投标人。

招标人应当根据项目规模和技术复杂程度等因素合理确定评标时间。超过三分之一的评标委员会成员认为评标时间不够的,招标人应当适当延长。

评标过程中,评标委员会成员有回避事由、擅离职守或者因健康等原因不能继续评标的,应当及时更换。被更换的评标委员会成员作出的评审结论无效,由更换后的评标委员会成员重新进行评审。

第四十九条 评标委员会成员应当依照招标投标法和本条例的规定,按照招标文件规定的评标标准和方法,客观、公正地对投标文件提出评审意见。招标文件没有规定的评标标准和方法不得作为评标的依据。

评标委员会成员不得私下接触投标人,不得收受投标人给予的财物或者其他好处,不得向招标人征询确定中标人的意向,不得接受任何单位或者个人明示或者暗示提出的倾向或者排斥特定投标人的要求,不得有其他不客观、不公正履行职务的行为。

第五十条 招标项目设有标底的,招标人应当在开标时公布。标底只能作为评标的参考,不得以投标报价是否接近标底作为中标条件,也不得以投标报价超过标底上下浮动范围作为否决投标的条件。

第五十一条 有下列情形之一的,评标委员会应当否决其投标:
(一)投标文件未经投标单位盖章和单位负责人签字;
(二)投标联合体没有提交共同投标协议;
(三)投标人不符合国家或者招标文件规定的资格条件;
(四)同一投标人提交两个以上不同的投标文件或者投标报价,但招标文件要求提交备选投标的除外;
(五)投标报价低于成本或者高于招标文件设定的最高投标限价;
(六)投标文件没有对招标文件的实质性要求和条件作出响应;
(七)投标人有串通投标、弄虚作假、行贿等违法行为。

第五十二条 投标文件中有含义不明确的内容、明显文字或者计算错误,评标委员会认为需要投标人作出必要澄清、说明的,应当书面通知该投标人。投标人的澄清、说明应当采用书面形式,并不得超出投标文件的范围或者改变投标文件的实质性内容。

评标委员会不得暗示或者诱导投标人作出澄清、说明,不得接受投标人主动提出的澄清、说明。

第五十三条 评标完成后,评标委员会应当向招标人提交书面评标报告和中标候选人名单。中标候选人应当不超过3个,并标明排序。

评标报告应当由评标委员会全体成员签字。对评标结果有不同意见的评标委员会成员应当以书面形式说明其不同意见和理由,评标报告应当注明该不同意见。评标委员会成员拒绝在评标报告上签字又不书面说明其不同意见和理由的,视为同意评标结果。

第五十四条 依法必须进行招标的项目,招标人应当自收到评标报告之日起3日内公示中标候选人,公示期不得少于3日。

投标人或者其他利害关系人对依法必须进行招标的项目的评标结果有异议的,应当在中标候选人公示期间提出。招标人应当自收到异议之日起3日内作出答复;作出答复前,应当暂停招标投标活动。

第五十五条 国有资金占控股或者主导地位的依法必须进行招标的项目,招标人应当确定排名第一的中标候选人为中标人。排名第一的中标候选人放弃中标、因不可抗力不能履行合同、不按照招标文件要求提交履约保证金,或者被查实存在影响中标结果的违法行为等情形,不符合中标条件的,招标人可以按照评标委员会提出的中标候选人名单排序依次确定其他中标候选人为中标人,也可以重新招标。

第五十六条 中标候选人的经营、财务状况发生较大变化或者存在违法行为,招标人认为可能影响其履约能力的,应当在发出中标通知书前由原评标委员会按照招标文件规定的标准和方法审查确认。

第五十七条 招标人和中标人应当依照招标投标法和本条例的规定签订书面合同,合同的标的、价款、质量、履行期限等主要条款应当与招标文件和中标人的投标文件的内容一致。招标人和中标人不得再行订立背离合同实质性内容的其他协议。

招标人最迟应当在书面合同签订后5日内向中标人和未中标的投标人退还投标保证金及银行同期存款利息。

第五十八条 招标文件要求中标人提交履约保证金的,中标人应当按照招标文件的要求提交。履约保证金不得超过中标合同金额的10%。

第五十九条 中标人应当按照合同约定履行义务,完成中标项目。中标人不得向他人转让中标项目,也不得将中标项目肢解后分别向他人转让。

中标人按照合同约定或者经招标人同意,可以将中标项目的部分非主体、非关键性工作分包给他人完成。接受分包的人应当具备相应的资格条件,并不得再次分包。

中标人应当就分包项目向招标人负责,接受分包的人就分包项目承担连带责任。

第五章 投诉与处理

第六十条 投标人或者其他利害关系人认为招标投标活动不符合法律、行政法规规定的,可以自知道或者应当知道之日起10日内向有关行政监督部门投诉。投诉应当有明确的请求和必要的证明材料。

就本条例第二十二条、第四十四条、第五十四条规定事项投诉的,应当先向招标人提出异议,异议答复期间不计算在前款规定的期限内。

第六十一条 投诉人就同一事项向两个以上有权受理的行政监督部门投诉的,由最先收到投诉的行政监督部门负责处理。

行政监督部门应当自收到投诉之日起3个工作日内决定是否受理投诉,并自受理投诉之日起30个工作日内作出书面处理决定;需要检验、检测、鉴定、专家评审的,所需时间不计算在内。

投诉人捏造事实、伪造材料或者以非法手段取得证明材料进行投诉的,行政监督部门应当予以驳回。

第六十二条 行政监督部门处理投诉,有权查阅、复制有关文件、资料,调查有关情况,相关单位和人员应当予以配合。必要时,行政监督部门可以责令暂停招标投标活动。

行政监督部门的工作人员对监督检查过程中知悉的国家秘密、商业秘密,应当依法予以保密。

第六章 法律责任

第六十三条 招标人有下列限制或者排斥潜在投标人行为之一的,由有关行政监督部门依照招标投标法第五十一条的规定处罚:

(一)依法应当公开招标的项目不按照规定在指定媒介发布资格预审公告或者招标公告;

(二)在不同媒介发布的同一招标项目的资格预审公告或者招标公告的内容不一致,影响潜在投标人申请资格预审或者投标。

依法必须进行招标的项目的招标人不按照规定发布资格预审公告或者招标公告,构成规避招标的,依照招标投标法第四十九条的规定处罚。

第六十四条 招标人有下列情形之一的,由有关行政监督部门责令改正,可以处10万元以下的罚款:

(一)依法应当公开招标而采用邀请招标;

(二)招标文件、资格预审文件的发售、澄清、修改的时限,或者确定的提交资格预审申请文件、投标文件的时限不符合招标投标法和本条例规定;

(三)接受未通过资格预审的单位或者个人参加投标;

(四)接受应当拒收的投标文件。

招标人有前款第一项、第三项、第四项所列行为之一的,对单位直接负责的主管人员和其他直接责任人员依法给予处分。

第六十五条 招标代理机构在所代理的招标项目中投标、代理投标或者向该项目投标人提供咨询的,接受委托编制标底的中介机构参加受托编制标底项目的投标或者为该项目的投标人编制投标文件、提供咨询的,依照招标投标法第五十条的规定追究法律责任。

第六十六条 招标人超过本条例规定的比例收取投标保证金、履约保证金或者不按照规定退还投标保证金及银行同期存款利息的,由有关行政监督部门责令改正,可以处5万元以下的罚款;给他人造成损失的,依法承担赔偿责任。

第六十七条 投标人相互串通投标或者与招标人串通投标的,投标人向招标人或者评标委员会成员行贿谋取中标的,中标无效;构成犯罪的,依法追究刑事责任;尚不构成犯罪的,依照招标投标法第五十三条的规定处罚。投标人未中标的,对单位的罚款金额按照招标项目合同金额依照招标投标法规定的比例计算。

投标人有下列行为之一的,属于招标投标法第五十三条规定的情节严重行为,由有关行政监督部门取消其1年至2年内参加依法必须进行招标的项目的投标资格:

(一)以行贿谋取中标;

(二)3年内2次以上串通投标;

(三)串通投标行为损害招标人、其他投标人或者国家、集体、公民的合法利益,造成直接经济损失30万元以上;

(四)其他串通投标情节严重的行为。

投标人自本条第二款规定的处罚执行期限届满之日起3年内又有该款所列违法行为之一的,或者串通投标、以行贿谋取中标情节特别严重的,由工商行政管理机关吊销营业执照。

法律、行政法规对串通投标报价行为的处罚另有规定的,从其规定。

第六十八条 投标人以他人名义投标或者以其他方式弄虚作假骗取中标的,中标无效;构成犯罪的,依法追究刑事责任;尚不构成犯罪的,依照招标投标法第五十四条的规定处罚。依法必须进行招标的项目的投标人未中标的,对单位的罚款金额按照招标项目合同金额依照招标投标法规定的比例计算。

投标人有下列行为之一的,属于招标投标法第五十四条规定的情节严重行为,由有关行政监督部门取消其1年至3年内参加依法必须进行招标的项目的投标资格:

(一)伪造、变造资格、资质证书或者其他许可证件骗取中标;

(二)3年内2次以上使用他人名义投标;

(三)弄虚作假骗取中标给招标人造成直接经济损失30万元以上;

（四）其他弄虚作假骗取中标情节严重的行为。

投标人自本条第二款规定的处罚执行期限届满之日起 3 年内又有该款所列违法行为之一的，或者弄虚作假骗取中标情节特别严重的，由工商行政管理机关吊销营业执照。

第六十九条 出让或者出租资格、资质证书供他人投标的，依照法律、行政法规的规定给予行政处罚；构成犯罪的，依法追究刑事责任。

第七十条 依法必须进行招标的项目的招标人不按照规定组建评标委员会，或者确定、更换评标委员会成员违反招标投标法和本条例规定的，由有关行政监督部门责令改正，可以处 10 万元以下的罚款，对单位直接负责的主管人员和其他直接责任人员依法给予处分；违法确定或者更换的评标委员会成员作出的评审结论无效，依法重新进行评审。

国家工作人员以任何方式非法干涉选取评标委员会成员的，依照本条例第八十条的规定追究法律责任。

第七十一条 评标委员会成员有下列行为之一的，由有关行政监督部门责令改正；情节严重的，禁止其在一定期限内参加依法必须进行招标的项目的评标；情节特别严重的，取消其担任评标委员会成员的资格：

（一）应当回避而不回避；

（二）擅离职守；

（三）不按照招标文件规定的评标标准和方法评标；

（四）私下接触投标人；

（五）向招标人征询确定中标人的意向或者接受任何单位或者个人明示或者暗示提出的倾向或者排斥特定投标人的要求；

（六）对依法应当否决的投标不提出否决意见；

（七）暗示或者诱导投标人作出澄清、说明或者接受投标人主动提出的澄清、说明；

（八）其他不客观、不公正履行职务的行为。

第七十二条 评标委员会成员收受投标人的财物或者其他好处的，没收收受的财物，处 3000 元以上 5 万元以下的罚款，取消担任评标委员会成员的资格，不得再参加依法必须进行招标的项目的评标；构成犯罪的，依法追究刑事责任。

第七十三条 依法必须进行招标的项目的招标人有下列情形之一的，由有关行政监督部门责令改正，可以处中标项目金额 10‰以下的罚款；给他人造成损失的，依法承担赔偿责任；对单位直接负责的主管人员和其他直接责任人员依法给予处分：

（一）无正当理由不发出中标通知书；

（二）不按照规定确定中标人；

（三）中标通知书发出后无正当理由改变中标结果；

（四）无正当理由不与中标人订立合同；

（五）在订立合同时向中标人提出附加条件。

第七十四条 中标人无正当理由不与招标人订立合同，在签订合同时向招标人提出附加条件，或者不按照招标文件要求提交履约保证金的，取消其中标资格，投标保证金不予退还。对依法必须进行招标的项目的中标人，由有关行政监督部门责令改正，可以处中标项目金额 10‰以下的罚款。

第七十五条 招标人和中标人不按照招标文件和中标人的投标文件订立合同，合同的主要条款与招标文件、中标人的投标文件的内容不一致，或者招标人、中标人订立背离合同实质性内容的协议的，由有关行政监督部门责令改正，可以处中标项目金额5‰以上10‰以下的罚款。

第七十六条 中标人将中标项目转让给他人的，将中标项目肢解后分别转让给他人的，违反招标投标法和本条例规定将中标项目的部分主体、关键性工作分包给他人的，或者分包人再次分包的，转让、分包无效，处转让、分包项目金额5‰以上10‰以下的罚款；有违法所得的，并处没收违法所得；可以责令停业整顿；情节严重的，由工商行政管理机关吊销营业执照。

第七十七条 投标人或者其他利害关系人捏造事实、伪造材料或者以非法手段取得证明材料进行投诉，给他人造成损失的，依法承担赔偿责任。

招标人不按照规定对异议作出答复，继续进行招标投标活动的，由有关行政监督部门责令改正，拒不改正或者不能改正并影响中标结果的，依照本条例第八十一条的规定处理。

第七十八条 国家建立招标投标信用制度。有关行政监督部门应当依法公告对招标人、招标代理机构、投标人、评标委员会成员等当事人违法行为的行政处理决定。

第七十九条 项目审批、核准部门不依法审批、核准项目招标范围、招标方式、招标组织形式的，对单位直接负责的主管人员和其他直接责任人员依法给予处分。

有关行政监督部门不依法履行职责，对违反招标投标法和本条例规定的行为不依法查处，或者不按照规定处理投诉，不依法公告对招标投标当事人违法行为的行政处理决定的，对直接负责的主管人员和其他直接责任人员依法给予处分。

项目审批、核准部门和有关行政监督部门的工作人员徇私舞弊、滥用职权、玩忽职守，构成犯罪的，依法追究刑事责任。

第八十条 国家工作人员利用职务便利，以直接或者间接、明示或者暗示等任何方式非法干涉招标投标活动，有下列情形之一的，依法给予记过或者记大过处分；情节严重的，依法给予降级或者撤职处分；情节特别严重的，依法给予开除处分；构成犯罪的，依法追究刑事责任：

（一）要求对依法必须进行招标的项目不招标，或者要求对依法应当公开招标的项目不公开招标；

（二）要求评标委员会成员或者招标人以其指定的投标人作为中标候选人或者中标人，或者以其他方式非法干涉评标活动，影响中标结果；

（三）以其他方式非法干涉招标投标活动。

第八十一条 依法必须进行招标的项目的招标投标活动违反招标投标法和本条例的规定，对中标结果造成实质性影响，且不能采取补救措施予以纠正的，招标、投标、中标无效，应当依法重新招标或者评标。

第七章 附则

第八十二条 招标投标协会按照依法制定的章程开展活动，加强行业自律和服务。

第八十三条 政府采购的法律、行政法规对政府采购货物、服务的招标投标另有规定的，从其规定。

第八十四条 本条例自2012年2月1日起施行。

参 考 文 献

[1] 许燕丹. 物业招投标管理[M]. 北京:中国劳动社会保障出版社,2014.
[2] 李海波. 物业管理概论与实务[M]. 北京:中国财富出版社,2015.
[3] 方芳. 物业管理服务[M]. 2版. 上海:上海财经大学出版社,2011.
[4] 史伟,凌明雁. 物业管理招标投标[M]. 北京:北京大学出版社,2010.
[5] 卜宪华. 物业管理招标投标实务[M]. 大连:东北财经大学出版社,2008.
[6] 缪悦. 物业管理招标与投标[M]. 北京:中国建筑工业出版社,2017.
[7] 郭淑芬,王秀燕. 物业管理招标投标实务[M]. 2版. 北京:清华大学出版社,2010.
[8] 李星苇,韩阳瑞. 工程招标投标与合同管理[M]. 北京:中央民族大学出版社,2015.